여성과 이혼에 대한
14가지 이야기

WOMEN ON DIVORCE

여성과 이혼에 대한
14가지 이야기

페니 캐거노프 · 수잔 스패노 엮음
윤영애 옮김

화산문화

요즘 미국에서는 결혼한 여성들 중 3분의 1 가량이 이혼을 경험한다. 더 심한 것은, 재혼한 사람들 중 절반 가량이 또다시 이혼을 한다는 점이다.

이혼은 인간적인 삶을 살아가는 데 있어서 맞닥뜨리게 되는 근본적인 파국이다. 이혼이라는 상황에 직면하게 되면 애당초 결혼은 왜 하게 되었고, 그 결혼이 왜 잘못되었는지, 그리고 결혼을 지속시키려면 어떻게 해야 하는지 등에 대해 의문을 갖게 된다. 또 일부일처주의, 도덕성, 페미니즘, 성별 차이, 여성 혐오, 정절과 배반, 사랑, 자존심 등과 같은 문제들을 제기하기도 한다.

뿐만 아니라 자식, 형제자매, 그리고 부모로서 자기 자신을 보는 방식에 대해 스스로 의문을 제기하게 되며, 주변 사람들은 우리를 전과는 다른 눈으로 보게 된다. 즉 이혼녀인 우리는 실패자나 천민으로 간주되기도 하고, 다른 사람들의 가정을 불안하게 만드는 위협 요소로 여겨지기도 하는 것이다.

수잔의 경우에는, 이혼과정을 겪으면서 자신의 낭만주의가 결혼을 파국으로 몰고 갔음을 인식하게 되었다. 그녀는 대학에서 남편을 만났고, 그후 15년 동안 한 번도 남편에 대한 사랑이 흔들린 적이 없었다. 자신에 대한 남편의 사랑을 의심해 본 적도 없었다. 그러던 어느 날, 남편은 지금까지 계속 아내를 배신하고 있었다고 고백했다.

이혼과정에 있을 때, 수잔은 이혼녀인 친구를 통해 페니를 만나게 되었다. 당시 수잔은 심하게 충격을 받아 분노와 고통으로 가득찬 상태였다. 그러나 무엇보다도 그녀는 자신과 유사한 경험을 가진 사람을 만나 이혼에 관한 이야기를 나눌 필요가 있었다. 두 사람이 이야기를 나눈 것은 수잔에게는 카타르시스의 원천이 되었고, 부부간의 불화로 인한 자신의 혼란상태를 제대로 바라볼 수 있는 계기가 되었다.

페니는 이혼한 지 몇 년이 지나 있었다. 그래서 수잔과는 달리 이 문제에 대해 보다 객관적인 상태가 되어 있었다. 그녀는 잘생기고 성공한 유대인 교수와 결혼했지만, 그들의 결합은 불행이었다. 그녀가 이혼하기로 결심한 순간은 승리의 순간이었으며, 용기 있고 건강한 행동이었다. 그러나 이 때문에 그녀의 가족 및 그녀의 삶을 통제해 왔던 정통 유대교 사회와의 관계에는 균열이 생겼다. 그들은 왜 그녀가 결혼이라는 것을 선택하고도 그것이 계속 유지되도록 노력하지 못했는지에 대해 의아해했다.

여기에 나오는 이야기들은 평범한 결혼생활과는 다른 형태의 삶을 선택하는 이야기들이다. 그러나 이 이야기의 주인공들이 결혼생활에서 발생하게 되는 문제들을 진정으로 해결하려 했음을 알게 되어 놀랍고 기쁘다. 이 이야기의 당사자들이 결혼한 시기는 이미 여성운동이 무르익어 다른 운동까지 유발시킨 후였다. 그럼에도 불구하고 이들은 여전히 '남편'과 '결혼'이라는 개념을 우위에 두고 있었으며, 결혼생활의 문제를 발견하게 되면서부터 그러한 사실을 인식하게 되었다. 그러나 그러한 인식이 결코 늦었다고 말할 수는 없을 것이다.

이 책에 나오는 이혼이야기들을 읽으면서, 독자들은 이 다양한 이야기들이 우리 자신의 경험을 돌이켜 생각하게 하는 데 도움을 준다는 것을 알게 될 것이다. 이야기의 당사자들은 상대의 경험들에서 큰 공감을 얻거나 서로 감동하기도 했는데, 특히 앤 패칫의 글은 페니에게 많은 공감을 주었다. 죽음에 의해서나 끝이 날 법한 가톨릭식 결혼으로부터 벗어난 앤의 이야기를 통해, 페니는 전통에서 벗어나는 것, 그리고 실패한 결혼에 대해 느끼는 수치감 등을 충분히 공감하였다.

사실 이 책에는 여러 가지의 이혼 유형들이 나온다. 누구나 똑같은 경험을 할 수는 없다. 그렇지만 다양한 유형의 이야기들이 우리를 매혹시키고, 심장을 에이고 웃게 만드는 것이다.

이혼과정과 그 원인에 대한 사람들의 통념은 다양하지만, 이러한 통념에 혼란을 주는 잘못된 결혼은 쉽사리 뒤틀리곤 한다. 때로는 신부와 신랑의 입에서 결혼서약이 끝나기도 전에 그들의 결혼이 뒤틀리고 만다. 그런데 이 책의 저자들 대부분이 가지는 의문점은, 결혼이 왜 뒤틀리고 마는가 하는 것이다. 엘렌 질크라이스트는 「이혼에 대한 명상」에서 그것을 어렸을 때 굳어진 생활습관 때문이라고 생각한다. 즉 자기 어머니와 아버지를 닮은 아내와 남편을 찾게 되는 습관, 그런 사람에 대한 무의식적인 동경심을 스스로 미처 깨닫지 못하기 때문이라는 것이다.

「엄마의 이혼과 딸의 이혼」에서, 앤 르와피는 어머니의 불행한 결혼생활에 대해 얘기한 다음 자신의 불행한 결혼생활에 대해 이야기한다. 그리고 다음과 같이 결론을 내리고 있다. "나는 아버지보다 더한 남자와 결혼하여 어머니보다 더 딱한 사람이 되었다는 것을 깨달았다. 불속에 뛰어든 나방처럼, 나는 부모님과 똑같은 결혼을 했던 것이다."

분별 없이 선택한 결혼이 실패로 끝날 때, 아이들은 무고한 희생자가 된다. 이 책에 나오는 글들은 모두 자녀문제를 언급하고 있다. "나는 우리가 새로운 짝을 만나 상처를 치유하기를 바랐다. 또 우리 아이들의 영혼에 깊은 상처를 남기지 않고, 우리의 실수들 중에서도 가장 나쁜 실수를 되풀이하지 않게 되기를 바랐지만 그러지 못했다"라고 앤 르와피는 쓰고 있다.

같은 생각을 가진 앨릭스 케이츠 슐먼도 불행한 결혼생활을 한 끝에 마침내 불쾌한 상황까지 가게 되었다. 그녀는 자신의 글「실패한 이혼」에서, 아이들이 있는 상태에서 이혼하게 되는 경우에 "아이들이 그 상황을 극복할 수 있는 시기가 되어야 그 이혼도 완전히 결말이 난 것이라고 할 수 있다"라고 말한다.

「결혼에서 살아남은 사람들」편에서 캐럴 실즈는, 적어도 소설가들에게 있어서 이혼은 결혼보다 더 마음을 사로잡는 경향이 있다고 언급하고 있다.

"결혼과 관련된 단 한번의 위기도 없이 빠르게 넘어가는 600페이지짜리 소설이 있다고 하자. 남자와 여자가 만나 사랑에 빠지고, 오점이라고는 없는 각자의 역사를 하나로 합친다. 모든 종류의 위기가 닥쳐오지만 그들의 결혼은 굳건하게 유지된다. 그것이 가능할까? 독자들이 그런 동화 같은 이야기를 믿을까?"

방관자들이 매 페이지마다 나오는 결혼의 붕괴에 전율하면서 자신의 결혼생활을 세심하게 살펴보는 동안, 이혼한 사람들은 그 과정을 실제로 경험한다. 이것은 더 많은 문젯거리, 아이러니, 이혼법과 변호사로 인해 계속되는 지연 같은 것들이 없어도 그 자체만으로 충분히 고통스러운 일이다.

이 책의 저자들은 이것에 대해 할 애기가 많다. 「두 번의 결혼과 두 번의 이혼」 편에서 제인 샤피로는, 한 번도 이혼을 생각해 본 적이 없는 뉴욕 시의 한 저명한 이혼 전담 변호사를 인터뷰한다. 불행하게도 그는 동료들 대부분이 초라하고 평범한 운명을 가지고 있다는 사실을 알고 있다.

다프네 머킨은 두 명의 변호사를 찾아갔는데, 그중 한 사람에게서 편안함을 느낄 수 있었다고 한다. 그리고 결혼은 완벽함과는 거리가 먼 것이라는 사실도 깨달았다고 한다.

그외에도, 페미니스트 운동에 의해 이룩된 진보들은 이혼한 여성들에게 복잡한 영향을 미쳤다. 앨릭스 케이츠 슐먼은 자신의 두 번째 결혼에서 양성간의 완벽한 동등성을 토대로 한 결혼계약을 맺었다. 그러나 그 관계가 파국에 이르자, 그녀는 그 계약이 본질적으로 '상황에 따라 얼마든지 양보할 수 있는 호의 이상의 것은 아니었다'는 사실을 알게 되었다.

우리의 결혼—즉 페니와 수잔의 결혼—은 1970년대에 여성운동이 한창 붐을 일으킨 후에 이루어졌으므로, 페미니즘의 영향을 받은 것이라고 할 수 있을 것이다. 그러나 오히려 우리는 예전과 똑같은 모순을 지닌 채 잘못된 남자들과 결혼을 했다.

다이애나 훔 조지(「성(性)의 전쟁」)는 다른 종류의 실수를 했다. 그녀는 '인간적 성장과 변모를 위한 의식 있는 프로그램'을 추종하는 '괜찮은' 페미니스트 남성을 선택했다. 그러나 그들의 결혼은 마침내 파국에 이르렀는데, 남편의 페미니즘이 여성혐오증을 유발한 것도 이혼의 작은 원인이 되었다는 것이다.

"그런 남자는 다른 때 같으면 자신들의 것이었을 특권을 여성 때문에 포기할 때, 그들이 포기하는 것에 대한 억압된 분노를 깊이 느끼는 경우가 많다."

잘못된 결혼에서 벗어나는 것이 어떤 사람에게는 위대한 탈출로 여겨질 수도 있다. 친구로서는 사랑할 수 있지만 배우자 관계를 유지하기는 어려웠던 남자와 결혼했던 앤 후드는 「멋진 이혼」에서 이 문제를 탐구하고 있다.

제인 샤피로 역시 두번째 아이를 임신한 상태에서 결혼으로부터 도망쳤다. 몇 년이 지나자 그녀는 자신과 전남편이 무슨 일로 언쟁을 했었는지조차 생각이 나지 않을 만큼 초연해졌다.

이혼이란 여성들에게 어떤 것이 좋은—또는 적어도 참을 수 있는—결혼인지, 결혼은 어떤 영향을 미치는지를 생각할 수 있는 기회를 제공하기도 한다. 다프네 머킨의 경우에는, '영적인 교류'가 결혼을 움직이게 한다. 수잔의 경우, 결혼에는 지속적인 조절능력이 필요하다는 사실을 깨닫게 되었다. 그런데 재미있는 것은, 앤 르와피와 엘렌 질크라이스트는 둘다 중매결혼의 가치에 대해 숙고하고 있다는 점이다. 서로에게 이익을 주는 실질적인 부부관계를 맺고, 이를 통해 결과적으로 사랑이 발전해 가도록 해야 한다는 것이다.

이혼경험이 없는 또 한 명의 작가인 메리 모리스는, 현재의 결혼이 그녀의 모든 욕구를 충족시켜 주지 못함에도 불구하고 이혼하려 하지 않는 이유가 있다. 바로 과거에 어떤 심각한 관계에서 실패했던 경험이 있기 때문이다.

그럼에도 불구하고 이 책에 나오는 대부분의 작가들은 이혼이 존재해야만 하며, 결혼만큼이나 이혼이 중요한 선택이라고 생각하고 있다. 사실 이혼은 어린 자녀와 서로의 영혼에 상처를 남기는 끔찍한 일이며, 절대로 간단하거나 고통 없이 이루어지는 일이 아니라는 것을 이들은 인정하고 있다. 그렇지만 이혼은 꼭 필요한 선택이라고 이들은 생각한다.

우리는 이 책에 나오는 글들이 독자들—이미 이혼했든, 이혼을 생각중인 사람이든, 아니면 주변의 이혼한 사람이 겪는 고통을 목격하고 있는 사람이든—에게 충분히 공감되기를 바란다. 그리고 이 글들이 독자들을 위로하고 영감을 주는 글로, 무엇보다도 현대 여성들이 쓴 이혼의 좋은 사례로 제시되기를 바라는 바이다.

1995년 4월
뉴욕에서 페니 캐거노프, 수잔 스패노

차 례

이혼성사

앤 패칫

앤 패칫(Ann Patchett)

은 『거짓말쟁이의 수호신』
(The Patron Saint of Liars)과 『태프
트』(Taft) 등 두 권의 소설을 썼다. 사
라 로렌스 대학을 졸업하였다. 아이오
와 작가 워크숍을 이수했으며, 래드클
리프 대학의 메리 잉그레이엄 번팅 인
스티튜드 연구원을 지냈고, 구겐하임
연구비를 수여한 바 있다. 현재 테네
시 주 내슈빌에 살고 있다.

테네시행 편도항공권

나는 그를 절반은 남편이라고 부르고 절반은 전남편이라고 부르지만, 그를 생각할 때는 여전히 남편으로 생각하게 될 것이다. 그 이유는 마음 깊은 곳에서 그를 원하고 있기 때문이 아니라, 내 남편이었던 사람은 유일하게 그 한 사람뿐이기 때문이다. 어쨌든 개인적으로 그는 지금까지 나의 인생에서 중요한 위치를 차지하고 있다. 그가 재혼했다는 애기를 전해 듣고, 이제 나는 정말로 그의 전부인에 불과하다는 생각을 했다. 이제는 그가 잘 살기를 바랄 정도로 충분한 시간이 흘렀다.

나의 이혼은 사실 결혼하기 일주일 전부터 예고되고 있었다. 우리는 도넬슨의 한 교구 영지에 가서 혼배성사를 주재할 신부님과 약속을 해야 했다. 그곳은 내 고향인 내슈빌에서 30분 정도 떨어진 곳이었는데, 당시에 결혼식이 붐을 이루고 있었으므로 가까운 곳에 있는 신부님들은 이미 예약이 꽉 차 있었다.

우리는 가는 도중에 한 번 길을 잃었다. 그래서 간선도로에서 벗어나 똑같은 집단주택들로 늘어선 어두운 거리를 헤매게 되었다. 그때 우리는 성당으로 가는 방향에 대한 이야기만 했다. 남편은 테네시 주에 내 고향이 있다는 이유만으로, 우리가 어디쯤에서 헤매고 있는지를 내가 알고 있을 거라고 생각했다. 그러나 나는 10살 이후로는 도넬슨에 가본 적이 없었다. 게다가 나는 구제불능일 정도로 방향감각이 둔했다.

그때는 한창 결혼 시즌인 6월이었다. 날씨는 무덥고 벌레들이 극성을 부리고 있었다. 우리는 그 주말 내내 가톨릭 결혼 세미나에 참가했었다. 악몽과도 같던 가족계획 수업, 그리고 인성에 관한 설문들(당신은 어떤 일을 할 것인가? 당신의 남편은 어떤 일을 할 것인가? 당신들은 함께 어떤 일을 할 것인가? 등등)이 이어졌다. 또 키비 신부를 각자 따로 만나서 몇 가지 테스트에 통과해야 했다.

남편과 나는 둘다 가톨릭 신자였다. 그는 교회와 관련되는 걸 좋아하지 않았지만, 자기 어머니를 기쁘게 해드리기 위해서 기꺼이 신부의 주례 아래 결혼하는 것을 받아들였다. 나에게는 그것이 더 가치가 있었다. 나는 12년 동안 가톨릭 학교에서 교육을 받았다. 혼배성사는 초등학교 3학년 때 구구단과 함께 암기했던 일곱 가지 성사 중 하나였다. 나에게 있어 천주교는 결혼의 중심이라기보다는 그 일부였다. 그리고 결혼은 내가 선택할 자격이 있는 여러 가지 일들 중 하나였다.

교구 영지 사무실로 들어설 때 나의 손은 흥건히 젖어 있었다. 더위 때문은 아니었다. 절대 그래서는 안되는 일이었지만, 우리는 그곳에 제법 늦게 도착하게 되었다. 신부를 만난다는 것은 괴로움,

죄, 고백 등과 같이 유쾌하지 않은 일들을 의미했지만, 키비 신부는 나이가 젊어서인지 우리를 편하게 대해 주었다. 그는 진바지와 노란색 폴로셔츠를 입고 있었는데, 우리에게 언제 맥주나 한잔 같이 하자고까지 말했다. 나는 기분이 좋아졌다.

그날 우리는 늦었으므로, 몇 가지 해야 할 일이 있었다. 신부는 클립보드에 끼워져 있는 설문지를 읽고 적절한 항목들을 대조했다. 날벌레들이 칸막이에 가서 탁탁 부딪치고 있었다. 마지막으로 키비 신부는 그 양식에 서명하라고 했다.

우리는 신과 가톨릭 교회를 믿었는가?
예.
우리는 자녀들을 가톨릭 교도로 기를 것인가?
예.
우리는 올바른 결혼생활에 들어갔는가?
예.
이 결혼은 죽음에 의해서만 갈라질 수 있는가?

죽음이라……. 다시 말해서 그 결혼이 유효하지 않다면, 나의 유일한 탈출구는 바로 죽는 것임을 의미하는 것이었다. 이혼을 하느니 죽음을 택할 것이라는 맹세를 요구하고 있었다. 분명히 그런 뜻의 질문이었고, 그 대답에 대해서 나는 다른 어떤 생각도 할 수 없었다. 죽지 않는 쪽을 선택할 수밖에. 그 순간 나는, 결혼생활이 시작되기도 전에 그 결혼이 어떻게 종지부를 찍게 될 것인지를 이해하게 되었다.

남편과는 그 어떤 일도 행복하지 않았기 때문에, 나는 그 점을 이해했어야 했다. 우리는 결혼 전에 2년 반 동안 동거를 했다. 그래서 앞으로 우리의 결혼생활이 어떻게 전개될지 나는 잘 알고 있었다. 큰 기대를 가질 수는 없었다. 나는 우리의 결혼이 진행되도록 그냥 내버려두었다. 우리의 결혼생활은 여느 불행한 부부들과 다를 게 없었고, 한번 소리지르고 울부짖으며 싸움을 한 뒤에는 참을 수 없을 정도로 긴 시간 동안 서로 말을 하지 않다가 결국 흐지부지 화해하곤 했다.

우리는 서로에게 도움이 되지 않았다. 서로 친절하지도 않았다. 이 모든 것이 사실이었다. 나는 결혼해서는 안될 때에 그와 결혼했고, 결국은 헤어지고 말았다. 나는 문을 박차고 나와 공항으로 달려갔고, 테네시로 가는 편도항공권을 샀다.

사람들은 둘의 관계가 좋지 않다는 것을 알면서도 왜 그와 결혼했느냐고 묻는다. 그러면 내가 할 수 있는 대답은 이렇다. "결혼하지 않는 방법을 몰랐다"고. 결혼식 초대장이 발송되기 전에, 혹은 약혼을 하기 전부터 우리는 너무 깊이 결혼에 연루되어 있었다. 아마도 내가 미숙하거나 어리석었던 탓이리라. 그런 어정쩡한 관계에 있으면서도 우리는 결국 결혼했으며, 결혼식 나흘 전에 신부를 찾아가 우리의 결혼이 죽음에 의해서만 갈라질 수 있다는 맹세를 할 때까지도 결혼을 중단시키는 방법을 몰랐다.

그때 나는 스물네 살이었고, 남편은 서른한 살이었다. 달리는 기차에서 내리기 위한 유일한 방법은 뛰어내리는 것이겠지만, 그 순간에는 땅이 너무나 빨리 지나가는 것처럼 보여서 뛰어내리기가 두려웠던 것이다. 그래서 난 거짓말을 했다. "이 결혼은 죽음에 의해서만 갈라질 수 있는가?"라는 질문에 "예"라고 대답해 버린 것이다. 그래서 나는 죽음에 의해서만 갈라질 수 있는 결혼을 했다.

이혼녀들만의 클럽

나는 이따금 남편에 대한 꿈을 꾸는데, 그 내용은 다음과 같다.

결혼할 때 내가 싫어서 입지 않았던 아주 크고 부풀려진 웨딩 드레스를 나는 입고 있다. 그것은 광택이 나는 백색이다. 신부 들러리용의 핑크 드레스를 입은 여동생은 내 머리를 가지고 법석을 떨고, 어머니는 꽃을 가져오시고, 교회는 셰익스피어의 코미디를 용해시켜 놓은 듯이 화사한 축제 분위기이다. 나는 남편과 재혼하려 하고 있지만, 어떻게 그런 일이 일어났는지는 모른다. 재혼 약속을 했는지 모르지만, 재혼을 약속했음이 분명하다. 어쨌든 나는 그와 결혼하기로 되어 있고, 드레스를 입기 위해 허리를 졸라매고 있다. 그러면서도 나는 그 상황을 중단시켜야 한다는 것, 즉 세계를 다시 한 번 뒤엎어야 한다는 것을 의식하고 있다.

때로는 이 꿈이 다른 형태로 나타나기도 한다. 이미 그와 결혼한 상태이거나, 세번째 또는 네번째로 그와 결혼했거나, 다른 내용 없이 다만 그와 이혼을 해야 하는 상황이 나타나기도 한다. 왜 그런 상황이 되었는지는 모르지만, 아무튼 그런 내용의 꿈들을 꾸게 되는 것이다.

나는 결혼한 지 1년도 채 안되어 남편과 이혼했다. 우리는 4년 동안 같이 살았다고 말하지만, 실제로는 결혼생활을 1년도 지속하지 못하고 헤어졌다. 이 사실은 아직도 나를 소심하게 만든다. 적어도 나는 5~10년 정도는 결혼생활을 하기를 바랐다. '나는 이만큼 노력했다'라고 내세울 수가 있으니까. 하지만 나는 1년이 채 안되는 그 기간 동안 내가 할 수 있는 모든 것을 했으며, 더 이상 내가 할 일은 남아 있지 않았다. 그 1년을 참고 견디는 데는 내가 가진 모든 용기가 필요했다. 그런데도 1년은 아무것도 아닌 것처럼 여겨진다. 그 정도의 시간은 결혼이 아니라 하룻밤의 정사 또는 긴 데이트 시간 정도로 여겨지기도 한다.

그래서 다른 여성들은 나를 불러세워 놓고 이렇게 말하는 것만 같다.

"겨우 1년을 나의 15년, 20년, 30년에 비교하다니. 아이 한번 낳아본 적도 없는 그 호리호리한 엉덩이를 4명이나 출산한 내 엉덩이에 감히 비교하다니. 평생 동안 해놓은 것이 뭔지 생각해 봐. 집과 가족사진을 누가 갖고 있는지……. 네가 가진 것은 아무것도 아니었어."

물론 아무도 그렇게 말하지는 않았다. 적어도 이혼한 적이 있는 사람은 그런 말을 하지 않는다. 그러나 사실은 정반대였다. 이러한 사실을 모른 채 나는 지하의 세계로 비틀거리며 들어가 세계에서 가장 큰 클럽으로 가는 비밀스러운 악수를 받았다. 바로 이혼녀 클럽이었다.

나와 같이 이혼한 사람들은 도처에 있다. 생활설계사는 나의 남편이 나를 모든 보험 혜택에서 제외시켰다고 말한 지 일주일 뒤에 나를 찾아왔고, 그 당시까지만 해도 이혼이 확정되지 않은 상태였기 때문에 나는 동의서에 서명해야만 했다. 생활설계사는 나직한 목소리로 나에게 말했다. "이러실 필요는 없습니다. 시간을 두고 생각해 보세요"라고.

내 이혼 담당 변호사 사무실에 있는 접수원은 다음날 나에게 어떠냐고 전화를 걸어왔다. 그 접수원 역시 내가 이혼했다는 사실을 알게 되었고, 전업주부로서 반평생을 보낸 후 그녀가 갖게 된 첫 번째 직업에서 나의 일을 접하게 된 것이었다. 또 내가 내 이름으로 된 신용카드를 신청하면서 담당자가 나에게 결혼 유무를 물었을 때, 그리고 내가 어떤 말을 해야 할지 몰라 우물쭈물하고 있을 때, 그 여자는 더 이상 질문을 하지 않고 "다 이해해요"라고 따뜻하게 말해 주었다.

그들은 공감대를 가지고 있었다. 갑자기 나도 공감대를 갖게 되었기 때문에, 처음으로 그들의 태도를 이해하게 되었다. 아마도 그것은 의기소침과 죄의식을 제외한 나의 유일한 감정이었을 것이다.

남편과 헤어져 며칠이 지난 뒤, 나는 어머니의 소파에 기대 앉아 '오프라 윈프리' 쇼를 보고 있었다. 아이가 대여섯 명씩 딸려 있고 교육도 제대로 받지 못한 여성들이 이야기 손님이었다. 그들은 음식이 식었다거나 수건을 잘못 개켜놓았다는 이유 때문에, 혹은 순전히 아내의 머리채를 벽에 쥐어박는 재미 때문에 아내를 괴롭히곤 하는 남편들 밑에서 독신 극빈자 구제정책의 혜택도 받지 못한 채 살고 있었다.

나는 객석에 앉은 사람들이 일어나서 "당신에게는 동정의 여지가 없어요! 왜 그 생활에서 벗어나지 못하죠? 누군가가 한번이라도 내 앞에서 주먹을 휘두르면 나는 당장 뛰쳐나올 거예요. 자존심도 없어요?"라고 말하는 것을 보았다.

나는 TV 쪽으로 몸을 내밀었다. 나도 한때는 그런 방관자들 중 한 명이었다. 언제였는지 이제는 기억조차 나지 않지만…….

나는 한때 예의와 친절이 결여된 어떤 것도 절대로 편들지 않겠다고 생각했다. 스스로 열등한 입장이 되는 것을 인정하는 사람이라면 그런 대우를 받는 것이 당연하다고 생각했다. 그러나 그 순간 나는 그 무대에 올라가고 싶었다. 부드러운 의자에서 일어나 마이

크를 쥐고 싶었다. 그 출연자들의 어깨를 감싸안고 그녀들의 귀에 이렇게 속삭여주고 싶었다. "다 이해해요. 전혀 생각지 않았던 일이 일어난 거예요"라고. 그리고 "당신은 훌륭하고 영리하며, 아침마다 침대에서 일어나 아래층으로 내려오는 것만으로도 용감한 사람이에요"라고 말해 주고 싶었다. 왜냐하면, 아래층에 있는 그 남편이라는 사람은 수시로 그녀를 바보라고 부를 것이기 때문이다.

나는 아이가 없었고, 고향으로 돌아갔을 때 공항으로 마중나와 나에게 반가운 입맞춤을 해준 멋진 가족들이 있었다. 나는 교육도 많이 받았고 친구들도 많았다. 남편은 나를 때리지는 않았지만, 그것을 암시한 경우는 많았다. 나는 겨우 1년간 결혼생활을 했고, 온 힘을 다해 그를 떠나기 위한 힘을 끌어모았다. 너무나 지쳐서 여행가방을 어떻게 찾아낼 것인지, 짐을 꾸리면 어디로 어떻게 가야 할지 생각하기 어려워진다. 그래서 나는 오프라 윈프리 쇼에 나오는 그 여자를 안고 이렇게 말하고 싶었다. "사람들 말은 듣지 말아요. 그들은 이해를 못해요. 그렇다고 이혼이 아니면 죽음을 선택해야 할 필요는 없어요."

나는 비슷한 처지의 남들만 이해하게 된 것은 아니었다. 나의 어머니는 내가 세 살 때 아버지와 이혼했고, 그로부터 2년 후에 재혼했다. 어머니와 계부는 그후로도 계속 함께 살아야 할 것인지 말 것인지를 결정하려고 애쓰면서 20년을 살아왔다. 성장하면서 나는 어머니의 이혼에 대해 절대 나무라지 않았다. 그러나 어머니의 약점이라고 생각했던 그 부분을 싫어하게 되는 것은 어쩔 수 없었다. 어머니는 또 한번 실수하고 싶어하지 않았다.

그녀는 존재하지도 않는 모든 종류의 선(善)을 믿으려 했다. 그녀는 변화에 대한 사람들의 힘을 믿고 싶어했기 때문에, 그들 부부

사이가 다시 좋아지리라는 기대를 갖고 늘 원위치로 되돌아가곤 했다. 그러다가도 두 사람이 나눈 무슨 대화 끝에 모든 결심이 갑자기 깨지곤 했다. 나는 그녀가 결심을 하면 그것을 고수하기를 바랐다. 집에 남든 떠나든, 나는 궁극적으로 상관하지 않을 테니 제발 마음을 결정하세요, 하는 기분이었다. 그러나 어머니의 마음은 쉽게 결정되지 않았다. 그녀는 "잃는 것이 많을수록 되찾는 시간은 더 늦어지고, 잃지 않은 것에 더 많은 투자를 하게 된다"고 말하곤 하였다. 그래서 길을 잃은 사람들은 자꾸만 그렇게 같은 방향을 향해 나가는 것인가 보다.

어머니가 정말로 그 상황에서 할 수 있는 최선의 길을 찾아나가고 있었다는 사실을 진정으로 이해하게 된 계기는 바로 나 자신의 이혼이었다. 나는 우리가 선(善)을, 특히 사랑하고 존경하기로 맹세한 사람을 얼마나 믿고 싶어하는지를 이해하게 되었다. 그것은 단순히 상대방에 대한 것만은 아니었다. 바로 우리 자신에 대한 믿음이기도 했다.

자유를 얻는 대신 포기해야 하는 것

만일 내가 결혼하기 전에 남편과 헤어지는 것이 올바른 결정이라는 사실을 몰랐다면, 나는 앞으로 닥쳐올 귀찮은 문제들을 고려하지도 않았을 것이다. 우리는 둘다 직장을 가지고 있었고, 가까운 사무실에서 일하고 있었다. 우리에겐 올즈모빌 한 대와 탈수기가 딸린 멋진 세탁기가 있었다. 그리고 더 중요한 것은, 우리에게는 그의 가족과 나의 가족이 있었다. 우리는 결혼을 했고, 나는 영원히 남편을 사랑하리라 맹세했다. 그리고 내가 좋은 아내가 될 거라고 믿었다.

　그러나 변화하게 될 것이라고 기대했던 우리 사이의 모든 문제들이 절대로 변하지 않으리라는 것을 깨닫기 시작하면서, 나는 남편으로부터 벗어나 자유를 얻는 대신 무엇을 포기해야 할지 계산하기 시작했다.

　'주방 가구? 그건 필요없어.'

　'직업? 포기하지 뭐.'

　'내가 보살피고 있는 그의 부모는 내게 다시는 말을 안 하겠지? 그럼 된 거구……."

　이 모든 것이 한꺼번에 일어나지는 않았다. 이것들은 연속적으로 발생되는 장애물이었고, 각 장애물이 주는 고통은 점점 더 심해졌다. 나는 매번 내가 생각했던 것은 이게 아니라고 다짐해 보았다. 또 어떤 것은 절대로 포기할 수 없다고 생각했지만, 결국에는 포기할 수밖에 없었다. 무언가가 없으면 아무것도 할 수 없으리라고 생각하지만, 실제로 사람들은 그것 없이도 충분히 잘 살아갈 수 있다.

　선택의 순간은 나의 모든 것을 변화시켰다. 나는 분명코 우리 둘 다 죽어야만 될 일이라고 확신했던 그런 불가능한 일을 해냈고, 우리는 살아 있다. 그리고 나는 스스로 불가능하다고 믿었던 일들을 계속 저지르게 되었다. 나는 집을 옮기고, 프라이데이 레스토랑의 웨이트리스가 되었다. 이곳에서 나는 웨이트리스 필기시험에서 만점을 받았는데, 이것은 그 레스토랑에서 처음 있는 일이었다. 그래서 나는 그 영예로 특별한 브로치를 수여받았다. 그런 다음 곧바로 교대조 조장이 되었다. 나는 재미있게 생긴 모자를 써야 했다. 그리고 함께 고등학교에 다녔던 사람들에게 파히타스를 서빙했고,

또 미소를 지었다.

나는 죽지 않고도 남편과의 결혼생활을 깬 것이다.

때로는 내가 머리를 감았는지 기억할 수가 없어서—강박적인 결벽증 때문이 아니라 단순히 기억이 나질 않아서—오전 내내 욕실에서 머리를 몇 번이나 다시 감기도 했다. 어떤 날은 일하러 가는 도중에 길을 잃어 차를 도로 한쪽에 대놓고 지도를 꺼내기도 했다. 나는 집에서 4마일 떨어진 곳에서 일했는데, 늘 그랬던 것처럼 새벽 3시에 잠이 깰 때마다 내가 어디에 있는 건지 금방 생각이 떠오르질 않았다. 몇 분 동안 그렇게 침대에 누워서 눈을 어둠에 적응시키면서 내가 있는 곳이 어디인지를 떠올리곤 했다. 그리고 시간이 조금 지나고 나면 무서움이 가셨다.

프라이데이 레스토랑을 그만두고 한참 시간이 지난 뒤, 나는 첫 번째 소설을 쓰기 위한 자금 지원을 받게 되었다. 그때 나는 실패와 굴욕에도 불구하고 나에게 뭔가 자유를 주는 부분이 있다는 사실을 알게 되었다. 내가 그때까지 알고 있던 삶의 형태는 너무도 완벽하고 적나라하게 파괴되었다. 그러나 파멸로부터 살아남은 사람은 누구나 자유롭다고 상상하는 것처럼, 나는 어떤 면에서는 자유로웠다. 나는 더 이상 누군가에게 기대할 것이 없었고, 나에게서 뭔가를 기대하는 사람도 없는 것 같았다.

전속력으로 달리는 자동차를 제외한 그 어떤 것도 더 이상 나를 죽일 수 없으리라고 생각했다. 포기할 것도 전혀 없었다. 그땐 나의 기쁨이자 자존심이었던 글쓰기조차도 포기해야 한다면 할 수 있었다. 사람들이 무슨 말을 하든, 글을 쓰지 않는다고 해서 죽을 사람은 하나도 없었다. 그것은 이혼이 준 선물이었다. 상황이 좋지 않을 때 주어지는 모든 선물들에 감사하듯, 나는 그 자유에 대해 정말로 감사했다. 그리고 온 마음으로 글쓰기를 사랑했다.

그러나 나는 여전히 수치스러웠다. 나는 겁쟁이이며 실패자였다. 사람들이 이혼에 대해 어떻게 말하든, 내가 이혼녀인 것만은 분명했다. 몇 년이 지난 어느 청명한 밤, 나는 따분하고 형식적인 디너 파티를 열고 있었다. 손님들 중에는, 결혼했지만 직업 때문에 배우자와 떨어져 살고 있는 남녀가 있었다. 배우자와 떨어져 있다는 사실 때문에, 이들은 사교 모임에서 매번 서로 짝이 되어야 했다. 밤이 깊어지면서, 그들이 과거에 어디서 살았는가 하는 것으로 화제가 옮겨졌다. 이야기 끝에 그중 한 여자는 전에 결혼한 적이 있으며, 현재의 남편은 두번째 남편임이 밝혀졌다.

"언제 결혼했죠?"

"오래 전이죠."

그녀는 저 뒤쪽의 어두운 곳을 가리키며 손을 저었다. 그것은 내가 익히 알고 있는 동작이었다.

"나도 결혼했었어요"라고 내가 말했다. 나는 사람들에게 이런 얘기를 하지 않겠다고 항상 결심하면서도 늘 실패했다. 그러나 일부러 숨길 이유는 없었다.

"그랬군요."

그중 한 남자가 말했다. 나는 왜 그를 초대해야 했는지, 그에게 어떤 사회적인 빚을 졌는지 기억나지 않는다.

"결혼한 세 쌍 중에 두 쌍이 이혼한대요. 그러니까 내가 결혼한 상태라면, 여러분 둘은 이혼하게 되는 셈이죠."

그러나 이 말을 한 여자는 재혼까지 했다. 그것이 우리를 어떻게 연결시키는가?

"난 결혼 아니면 이혼, 둘 중 하나라고 생각해요."

　나는 이렇게 말했다. 이혼에 관한 통계 결과를 놓고 생각한다면, 나는 세 쌍 중에 두 쌍이 이혼하는 상황에서 이혼한 사람 중 하나이다. 나는 이 나라의 도덕적인 구조를 모독했다.

　그로부터 얼마 지나지 않아 『타임』(Time)지에는 사설이 하나 실렸다. 지금같이 결혼을 마음대로 끝낼 수 있는 시대에는 '특별한 맹세'가 절실히 필요하다고 호소하는 글이었다. 이 맹세는 보다 높은 수준의 약속을 말한다. 이것은 더욱 심각한 의식이다. 부부는 이혼하기 전에 결혼에 관한 긴 카운셀링을 받겠다는, 그리고 결혼한 뒤 일정한 시간이 지나야만 이혼을 생각할 수 있다는 약속을 법적으로 규정해야 한다는 것이다. 그 사설을 쓴 사람의 말에 따르면, 요즘은 이혼이 마치 왈츠를 추면서 짝을 바꾸는 것처럼 너무 쉬워졌다는 것이다.

　결혼과 이혼은 아마도 왈츠를 추는 것과 같을 것이다. 꼭 원한다면 이혼하라. 네온 웨딩 종을 쳐서 결혼이 성립되었음을 알렸던 베가스 교회의 법적 효력을 소멸시키고, 세금청구서와도 같은 성혼선언서를 받아 두되 이혼이 꼭 필요하다면 그렇게 하라. 나는 언젠가는 두 사람의 관계가 끝장날 것이라고 생각하면서 결혼하는 사람은 보지 못했다. 그리고 쉽게 결혼생활을 끝내는 사람도 보지 못했다. 그러나 결혼생활을 깨려면 어쩔 수 없이 법원과 연루되어야 한다. 자신의 자유를 위해서, 함께 사는 사람을 고소해야 한다. 자신의 삶과 다른 사람의 삶 사이에 연결된 끈을 끊고 홀로 바다를 항해해야 한다. 이것은 절대로 쉽고 즐거운 일이 아니다, 절대로…….

　나는 이혼이 효력을 발휘하도록 하기 위해, 상황에 따라 3개월이나 6개월 아니면 9개월 동안 기다려야 한다고 생각하지도 않는다. 결혼생활을 끝낸다는 것은 심각한 일이지만, 기다리는 시간을 정하지 않아도 자기의 마음이 어떠한지를 확인할 수는 있기 때문이다. 내가 남편을 떠난 지 3주일이 지난 어느 날, 그는 나에게 전화를 걸어 일주일 안으로 돌아오지 않으면 이혼신청을 하겠다고 말했다. 이상하게도, 나는 이혼에 대해서는 생각조차 하지 않고 있었으며, 앞으로의 일에 대해 별다른 계획을 가지고 있지도 않았다. 그러나 그 일주일이 지난 뒤에도 나는 돌아갈 수 없었고, 결국 변호사에게 전화를 했다.

남편은 최후통첩을 하면 내가 돌아올 거라고 생각하면서 으름장을 놓았던 것이다. 그러나 내가 먼저 이혼신청을 했다고 알리자, 그는 동의할 수 없다고 버티기 시작했다. 그는 이혼서류에 서명하는 것을 끝까지 거부했다. 그때까지 우리가 살고 있던 펜실베이니아 주에서는, 어느 한쪽이 이혼에 동의하지 않으면 3년을 기다려야 했다. 우리는 그후 3년 동안 더 결혼 상태를 유지해야 했다. 내가 어떤 선택을 했겠는가? 나는 그 기간 동안 나름대로 자리를 잡았지만, 결국 3년 동안 기다릴 필요는 없었다. 어느 날 남편의 서명이 들어 있는 이혼서류가 도착했던 것이다.

나의 인생은 광고 카탈로그 및 공공요금 청구서들과 함께 우편함 속에 쌓여 있었다. 그가 왜 마음을 바꾸게 되었는지는 알 수 없으며, 그후 그를 본 적도 얘기를 나눈 적도 없다. 우리는 정말 이혼한 것이다.

이혼성사

얼마 전에 『순수의 시대』(*The Age of Innocence*)를 다시 읽었

다. 불쌍한 올렝카 백작 부인은 뉴욕의 어느 누구보다도 훨씬 더 살아 있는 여인이었다. 그녀는 결혼한 신분이었기 때문에 뉴랜드 아처에게 자신을 던질 수 없지만, 아무튼 그녀는 그 남자보다도 나은 사람이었다. 그녀의 남편이 그녀에게 누명을 씌웠다는 사실은 사회적으로는 문제가 되지 않았다. 그들은 그녀의 삶이 끝났다고 느꼈다. 그러나 다행히도 오늘날과 같은 이혼의 시대에 살고 있는 내 삶은 끝나지 않았다. 시간이 지나면서 나는 이혼을 수치스러운 일이 아닌 은총으로 받아들일 수 있게 되었다.

나는 내 인생이 훌륭한 것이라고 생각하기 시작했다. 이혼이 사회적으로 허용되지 않던 시대에는 행복한 결혼이 더 많았다고 생각하지도 않으며, 사람들이 더 열심히 노력하면서 험난한 시기를 헤쳐나갔고, 더 형편이 좋았다고 생각하지도 않는다. 오히려 그 시기에는 더 많은 사람들이 고통을 받았다고 믿는다.

나는 아직도 가톨릭이며, 교회 입장에서 볼 때는 여전히 기혼자이다. 아마도 나는 보살펴 줄 만한 가치가 있는 가톨릭 교도가 아닐지도 모른다.

이혼은 이제 사랑, 출산, 죽음 등과 마찬가지로 기계장치의 한 부속품이다. 이혼에 대해 전혀 생각하지 않는 부부라 해도, 이혼의 가능성은 항상 있다. 그리고 결혼에 실패한다 해도 우리의 인생 전체가 실패하는 것은 아니다. 때로 나는 이혼성사까지 포함된 여덟 가지 성사(聖事)를 꿈꾼다. 이것은 혓바닥에 놓인 작고 하얀 영성체로, 고해를 통해 받게 되는 용서이다. 용서란 잘못을 고백했을 때 받게 되는 것이기 때문에 의미가 있는 것이 아니라, 용서받을 필요가 있는 잘못인 경우에만 중요한 의미를 가진다.

가족, 친구, 신 등 우리를 진정 사랑하는 존재라면 누구나 우리

를 용서하고 다시 받아들인다. 그들은 우리의 삶과 앞으로의 가능
성, 우리의 두번째 기회를 중요하게 생각한다. 그들은 우리를 진정
사랑하기 때문에, 우리가 죽을 필요가 없다는 사실 때문에 기쁨의
눈물을 흘린다.

2

엄마의 이혼과 딸의 이혼

앤 르와피

앤 르와피(Anne Roiphe)

는 소설 『모래통 위로』(Up the Sandbox), 『자비』(Loving-kindness), 『당신이 나를 알았더라면』(If You Knew Me) 등과 넌픽션 『추억이 없는 세대』(Generation without Memory)와 『치유의 시절』(A Season for Healing: Reflectons on the Holocaust) 등의 저자이다. 현재 『뉴욕 옵서버』의 칼럼니스트이며, 『예루살렘 리포트』의 기고자이다.

폴란드인의 상속녀

모든 이혼은 다 이야깃거리이다. 겉보기에는 똑같이 슬프고 어느 정도의 교훈을 남겨주는 이야기로 보일 수 있지만, 각각의 이야기는 인간의 얼굴이 모두 다른 것처럼 서로 다르다.

나는 두 가지의 이혼 이야기를 할까 한다. 한 이혼은 이루어지지 않았고, 한 이혼은 이루어졌다. 첫번째 이야기는 나의 부모님의 결혼에 관한 것이다.

내 어머니는 5남매 중 막내로, 뉴욕 시의 리버사이드 드라이브에 있는 대저택에서 자랐다. 외할아버지는 폴란드의 스발키 외곽의 한 도시에서 태어나 미국에 이주한 사람으로, 1880년대에 손수레에 셔츠들을 싣고 로우어 이스트사이드의 거리를 돌아다니며 장사를 했다. 할아버지의 장사는 규모가 커져서 20명의 여자들이 셔츠를 만드는 공장을 운영하게 되었고, 그는 25세가 되기 전에

'반 호이젠 셔츠'라는 작은 회사를 갖게 되었다. 그는 베스 이스라엘 병원의 창립자 중 한 사람으로, 땅에 초석을 막 박은 듯 손에는 삽을 들고 검은 모자를 쓴 그의 사진을 나는 가지고 있다.

내 어머니는 코트, 신발, 가운 등의 제조업자, 상점 소유자, 그리고 각종 다과회와 자선모임—이런 모임에서 그녀는 머리 모양이 잘못되지나 않았을까, 자신이 바보 같은 말을 하고 있는 것은 아닌가, 드레스가 구겨지진 않았을까 등을 염려하면서 언니들이 가르쳐준 대로 행동하며 그 자리에서 빛을 발하기 위해 노력하곤 했다—에 아들을 내보내는 부유한 은행가들로 이루어진 상류사회 가문으로 시집갈 것으로 기대되었다.

어머니는 키가 150센티미터 정도였다. 게다가 근시여서 두꺼운 안경이 없으면 아무도 못 알아보고 벽을 더듬으며 걸어야 했다. 그녀는 줄담배를 피웠으며, 물건들을 잘 잃어버렸다. 입술에 바른 립스틱도 항상 번져 있곤 했다. 그녀는 공상을 잘했다. 외할아버지는 그녀가 겨우 열세 살 때 심장마비로 사망했다. 언니들은 백만장자에게 시집을 갔고, 오빠들은 사업을 물려받았다. 영혼이 끊임없이 불확실함으로 가득한, 겁 많은 소녀였던 그녀는 상속녀라는 위험한 신분을 갖게 되었다.

Z.B.T. 컬럼비아 대학 동문회 파티에서 어머니는 아버지를 만났다. 아버지는 헝가리 출신으로, 스스로 위대한 사람이 될 수 있는 기회를 놓쳤다고 믿고 있는 제약회사 영업사원의 아들이었다.

내 친할아버지의 식구들은 서드 애비뉴 엘 아래쪽에 있는 철도변 오두막에서 빈곤한 생활을 하며 살고 있었다. 친할머니는 할아버지보다 키가 크고 위엄이 있는 여인이었지만, 소음과 미국생활에서 겪는 고생에 질려 있었다. 할머니는 영어를 배우지 않았다.

나이트가운과 슬리퍼를 신고 집에만 있었으므로, 오랫동안 집에서 잠만 자는 것과 같았다.

내 아버지는 법과에 다니고 있었다. 그는 키가 크고 잘생겼으며, 항상 발렌티노처럼 검은 머리를 단정하게 빗고 다녔다. 게다가 평온한 얼굴에 흔들리지 않는 눈동자가 완벽한 조화를 이루고 있었다. 그는 여름마다 캐츠킬에서 인명구조대원 활동을 하면서 학비를 버는 스포츠맨이기도 했다. 그의 신발은 언제나 완벽하게 닦여 있었고, 흰 셔츠는 눈이 부실 정도였다. 그는 빈곤을 싫어했다. 그는 아홉 살 때 미국에 왔지만, 영어 이외의 다른 언어는 사용하지 않았다.

아버지는 어머니에게 사랑을 고백했다. 가족들의 경고에도 불구하고, 그녀는 그를 믿었다. 그녀는 그의 이상형이라기보다는 자신의 꿈을 이룰 수 있는 배경 같은 것이었다. 그들은 유럽으로 신혼여행을 갔고, 곳곳에서 아름다운 도자기와 리넨을 샀다.

빈곤을 혐오하는 헝가리인

내 아버지는 반호이젠 셔츠 회사의 변호사가 되었다. 그는 모난 성격이었으며, 다른 사람들에게 소리를 지르는 경향이 있었다. 잘 때는 이를 갈았으며, 편두통으로 괴로워했다. 그는 물건들이 원래 있던 자리에 놓여 있지 않은 것, 그리고 오점이 있는 것 등을 참을 수 없어했다.

남자들이 스쿼시를 하고 사우나를 한 후, 바에서 술을 마시는 클럽에도 가입했다. 이들은 온화하고 유쾌한 눈과 기다란 목, 수줍은 미소와 영리한 말솜씨를 가진 젊은 여성들을 데리고 나타났다. 이

때부터 아버지는 어머니에게 키가 작은 여자는 도저히 좋아할 수가 없으며, 긴 다리는 매력의 필수조건이라고 말했다.

아버지에게는 다른 여자들이 생기기 시작했다. 그는 볼티모어의 시계탑 아래에서, 또는 웨스트민스터의 모텔에서 그 여자들을 만나곤 했다. 그의 심장은 얼음처럼 차가웠지만, 속옷을 입고 있어도 그는 멋지게 보였다. 그는 자기 이름의 이니셜이 새겨진 셔츠를 입고 있을 때 더욱 멋져 보였다. 그러나 그는 가족 이외의 고객들을 잃어버렸다. 사람들은 그의 기질과 그의 성급함을 싫어했다. 문제는 그것만이 아니었다. 그는 골프에 맛을 들여서, 날씨가 좋으면 주말 내내 골프장에서 살았다. 그는 주식에도 투자했지만 돈을 잃는 데 천재적이었다. 어머니는 이것 때문에 큰 손해를 보았다.

어머니에게는 두 아이가 있었고, 그녀의 어린 시절과 마찬가지로 자질구레한 일을 돌보아주면서 아기들을 키우고, 음식을 만들고, 바닥을 닦는 일 등을 하는 하인들과 함께 살았다. 그녀는 카드놀이를 하거나 쇼핑을 하면서 무료함을 달랬다. 일주일에 두세 번 정도 미장원에 갔으며, 집으로 찾아와서 그녀의 다리에 윤기를 내주고 손톱에 붉은 매니큐어를 칠해주는 여자도 있었다. 그녀에게는 위궤양, 불안과 공포로 인한 발작 등의 증세가 있었다.

오후 5시 정도가 되면 그녀는 남편이 집으로 돌아오기를 기다리기 시작했다. 그녀는 5분 정도는 낱말맞추기 퍼즐을 즐겼고, 커내스터 오클라호마, 브리지, 백개먼 등의 게임을 기가 막히게 잘했다. 또한 연극을 좋아해서 브로드웨이 쇼들을 골라서 보곤 했다. 그녀는 불어와 꽃꽂이 강습도 받았다.

저녁식사 시간에 음식이 준비되면, 아버지는 어머니가 머리에 꽂고 있는 핀이 마음에 안 든다고 불평하곤 했다. 그러면 그녀는

"당신이 내가 몸에 걸친 걸 하나라도 좋아해 본 적이 있느냐"고 비통하게 말했다. 그는 어머니더러 바보 같다고 말했다. 그녀는 자기는 바보가 아니라고 대답했다. 이러면서 그들의 말다툼은 길어지곤 했다. 부엌에 있던 하녀는 덩달아 겁에 질려서 손톱이 하얗게 되도록 싱크대 모서리를 꽉 움켜쥐곤 했다. 어머니는 눈물을 흘렸다. 아버지는 집 밖으로 나가 문을 쾅 닫고, 램프를 걷어차서 넘어뜨렸다. 어머니는 그의 뒤에다 대고 소리쳤다.

"당신은 날 사랑하지 않는 거야." 그러면 아버지는 "누가 당신 같은 여자를 사랑할 수 있겠어?" 하고 소리쳤다.

그녀는 퉁퉁 부은 눈에 얼음 조각을 올려놓고 침대에 누워서 카멜 담배를 줄줄이 피우곤 했다. 그녀는 위로를 받기 위해 언니에게 전화를 했다. 그녀의 언니는 "그 사람하고 말싸움을 하지 마"라고 충고했고, 어머니는 "더 잘해 줘야지. 정말, 그렇게 할 거야" 하고 대답하곤 했다.

헤어지세요, 어머니

내가 일곱 살이던 어느 날, 어머니는 욕조에 몸을 담그고 있고 나는 욕조 가장자리에 앉아 어머니의 말동무를 해주고 있었다.

"이혼할까 말까. 할 수도 있지 뭐"라고 어머니는 혼자 말하곤 했다. 그녀의 눈은 부어 있었다. 나는 전신이 감전되는 것 같았고, 아드레날린이 솟구쳤다. 나는 "아빠랑 헤어진다고?" 하고 물었다. 어머니는 그렇다고 대답하더니, "그렇게 할까? 아빠랑 헤어질까? 넌 괜찮겠니?" 하고 물었다. 당시 나는 그녀의 친구이자 상담자였다. 그러나 아직 어렸으므로, 어떻게 대답해야 할지 몰랐다.

우리 가정이 찢겨져 나간다는 생각이 들었다. 아버지가 다시는 나를 보지 않을 것이라고 생각했다. 그들이 이혼하게 되면 친구들에게 어떻게 말해야 할까도 고민되었다. 내 친구들 중에는 부모가 이혼한 경우가 없었다. 나는 두려웠다. "그럼, 우리들은 누가 돌봐주나요?" 하고 물었다. 어머니는 욕조 안에 담뱃재가 떨어지는 것도 신경쓰지 않고 이렇게 말했다. "신이시여! 도와주소서." 그녀와 아버지와의 문제는 신에게 간청할 일이 아니었다.

그후 어머니는 용기 있는 행동을 했다. 정신과 의사를 찾아간 것이다. 나는 어머니를 따라가서 아래층 로비에서 기다렸다. 어머니는 마스카라가 볼에 얼룩진 얼굴로 나타나서는, "내가 조금이라도 더 강할 때 헤어질 거야" 하고 말했다.

그리고 몇 년이 흘렀다. 아버지는 어머니의 요구가 지나치다고 말했다. 아버지는 "나는 당신한테 충분히 시간을 낭비했어. 당신 언니가 있는 플로리다로 가든지 오빠가 있는 메인으로 가도록 해. 나한테 말하라고 요구하지 마. 나는 이미 당신한테 말하고 싶은 것을 모두 말했어" 하고 말했다. "나는 당신이 나를 칭찬해 주길 바래요. 당신이 나를 사랑한다고 말해 주길 원해요" 하고 어머니는 말했다. 아버지는 즉시 "사랑해"라고 말했다.

그러나 그후 어느 날 우리 집에서 열린 파티에서, 나는 아버지가 자신의 코트 옷장에서 얼굴에 온통 립스틱을 묻힌 채 한 여자와 뒤엉켜 있는 것을 발견했다.

아버지는 정치와 역사에 대해 아는 것이 많았고, 자신의 견해를 자주 얘기하곤 했다. 그러면서 자신의 말에 동의하지 않는 사람에겐 언성을 높여 자신의 생각을 강요하곤 했다. 그는 어머니에게, "당신은 어떤 것에 대해서도 선택권이 없어" 하고 호통쳤다. "주장이 너무 강한 여자들은 스컹크 냄새가 나" 하고 말하기도 했다. 어머니는 "그는 너무나 똑똑해. 아는 것이 정말 많아. 그와 헤어진다면 어떤 남자도 나와 결혼해 주지 않을 거야"라고 말했다. "그와 헤어진다면 나는 영원히 혼자 살 거야. 나는 그를 떠날 수 없어" 하고 말하기도 했다.

어머니는 늘 아버지를 짜증나게 하는 말을 했다. 아버지는 어머니를 울리고, 그런 다음에는 운다고 소리를 질렀다. 그의 고함소리는 대단했다. 그 소리는 마치 동물이 덫에 걸려 고통스러워하는 것처럼 들렸다. 저녁 때마다 오빠와 나는 바로 그 싸움이 시작되어 절정에 다다르는 동안 숨을 죽인 채 밥을 먹어야 했다.

마침내 나도 의견을 말할 수 있을 만큼 컸을 때, 어느 날 "헤어지세요, 어머니"라고 말하게 되었다. 어머니는 "글쎄, 그렇게 할까?"라고 말했지만, 그녀는 헤어질 수 없었을 뿐만 아니라 그럴 마음도 없었다. 두 사람의 격렬한 전쟁은 장기전으로 바뀌었다. 결국 어머니는 52세에 먼저 돌아가셨다. 돌아가실 때까지도 그녀는 여전히 결혼 상태였고, 여전히 자신이 키가 좀더 크고 좀더 매력적인 여인이기를 바라고 있었다.

어머니가 돌아가신 후 아버지는 어머니의 재산을 모두 물려받았고, 곧바로 키가 큰 여성과 재혼했다. 그 여자는 이미 아버지와 오랫동안 사귀어 온 사람이었는데, 말할 때면 손을 흔드는 버릇이 있었다. 아버지는 그녀에게 "저 바보 같은 여자", "저 미련한 것"이라고 표현하곤 했다. 그는 클럽에 나가는 일에 흥미를 잃고, 오랜 시간 동안 산책을 했다. 그리고 계속 편두통을 앓았다.

이것이 반드시 이혼이 이루어져야만 했던 경우에 해당하는 이야기이다.

남편의 여인들

스물일곱 살의 어느 날, 나는 후아레즈에 있는 한 싸구려 여관에 묵었다. 세 살 먹은 내 딸은 앵무새 새장에서 옥수수 속대를 꺼내려고 안간힘을 쓰고 있었고, 앵무새는 그 아이의 손가락을 물려고 부지런히 움직이고 있었다. 당시 나는 이혼을 하기 위해 그곳으로 갔는데, 내가 묵은 방은 그 지역의 주정뱅이들과 매춘부들이 뒹구는 방들 사이에 있었다. 나의 이혼은 반드시 이루어져야 했고, 실제로 성공한 이혼이 되었다.

나는 아버지와는 전혀 다르다고 생각한 사람과 결혼했다. 그는 극작가이자 철학자였는데, 남부 지방의 오랜 전통을 가진 집안 출신이었다. 그는 무슨 일이든 나와 상의를 했고, 내게 자신의 원고를 읽고 타이핑하도록 했다. 나는 집안 살림을 위해 회사 접수원으로 일했다. 우리 친구들은 시인과 화가, 비트족들, 그리고 그들을 추종하는 사람들이었다. 나는 내가 어머니에 대한 기억들에서 벗어났다고 생각했다.

그러나 나는 남편이 잘생긴 외모를 가졌고 나를 평범한 여자로 생각했다는 점, 그가 가난하며 나를 수입원으로 생각하고 있었다는 점, 남편의 영혼이 내 아버지와 마찬가지로 왜소해서 자기 옆에 있는 다른 영혼을 생각지 않고 있다는 점 등은 깨닫지 못했다. 그리고 어머니와 마찬가지로 나 역시 신념, 자신감, 그리고 나도 자유로울 수 있다는 확신을 갖지 못했음을 까맣게 몰랐다.

남편에게도 다른 여자들이 있었지만, 나는 그것을 예술가의 특권이라고 생각했다. 그러나 남편은 나를 무시하는 말을 자주 하곤 했다.

"엘리자베스 테일러가 여자라면, 당신 몰골은 쥐에 불과해."

나는 그 말을 듣고도 웃어넘겼다. 남편은 흥청대는 파티에 가서 돈을 모두 써버리곤 했다. 나는 수금원들이 찾아올 때마다 놀랐지만, 그것이 그의 시적인 면이라고 생각했다. 나는 항상 먼저 사과를 했다. 부부싸움을 하지 않았기 때문에, 나는 우리 부부가 결혼의 천국에 도달했다고 생각했다.

아이가 태어난 후에 나는 사랑을 '산소 같은 것'이라고 생각하기 시작했고, 그것이 모자라 현기증이 났다. 어느 날 밤, 남편이 그 동네 술집에 가고 없을 때 아이를 돌보면서 문득 나의 상태가 바로 '고독'이라는 것을 깨달았다. 남편은 늘 취해 있거나 집 밖으로 떠돌거나, 혼자 생각에 빠져 있거나, 외부 세계가 그에게 보내는 갈채에만 마음을 빼앗기고 있었다. 그래서 자기 아이를 마음에 담아 둘 수 없었다. 그런데 나는 그 사실을 내가 고독하다고 느낀 그날 알게 되었다.

나는 아버지보다 더한 남자와 결혼하여 어머니보다 더 딱한 사람이 되었다는 것도 깨달았다. 불 속에 뛰어든 나방처럼, 나는 부모님과 똑같은 결혼을 했던 것이다.

나의 이혼은 어머니가 이혼하지 않았다는 점과 관련이 있었다. 세대란 그런 식으로 자기들의 부담을 대대손손 물려주는 것이다. 오염, 추억, 경험, 신분 등에 의해서 한 사람의 실패는 다음 세대의 실패가 된다.

자신이 처한 상황을 개선하고 변화시킬 용기를 가지려면, 아주 큰 대가를 치러야 한다. 그렇다. 책임은 자기 자신에게 있음에도 불구하고, 혈관 속에는 가족사가 흐르면서 우리를 괴롭힌다. 우리는 절대 추억으로부터 자유롭지가 않다.

　만일 내 어머니가 이혼하여 혼자가 될 수 있는 용기를 가졌다면, 나도 스스로를 다르게 보았을지 모른다. 무엇보다 스스로를 사랑받는 사람으로 만들 용기가 있었을지 모른다. 그러나 나는 인생이 그저 흘러가 주기만을 기다리고 있지는 않았다. 그래서 나는 미국의 가정에서 생기는 이혼은 어떤 것들인지에 대해 진지하게 귀를 기울인다. 만일 내 어머니가 용기를 내어 아버지를 떠났다면, 그녀의 인생뿐만 아니라 나의 인생도 더욱 확고한 기반을 갖게 되었을 것이 분명하다. 그리고 내가 결혼생활을 지속했더라면, 내 아이는 영원히 비통함 속에 살면서 마치 내가 그랬던 것처럼 자기도 평범한 애정과 사랑을 받을 수 없다고 생각하게 되었을 것이다.

사랑이라는 외투

　오늘날의 미국인은 경제력과 자녀에 대한 뒷받침 등, 결혼의 필수조건들에 구애될 필요가 없는 연애를 강조한다. 나의 어머니는 결혼생활에서 경제적인 평등 때문에 파멸했다. 이혼이 주는 쓴맛의 일부인 돈은, 우리가 원하든 원치 않든 처음부터 사랑의 외투를 꿰매는 실의 자격으로 존재한다.

　우리들 각자의 생활에 영향을 미친 가문의 역사는, 내 어머니의 결혼과 나의 불행했던 결혼에도 분명히 영향을 미쳤다. 여성의 역할, 여성의 자학적인 태도, 이민, 사회적 지위를 높이려는 노력, 돈이 주는 혼돈 등은 내 어머니의 인생을 눈물로 얼룩지게 했고, 그녀의 딸인 나까지도 거의 혼돈에 빠뜨릴 뻔했다. 그러나 나는 그 불쾌한 일이 재현되도록 내버려두지 않았다.

　내 어머니를 생각할 때 너무 늦게 시작된 것으로 보이는 여성운동은 일부 여성들을 쓸데없는 모험에서 벗어나게 하고 가정에서 벗어나게 했으며, 혼자서만 가정을 관리하는 사람이 되지 않겠다고 생각하게 만들었다. 그리고 덧없는 희망으로 인한 고독, 실망, 고통 등에 종지부를 찍도록 만들었다.

이어서 성(性)의 혁명이 도래하였다. 그것은 우리가 살던 고장에까지 레이저 광선처럼 퍼져서, 또 다른 쾌락과 규범으로부터의 자유, 그리고 가사노동이 주는 부담으로부터 해방되기 위해 전전하던 아내들을 밖으로 내몰았다. 그것은 에이즈가 도래하기 훨씬 전에 터진 풍선이었고, 결국 우리는 완벽한 오르가슴을 원하고 있었던 것이 아니라는 사실을 깨닫게 해주었다. 우리는 침대에서 함께 애무할 수 있는 육체, 함께 나눌 수 있는 이야기, 그리고 남녀 간의 평등을 필요로 했던 것이다.

그러나 그보다 더한 것이 있다. 이혼은 가족을 산산이 흩어지게 하는 끔찍한 사건이며, 아이들에게는 그 상처가 영원히 잊혀지지 않고 남는다. 아이들에게 부모의 이혼은 슬픔과 방황을 낳으며, 절망의 늪에서 헤어나지 못하게 하는 고통스러운 순간들을 가져다 준다. 물론 아이들은 생각보다 훨씬 강인할 수도 있고, 훨씬 나약할 수도 있다. 이들은 결코 다른 사람을 믿지 않을 수도 있고, 너무 믿게 될 수도 있다. 이들은 한동안 계부나 계모를 인정하다가 어느 순간에는 이를 번복할 수 있다. 또 계부나 계모를 거부하다가 어느 순간부터 마음을 바꿀 수도 있다. 그러나 어떤 쪽이든 부모의 이혼은 아이들의 마음속에 위협과 불안, 배신감 등과 같은 감정을 남길 수 있다.

지금은 결혼해서 어머니가 된 나의 의붓딸은 자신이 일곱 살 때 겪었던 부모의 이별이 그녀의 생애에 있어 가장 두려운 순간이었다고 이야기한다. 그 말을 할 때마다 음성이 긴장되고 손이 가볍게 떨리는 것으로 보아, 부모의 이혼이 그녀에게는 지진과도 같은 것이었음을 알 수 있다. 이혼은 그 전후의 모든 것들을 변색시키고 축소시키는 것이다.

그러나 나는 이혼이 그렇게만 인식되지 않기를 바란다. 나는 우리가 새로운 짝을 만나 새 삶을 시작하고, 아이들의 영혼에 깊은 상처를 남기지 않은 채 우리가 저질렀던 최악의 실수를 원상태로 돌릴 수 있기를 바라지만, 그럴 수는 없다. 그리고 더 나아가, 아이들은 절대로 우리를 용서하지 않으며, 우리가 왜 최악의 상황에까지 가게 되었는지를 이해하려고 하지도 않는다. 물론 그들은 우리의 깨진 맹세를 이해하려고 노력할 수도 있겠지만, 보통은 그렇게 하지 않는다.

물론 아이들이 부모를 용서하지 않는 이유가 이혼뿐인 것은 아니다. 부모가 죽는 경우, 부모가 삶을 포기하는 경우, 부모가 비참함과 중독에 빠지게 되는 경우, 부모가 직장에서 실패하거나 경제적 불행 또는 다른 불행 앞에서 용기를 잃게 되는 경우, 아이들의 심장은 녹아내리고 좌절하게 된다. 다시 말해서 아이들에게 아픔을 주는 방법은 많이 있으며, 이혼은 그중에서 가장 큰 상처를 주는 일반적인 방법일 것이다.

17세기에는 한동안 마음의 부담이 큰 사람들에게 이혼이 만병통치약으로 간주되어 성행한 적이 있었다. 사람들은 이혼이 주는 자유를 누림으로써, 결혼으로 인해 자기들이 무슨 손해를 보았는지 빨리 알고 싶어서 안달했다. 이혼의 상처는 부모에게나 자식에게나 매우 심각한 것이다. 이혼 같은 것은 내 어머니 같은 사람에게나 가치 있는 일이었을 것이다. 그것은 필요할 수도 있지만, 절대로 좋은 것이 아니다.

나는 이혼 당시 스물일곱 살이었다. 이혼 후 처음 몇 개월 동안은 마치 피부가 몸에서 벗겨져 나가는 것 같은 기분을 느꼈다. 나는 거리를 활보하고, 아무렇지 않은 표정을 짓고, 그러면서 사랑하는 법을 새롭게 배워야 할 것처럼 느껴졌다. 실패를 받아들이고, 내가 했던 거만한 말들을 거두어들이고, 다른 사람들이 나를 돕도록 만들어야 했다. 이혼은 구원이었지만 재앙이기도 했다. 나는 내 결정에 대한 자신감을 잃었고, 내가 잃었던 것을 되찾는 데 많은 시간이 필요했다. 그때 나는 어머니가 이혼을 해야 했으면서도 왜 용기를 갖지 못했는지 이해하게 되었다.

나는 이혼이 없는 세계를 상상할 수 없다. 남자와 여자는 언제까지나 서로를 실망시키고, 상대방의 의사를 파악하지 못하고, 그로 인해 두 사람의 관계는 점점 나쁘게 변할 것이다. 또 가끔씩은 사랑을 할 수 없는 남자들이 있고, 아내나 자기 자신 또는 물질을 학대하는 남자들이 있다. 마찬가지로 그런 성격의 여자들도 있다. 이와 달리 예상치 않았던 일로 결혼을 파멸로 이끄는 재난이 닥치거나, 자녀의 부상이나 사망, 경제적인 타격, 직업상의 실패 등이 부부간의 갈등을 낳을 수도 있다. 그리고 반복되는 일상생활에서 탈출하기 위해 결혼생활을 무너뜨리는 경우도 있다.

그러나 나는 이혼이 드문 세상, 일상생활의 혼란 등이 사회적인 격변 없이 완화되고 다스려지는 세계를 상상할 수 있다. 결혼이 그렇게도 많은 문제점을 유발하는 것은 아마도 낭만주의적인 집착 때문일 것이다. 결혼이란 경제적인 것이며, 자녀를 기르는 제도이며, 야망, 계급, 돈 등이 연루된 사회적 만남이라는 개념을 정착시킬 수만 있다면, 우리는 한결 잘살 수 있을 것이다. 결혼을 하려면

개인적인 적합성과 충족 같은 혼자만의 목표들은 절대 염두에 두지 않는 것이 좋다. 어쩌면 우리 모두는 아직도 19세기 소설에 나오는 등장인물과 같을지 모른다.

내 아이들이 결혼 적령기가 된 요즈음, 나는 중매결혼을 신뢰하는 사람이 되었다. 그런 결혼은 눈을 가린 채로 교통지옥 속으로 돌진하는 것과 같은 연애결혼보다 더 많은 폐단을 낳지는 않을 것이기 때문이다. 어쩌면 사랑이라는 것을 결혼의 산물로 간주해야 할지도 모른다. 물론 중매결혼이 흔한 사회에서는 비극적인 일들이 생길 수도 있다. 즉 신부를 화형시킨다거나, 신부가 평생 동안 비참하게 복종하며 살아야 하거나, 성적인 악몽에 시달리거나, 가난한 어린 소녀와 나이 든 나쁜 남자가 결혼하는 등의 일들이 생길 수 있는 것이다.

강요되거나 불행한 결혼에는 잔인성이 있다. 우리는 약혼이라는 것이 얼마나 달착지근하며 얼마나 깨지기 쉬운 것인지 알고 있기 때문에, 결혼이라는 것을 하는 시점부터는 계속 눈물을 흘려야 할 것이다. 모든 잠수함에 비상탈출구가 반드시 있어야 하는 것처럼, 우리에게도 합법적인 이혼이 필요하다. 그리고 이혼 직후에는 누구나 꼬리에 양철을 매단 고양이처럼 놀라서 도망치지만, 시간이 지나면서 차차 그 속도를 줄이게 된다.

3

웨딩 드레스의 또 다른 용도

페니 캐거노프

페니 캐거노프(Penny Kaganoff)는 사이먼 앤드 슈스터(Simon & Schuster)의 편집장이다. 『커커스 리뷰』의 편집장. 『퍼블리셔스 위클리』의 서평란 편집자. 『뉴욕 데일리 뉴스』의 칼럼니스트, 전국비평가협회상의 심사위원을 지낸 바 있다. 또한 그녀의 수필과 평론은 여러 신문과 잡지에 자주 실린다. 현재 뉴욕 주 브루클린에 살고 있다.

선택된 사람들

내 모교인 예시바 대학(유대교 대학) 부설이었던 스턴 칼리지 기숙사의 괴상한 장식문을 생각할 때마다, 나는 몸이 움츠러드는 것을 느낀다. 친구들은 내가 그런 보수적인 학교를 졸업했다는 사실에 무척 놀라지만, 그때마다 나는 결혼하거나 이혼한 것은 절대로 후회하지 않지만 그 학교에 들어간 것은 정말 후회한다고 농담조로 이야기하곤 한다.

그러나 사실 나에겐 그 세 가지 사실이 서로 인과관계처럼 뒤얽혀 있다. 나는 학문을 배우기 위해 스턴 칼리지에 갔지만, 그 학교는 소녀들이 최고의 신부감 자격을 따기 위해 가는 곳이라고 알려져 있었다. 그래서 큰언니 레아는 그 학교를 '정자은행'이라고 부르면서 내 신경을 건드리곤 했다.

그 학교는 음산하고 황폐한 분위기를 풍기고 있었다. 뉴욕 시 한

가운데에 있던 그 학교는 유대교와는 상관이 없는 곳에서 사는 것에 대해 불안감을 느끼거나, 자신의 딸들이 올바른 남편을 만나지 못할까봐 염려하는 랍비 사상을 가진 가족들의 사고방식에 영합하는 곳이었다. 따라서 나는 당연히 거쳐야 할 과정으로 스턴 칼리지에 보내진 것이다. 레아 언니는 자신의 운명으로부터 도망치기 위해 이스라엘로 가버림으로써 나의 운명과는 완전히 다른 길을 걸었다.

내가 학교에 다니는 동안 주변 친구들의 약혼은 놀라우리만큼 자주 이루어졌다. 그 학교의 관례에 따르면, 누군가가 약혼을 하면 그의 기숙사 룸메이트들은 이를 축하하는 뜻에서 문에 장식을 해야 했다.

만약 한 소녀의 약혼자가 의대생이라면, "이 방에는 의사의 약혼녀가 있습니다"라는 뜻을 나타내는 무언가를 설치했다. 즉 청진기로 심장 한 쌍을 만들어서 걸어 두거나 하는 것이다. 법률가와 약혼하게 되는 경우에는 정의의 저울이나 판사의 의사봉을 문에 장식했다.

학교신문에는 새로 탄생된 예비 신랑 신부를 축하하는 칼럼이 실렸다. 나와 내 친구들은 이런 식의 야단법석이 이루어지고 있는 학교에서 외계인이 된 기분을 느낀 적이 많았다. 소외되었다는 느낌을 갖기도 했다. 그렇지만 결국은 그런 분위기에 끼여들지 않을 수가 없었다. 아브라함과 모세가 유대인들은 선택된 사람들이라고 믿었던 것처럼, 우리 스턴 칼리지의 여학생들은 여자를 자신의 의도대로 개조하는 남자에 의해 선택된다고 믿고 있었다.

몇 시간 동안이나 문을 장식하는 룸메이트들을 바라보던 기억이 난다. 그리고 같은 방을 쓰는 친구들이 한꺼번에 두 명 이상 약혼하는 경우에 생기는 곤란한 문제를 해결하는 방법에 대해 활발하게 토론하던 일도 생각난다. 누구의 장식을 우선적으로 문에 걸 것이며, 누구의 장식을 두번째 서열로 할 것인가? 둘 중에서 보다 높은 신분이었던 쪽, 또는 약혼녀의 침대에서 잠을 잔 적이 있는 남자에 대해 우선적으로 장식을 했던 것 같다. 약혼녀 자신이나 그녀의 장래 포부 같은 것은 이 장식에 전혀 표현되지 않았다. 또 예시바 칼리지의 소년들이 우리들처럼 자기 룸메이트들의 약혼을 축하하는 문 장식을 했는지에 대해서는 아무도 궁금해하지 않았다.

차라리 여자들의 지적 수준이 낮고, 여자의 개인적인 포부라는 것이 단지 결혼해서 아이를 낳는 것뿐이고, 대학은 보다 나은 신분의 신랑감을 잡기 위한 곳이었던 1940~50년대에 내가 스턴 칼리지에 들어갔더라면 얼마나 좋았을까? 유감스럽게도 내가 그 학교에 들어간 것은 1970년대 후반이었으며, 여성운동이 수많은 여성들의 삶을 변화시켰던 1980년대에 나는 그 학교를 졸업했다. 졸업할 당시, 나는 재학시절에 사용하던 기숙사 방문을 생각하고 순간적으로 무력감이 들었다. 난 그때 약혼조차도 하지 못하고 있다는 사실에 수치스러워했던 것이다.

내 어머니는 한 번도 정도(正道)를 벗어난 적이 없는 사람이었다. 그녀는 15대나 이어져 내려온 랍비 집안이라는 사실에 자부심을 가지는 그리스 정교 가정의 세 딸 중 막내로, 전과목 A학점을 받아 우등생 사교 클럽의 회원이 되었다. 그녀는 고등학교 시절부터 나에게, 데이트할 때 똑똑하게 굴면 안된다고 주의를 주곤 했다. 그러면 남자들은 나를 좋아하지 않을 것이고, 데이트 신청도 많이 받지 못한다는 것이었다.

그로부터 몇 년이 지난 어느 날, 나는 전남편 잭과 이혼소송을 벌이고 있었다. 그리고 몇 가지 법률적인 세부사항을 전화로 의논해야 했다. 그는 새로운 여자친구가 생겼다고 말했으며, 그녀는 교육을 잘 받은 나 같은 여성이라고 했다. 나는 예의바른 어조로 그녀가 어떻게 생겼느냐고 물었다.

내가 그와 결혼한 후 쪘던 살을 빼기 위해 다이어트중이라는 것을 알고 있던 잭의 말에 따르면, 모델 같은 외모라는 것이었다. 그는 내가 먹는 음식 한 입 한 입에 대해서까지 경멸하고 있었던 것이다. 내가 마음속의 공허를 채우기 위해 먹고 있었다는 사실을 그는 알고 있었을까?

"그녀는 똑똑하지만 지적이지는 않아"라고, 잭은 흡족한 듯이 말했다. 물론 그 말은 '그녀는 당신같이 잘난 척하는 여자가 아니야' 라는 뜻이었다. 내 어머니의 경고가 결국에는 나를 조롱하는 것처럼 절실히 가슴속에 사무쳤다.

몇 년이 지나 잭의 심술궂은 여동생을 우연히 만났을 때, 그녀는 잭이 재혼했다고 말해 주었다. 그는 나와는 아주 정반대되는 타입의 여자를 찾아낸 것 같았다. 바로 유대인 체조선수였다.

이것이 바로 나의 뿌리인 정통 유대교의 세계이다. 오랫동안 나는 스스로를 이 세계에 맞추기 위해 노력했다. 스턴 칼리지의 여학생에게는 완벽한 남자로 인식되어, 유명한 법률회사에서 정통적인 출세 코스를 밟고 있는 잘생긴 유대인 법률가와 결혼했던 것이 그 증거이다.

그러나 어느 시점부터 나는 결혼생활을 참을 수 없게 되었다. 스스로에 대한 판단력을 날로 잃어가고, 남편을 떠나거나 아주 사라져 버리지 않으면 안된다는 사실을 느끼기 시작했을 때, 나는 남편에게 어떻게 말할까 하는 것보다는 부모님에게 어떻게 말할까 하는 것이 더 걱정스러웠다. 왜냐하면 나의 부모님에겐 그런 훌륭한 사위를 잃는다는 것이 그들의 자부심과 기쁨을 짓밟는 것이기 때문이었다.

스턴 칼리지의 동창들 중 한 명이 억압적이면서도 행복한 결혼식을 치르던 날이었다. 그날 나는 어머니에게 전화를 걸어, 내 인생에 뭔가 무서운 일이 일어났지만 전화로는 말할 수가 없으니 보스턴까지 좀 와달라고 부탁했다. 어머니와 보스턴에서 만나 끔찍하고도 굴욕적인 내 결혼생활에 대해 자세히 이야기하려고 노력했지만, 나를 매우 사랑하는 어머니는 오히려 나에게 무엇 때문에 남편을 화나게 했느냐고 되물었다.

부모님은 나의 이혼에 대해 망연자실하였다. 그들은 나의 장래를 너무나 걱정한 나머지, 자신들의 감정을 나에게 표현할 수조차 없을 정도였다. 나의 유대인 직계 가족 중에선 누구도 내가 이혼하는 자리에 함께 있어 주지 않았다. 유대교적인 이혼심판은 부패를 방지하기 위한 미국식 이혼보다 훨씬 더 사람을 탈진하게 하는 것이다. 언니 레아가 마침 친정 식구들을 만나러 와 있는 중이어서, 아이들을 부모님에게 맡기고 내 곁에 있어 달라고 부탁했지만 그녀는 구실을 만들어 거절했다.

"어머니, 아버지가 지금 매우 고통스러워하고 계셔. 내가 곁에 있어 드려야 해."

언니는 이렇게 말했지만, 고통스럽기는 나도 마찬가지였다. 이혼하는 당사자는 바로 나였기 때문이다. 그러나 나는 스스로 자초한 그 벌을 감수했다. 다행히 매사추세츠 주 브루클린에 살고 있던 숙모와 삼촌이 내 곁에 있어 주었다. 그들은 행복한 결혼을 한 그들의 다섯 자녀 중 누구에게도 이런 불행한 일은 일어나지 않을 것이라고 확신하고 있었다.

나의 이혼은 부모님과 나 사이를 갈라놓는 요인이 되었다. 이혼 후에 나는 좀더 나 자신을 위해 살게 되었고, 부모님이 나에게 정도 이상으로 요구하는 일들은 신경을 덜 쓰면서 사는 법을 배웠다. 나는 유대사회가 나에게 요구하는 것을 더 이상 염두에 두지 않고 살게 되었다.

완벽한 한 쌍

우리의 결혼은 악의에 찬 유대인들의 농담 같은 것이었다. 즉 우리는 완벽한 한 쌍이었다. 그래서 나는 항상 죄의식을 느꼈고, 남편은 모든 것을 내 잘못이라고 비난했다. 그를 행복하게 하는 것이 나의 임무였다. 남편은 자신의 삶에 대해 책임을 지지 않고 모든 것을 나의 탓으로 돌렸다. 그의 눈에는 내가 말하거나 행동하는 모든 것이 창피스럽게 보였다.

결혼하고 나서 얼마 후에 잭과 나는 브루클린으로 이사를 했다. 우리 아파트 단지에는 잭의 고등학교 친구인 브래드가 살고 있었다. 브래드는 유대교회에서 가장 유명하고 사교적인 사람이었으며, 잭은 그가 주도하는 클럽에 정말로 끼고 싶어했다. 브래드는 이웃끼리 여는 축하 파티 겸 점심식사에 우리를 초대했다. 그러나 우리가 그 답례로 제안한 초대를 그는 거절했다.

잭은 그 책임을 나에게 돌렸다. 그날 점심식사 때 나눈 대화를 조목조목 따지면서, 브래드가 있을 때 내가 말하거나 행동한 모든 것에 잘못이 있다고 비난한 것이다. 잭의 결론에 따르면, 내가 그들의 감정을 상하게 했기 때문에 그들이 우리의 제안을 거절했으며, 그들은 우리의 친구가 되고 싶어하지 않는다는 것이었다.

그후로 잭은 나를 너무 소심하게 만들었고, 나 역시 스스로를 의심하기 시작했다. 유대교 기념일이나 휴일에 손님들을 초대하기라도 하면, 그들이 돌아가자마자 잭이 나의 행동과 말투를 하나하나 들추어내면서 내가 결점이 많다거나 그들과 어울리지 않는다는 쪽으로 나를 납득시켰다. 나는 손님을 맞이하는 것이 점점 두려워졌다(그 상처는 오늘날까지도 완전히 고쳐지지 않았고, 지금도 나는 두 가지 특징이 결합된 사람이다. 즉 겉으로는 외향적이며 스스로에 대해 마음이 편안하면서, 속으로는 내가 다른 사람의 말을 방해하거나 바보처럼 실수하지나 않을까 염려하는 수줍은 성격을 감추고 있는 것이다).

어느 날 밤, 브래드는 임신한 아내를 남겨둔 채 목욕 가운의 허리띠로 지하실 파이프에 목을 매달아 자살했다. 유대교식 7일장에서 그의 아내는 우리에게 사과하면서, 브래드는 몇 달 동안 아주 의기소침해 있었기 때문에 우리의 우정어린 초대에 응할 수 없었던 거라고 설명했다. 브래드의 자살과 그 미망인의 슬픈 사과는 나를 순식간에 깨어나게 했다.

부부싸움을 하는 동안 잭이 내 입을 꽉 막았던 적이 몇 번 있었다. 내가 말하는 것을 듣고 싶지 않다는 뜻을 그렇게 표현한 것이었다. 나는 공포에 질렸고, 숨을 쉴 수가 없었다. 그러나 잭의 행동으로 인해 내가 위축된다는 이야기를 누구에게도 할 수가 없었다. 그것은 한편으로는 수치심 때문이기도 했지만, 한편으로는 어쨌든 내가 그의 아내이므로 그에게 성실성을 보여주어야 한다고 느꼈기 때문이었다. 자업자득이었다. 결국 나는 어쩔 수 없는, 착실한 스턴 칼리지 출신의 여자였다.

나는 유대교 기념일에 촛불을 켜고, 신에게 나의 불행을 끝나게 해달라고 빌었다. 끔찍한 부부싸움이 끝나고 나서 제정신이 돌아오면, 나는 이상한 망상에 사로잡히곤 했다. 우리의 문제에 대해 절대로 깊이 생각하지 않는 잭이 나에 대한 보복으로, 브래드를 본떠서 목을 매달지도 모른다는 망상이었다. 그래서 나는 그에게, 그런 짓은 절대로 안 하겠다는 약속을 받아냈다. 그러면서도 때로 그가 너무 오래 욕실에 있으면, 나는 공포에 질려서 문을 두드렸다.

그런 걱정이 지나가면, 차라리 남편이 죽고 난 미망인이 되기를 바라는 마음이 생기기도 했다. 이혼이라는 불명예와 혼란 없이, 지겨운 남편에게서 벗어나 따뜻하고 사랑스러운 이웃들에게 동정과 위로를 받는다는 것은 얼마나 멋진 일일까 하는 공상을 하곤 했던 것이다. 그로부터 얼마 후에 나는 남편을 떠났다.

이혼 후 몇 년이 지난 어느 날, 전남편으로부터 전화가 왔다. 그는 미리엄이라는 여자와 결혼하려 하는데, 그 전에 그녀가 나와 전화통화를 해보고 싶어한다는 것이었다. 나는 얼떨결에 허락했다. 사실은 호기심도 생겼다. 그때까지만 해도 나는 사람들이 모인 자리에서 수다를 늘어놓을 때마다 나의 결혼생활에 대해 약간의 거짓말을 섞어 각색하곤 했다. 그러나 미리엄과의 대화는 불쾌했던 내 결혼 시절을 상기시켰고, 나로 하여금 사실을 직시하도록 만들었다.

그녀는 시리아에서 이주해 온 정통 유대교 집안의 딸이었다. 그녀는 첫남편이 습관적으로 자신을 구타했다고 말하면서, 잭은 정말 좋은 남편감이라고 했다. 그녀의 솔직함에 나는 당황했다. 처음에 나는 그녀와의 대화가 가볍고 쾌활하게 진행될 것이라고 생각했다. 물론 이런 식으로 결혼 전에 이루어지는 조사형식의 전화통화는 정통 유대교인들 사이에 보기 드문 일은 아니다.

후에 내 부모님은 그녀의 아버지가 전화를 걸어 잭에 대해 알아보는 일을 받아들였다. 내 부모님은 믿을 수 없을 만큼 그를 칭찬했지만, 나는 그런 것을 좋아하지 않았다. 그러나 부모님은 "우리가 무슨 말을 하기를 기대하니? 잭과 결혼했던 사람은 바로 우리 딸이었기 때문에, 우리는 그가 나쁜 사람이라고 말하고 싶지 않단다"라고 합리화시켰다. 더러운 빨래를 집 밖에 내걸고 싶지 않다는 뜻이었다.

그러나 미리엄은 내가 되는 대로 성의 없이 내뱉는 말에는 관심이 없었다. 그녀는 나를 놀라게 했고, 나는 그만큼 그녀에게 미안함을 느꼈다. 그녀는 "우리 여자들은 뭉쳐야 해요"라고 몇 번이나 말했다.

그녀는 잭의 건강이 큰 문제가 되지는 않았는지 물었다. 잭에게는 소화성 위궤양이 있었고, 나는 그의 건강상태가 그를 의기소침하게 하거나 우울하게 만드는 원인이 될지 모른다고 말했다. 그녀는 우리에게 왜 아이가 없었느냐고 물었다. 나는 그녀가 약간 건방지다고 생각했다. 그러나 당시 그녀는 두려움으로 가득 찬 상태였다. 그렇지 않았다면 그런 질문을 하지 않았을 것이다.

우리에게 아이가 없는 이유는 잭이 나를 대하는 태도, 나를 싫어하고 동정하는 모습 등을 아이에게 보여주고 싶지 않았기 때문이라고 생각했지만, 미리엄에게는 그렇게 말하지 않았다. 언젠가 나는 잭의 아버지, 즉 시아버지가 시어머니에게 "입닥쳐!"라고 말하는 것을 듣고 난 뒤부터 시어머니를 전보다 더 잘 이해하게 되었지만, 그녀에 대한 원망이 줄어들지는 않았다.

우리에게 아이가 없는 이유는 잭이 항상 나에게 화가 나 있었고 나와 사랑을 나누려 하지 않았기 때문이라고 생각했지만 미리엄에게 그렇게 말하지 않았다. 결국 나는, 우리가 너무 젊었기 때문에 당시엔 아이를 갖고 싶지 않았다고 그녀에게 말했다(결혼 당시 나는 스물네 살이었고, 헤어졌을 때는 스물일곱 살이었다. 스물네 살이면 정통 유대교 가정의 여자로는 노처녀였지만, 다른 세계에서는 어린아이였다).

그녀는 가장 고통스러운 부분에 대해 묻기 시작했다. 잭이 욕을 한 적이 있었느냐는 것이었다. 전쟁과도 같았던 결혼생활이 주마등처럼 스쳐 지나갔다. 소름 끼치는 에피소드들로 점철된 끔찍한 권태의 시간이었다.

결국 나는 그녀와 나 자신에게, 나의 결혼이 얼마나 끔찍한 것이었는지를 드러낼 수밖에 없었다(그녀는 내가 해준 말들에 충격을 받았는지, 잭과 결혼하지 않았다). 그녀는 마치 오랫동안 알고 싶어하던 요리비법을 전수받기라도 한 것처럼, 정중하면서도 개인적인 감정이 전혀 섞이지 않은 상태로 나에게 감사의 뜻을 전했다. 그리고 내가 말했던 것을 잭에게는 절대로 이야기하지 않겠다고 약속했다.

다음날 잭은 나에게 전화를 해서, 전날 미리엄에게 무슨 얘기를 했느냐고 따지면서 소리를 질렀다. 미리엄이 우리 사이에 오갔던 얘기를 그에게 해주지 않으려 한다는 것이었다. 나는 그에게 미리엄과 나의 만남에 대해 무엇을 기대했느냐고 반문하고, 다시는 전화하지 말라고 했다.

그는 더 이상 전화하지 않았다. 나는 전화를 끊고, 잭과 결혼생활을 하는 동안 예기치 않게 폭발하곤 하던 그의 분노를 내가 얼마나 두려워했던가를 상기하고 전율했다. 미리엄이 전화한 후 몇 주일 동안, 나는 잭이 나에게 접근해 와서 나의 불복종과 불성실에 대해 보복하는 악몽에 시달렸다.

이혼법정

매사추세츠 법정이 이혼판결을 내린 정확한 날짜는 기억할 수가 없다. 내가 더 이상 결혼생활을 원치 않는다고 결정한 지 정확히 3주일 후에 유대교 특유의 이혼심판이 있었다. 잭과 나 사이에는 아이도 없었으므로 나는 유대사회로부터 영원히 추방되고, 앞으로는 유대교인이 아닌 '불순한' 인종들하고만 결혼할 수 있다는 선고식 같은 것이었다.

결혼과 이혼을 신이 결정하는 중대한 사건으로 취급하는 유대교 율법에서는 이러한 이혼심판을 무조건 거쳐야 했다. 그러나 여자들에게는 이것이 얼마나 비참한 일인지 모른다. 이런 의식을 옹호하는 사람들은 바로 이 율법이 고대 동방세계의 여자들을 보호했다고 생각하겠지만, 나로서는 21세기를 눈앞에 둔 시점에서 이런 율법들이 무자비한 시대착오라는 생각이 들었다. 랍비의 딸인 나는 남자들이 재물 때문에, 또는 자식들을 보호한다는 명목으로 자신의 아내들을 갈취한 사례를 많이 알고 있다.

심지어 잭의 친척 중 한 사람은 잭에게, 나를 자유롭게 해주는 대가로 돈을 받아내라고 강요하기까지 했다. 나는 잭이 여전히 나를 사랑하고 있기 때문에, 그리고 내가 너무 급하게 이혼을 추진한 것에 대해 약간은 당황하고 있었기 때문에 그렇게 할 여유가 없었던 것이라고 믿는다.

이혼 심판을 주재한 랍비들은 나처럼 고집 센 여자의 이혼문제를 처리하는 것을 아주 언짢아했다. 잭은 이혼심판을 준비하는 과

정에서 아무 일도 하지 않겠다고 했고, 내가 모든 일을 다 처리해
놓으면 그때 나타나겠다고 했었다(그는 그렇게 하는 것이 멋진 남
자의 모습이라고 생각했다).

그래서 나는 랍비들로 이루어진 위원회를 구성하는 일을 혼자서
해냈다. 그들은 여름에는 랍비 법정을 소집할 수 없으므로, 가을까
지 기다릴 수 없겠느냐고 했다. 나는 그들의 답답함을 비난하고,
우리 부부는 가을까지 기다릴 수 없는 상황이라고 말했다. 나는 마
음을 단단히 먹고, 그들에게 외부 심판관들을 소집해 달라고 강요
했다.

그들은 우리의 성생활과 자기들과는 아무 상관도 없는 다른 문
제들에 대해 두서 없이 무수한 질문을 해댔다. 나는 아버지나 랍비
인 다른 친척을 대변자로 삼지 않고 스스로를 변호했다.

내 할아버지를 대단히 존경했고, 아버지와도 잘 아는 최고 랍비
는 심판이 진행되는 동안 내 눈을 한 번도 쳐다보지 않았다. 그는
오로지 법전에만 시선을 두었고, 내게 위로의 말을 한마디도 해주
지 않았다. 그들은 이혼통보장을 써서 접은 다음 내게 손을 내밀라
고 했다. 나는 탄원자처럼 손을 내밀었다. 그들은 잭에게, 서류를
내 손에 떨어뜨리되 서로 손이 닿아서는 안된다고 말했다. 부부관
계를 청산하는 사람들은 서로 몸이 닿는 것이 허용되지 않았던 것
이다. 나는 서류를 허공에 들어올려야 했고, 그런 다음에는 거북한
얼굴로 그것을 들고 한때 내 남편이었던 사람에게서 등을 돌린 채
걸어나왔다.

우리가 나간 다음, 랍비는 유대교 전통에 따라 우리가 간 길 쪽
에 대고 칼로 십자 모양을 그렸을 것이다. 이것은 다른 부부들이
우리와 같은 길을 가지 않게 하려는 부적 같은 것이다. 그러나 의

식에 도취된 나는, 이와 같이 평범한 행위조차 신화처럼 여기면서 여기에 중요성을 부여하고 있었다. 그리고 내가 그 행위에 직접 관여되지 않았기 때문에 왠지 속는다는 느낌이 들었다.

어떤 책에서 읽은 얘기로, 유방에 생긴 종양을 제거하기로 한 여성이 수술로 제거된 종양을 버리기 전에 자신에게 보여주어야 한다는 약속을 의사에게 받아내는 내용이 생각난다.

내게는 이와 같은 상처로부터 벗어나기 위한 카타르시스와 결론이 필요했다. 나는 이혼통보장을 남편이라고 생각하고, 남편의 몸에서 피가 날 때까지 이것을 칼로 찌르는 상상을 했다.

웨딩 드레스의 또 다른 용도

이혼 직후, 어머니는 내게 전화를 해서 웨딩 드레스를 어떻게 했느냐고 물었다. 그 시기에 나는 부모님뿐만 아니라 점잖은 척하면서 아무것도 모르는 듯이 행동하는 부부들을 바라보기가 힘들었으며, 그들 모두가 이혼하는 공상을 하곤 했다. 어머니는 아버지가 이끄는 집회에 나오는 한 젊은 여자가 결혼할 예정인데, 내 드레스를 빌려주지 않겠느냐고 물었다. 나는 '차라리 내 시체를 밟고 지나가라고 하지 그래요'라고 속으로 부르짖었다. 나는 그 신부가 통로를 따라 걸어갈 때 유대교 사람들이 "저게 이혼한 페니 캐거노프의 웨딩 드레스였다며?" 하고 수군대는 것을 원치 않았다. 그래서 나는 그것을 자선단체에 주었다고 말했지만, 사실은 내 친구 카렌이 그 공단을 밝은색으로 염색하여 춤추러 갈 때 입겠다고 해서 주었다.

그러나 그녀는 그럴 시간이 없었을 뿐만 아니라, 분홍빛으로 염색을 했다 해도 그것은 여전히 웨딩 드레스처럼 보였을 것이다. 결국 카렌과 나는 그것을 가난한 러시아 유대인 이민자들에게 주었다. 잠들기 전에 눈을 감으면 모양이 달라진 내 웨딩 드레스 자락이 펄럭이며 사라지는 것이 보였고, 그 영상은 지금까지도 사라지지 않고 있다.

돈 많은 한 사촌이 롱아일랜드에서 바르 미츠버(13세 소년을 위한 성인식)를 열었던 최근까지도 내 이혼은 화젯거리였다. 내가 요즘 어떤 책을 읽는지 묻는 사람들은 없고, 오로지 내가 사회생활을 어떻게 하고 있으며, 만나는 남자는 있는지 등에만 관심을 갖는 그런 모임은 이제 지겹다. 사실 나는 그 성인식에 온 사람들 중에서 유일한 독신자였다. 성인식에 참가하는 소년의 학급에도 독신인 부모는 없는 것 같았다. 그날 거기서 만난 사람들과 오후에 시내로 나갔지만, 그들 역시 사적인 질문을 끊임없이 해댔다. 정통 유대교 환경에서는 독신자들이 많은 권리를 가지고 있지 않다. 생활의 권태를 느끼고 있던 한 여자는 내가 이혼했다는 사실을 알게 되자 무척 의기양양해하면서, 나와 관련된 모든 것을 낱낱이 캐내려 했다.

그러면서 그녀는 나에게 엄청난 질문까지 던졌다.

"이혼했을 때 어떤 느낌이 들었나요? 혹시 실패했다는 느낌이 들지는 않았나요?"

사탕 포장지가 여기저기 널려 있는 후텁지근한 차를 타고 복잡한 고속도로를 간신히 빠져나가면서, 나는 한 가지 결론을 얻었다. 그리고 다시는 돌아오지 않을 문턱을 넘어섰다. 나는 내 이혼이 용감하고 건강한 행동이었으며, 언제든지 자랑스럽게 말할 수 있는 승리의 순간이었다고 진심으로 그녀에게 답해 주었다. 가족들의 모임에서 느꼈던 나의 서글픈 감정은 이렇게 해서 말끔히 해소되었다.

 그 여자는 내 대답에 실망했으며, 그후 나는 아파트 문을 열고 나설 때 여전히 콧노래를 부른다.

4

두 번의 결혼과 두 번의 이혼

제인 샤피로

 제인 샤피로(Jane Sha-
piro)는 첫번째 소설 『달의
요정을 찾아서』(After Moondog)로
『로스앤젤레스 타임스』 문학상을 수상
했다. 『뉴요커』지에 제일 먼저 발표되
었던 소설 「집안을 떠도는 요정들」
(Poltergeists)은 1993년도 미국 우
수단편에 포함되었다. 그녀의 단편과
저널리즘은 『뉴요커』, 『뉴욕 타임스』,
『빌리지 보이스』, 『미라벨라』 등 많은
신문과 잡지에 발표되었다. 루트거스
대학에서 소설 작문을 가르친 바 있으
며, 현재 프린스턴에 살고 있다.

두 번의 결혼과 두 번의 이혼

나는 평생 한 남자와 살아가기를 원한다. 그러나 아직까지는 알 수가 없다. 이것은 내 생각일 뿐이다. 나는 두 번의 결혼과 두 번의 이혼을 겪은 후, 혼자 살면서 내가 원하던 대로 화살처럼 빨리 지나가는 흥미로운 시간들을 보냈다. 그러나 한 남자와 평생을 살아가기를 바라는 이 소망은 언젠가 이루어질 수 있을 것이라고 믿는다.

나는 다시 스물한 살의 나이로 돌아가, 언젠가는 매력적이고 이해심이 많은 연인과 함께 사랑을 나눌 것이라고 상상한다. 그리고 우리의 결합을 증명하고 지속시켜 줄 다정한 친지들에게 둘러싸여 날씨가 화창한 어느 날 결혼을 할 것이다. 우리는 매일매일 더욱 평화롭고 친밀한 관계를 만들면서, 60년 동안 사이좋게 살아갈 것이다. 우리는 따뜻한 지방으로 이사를 하여 잔디밭에 놓인 2인용

의자에 앉아 성장한 자녀들에게 전화를 건다. 우리의 손가락에 끼워진 결혼반지는 닳았고, 손가락은 수척해 보일 것이다. 우리는 결혼한 상태로 행복한 죽음을 맞이한다! 나에게는 아직까지도 이 이야기가 실현 가능한 것으로 여겨진다.

언젠가 나는 미국에서 가장 크고 가장 성공적인 결혼상담소를 운영하는 뉴욕의 유명한 이혼법률가 라울 라이오넬 펠더와 함께, 당시 논쟁거리였던 이혼문제에 대해 토론하고 있었다.

문: 사람들이 처음에는 이혼할 것인지 말 것인지에 대해 반반의 심정인 상태로 당신을 찾아옵니까!

답: 그렇지 않습니다. 나를 찾아올 때쯤이면 이미 신부, 목사, 정신과 의사, 옆집 여자 등 안 가본 곳이 없는 상태죠. 다시 말해서, 이혼하기로 한 정도가 아니라 대개는 완전히 지쳐버린 상태입니다.

문: 그렇다면, 이혼에 대해 확신을 갖지 못한 사람들을 만난 적은 있습니까?

답: 그런 사람들도 있지요. 하지만 대다수의 고객은 그렇지 않아요. "정보가 필요해서 왔을 뿐입니다"라고 말하는 사람들도, 단순한 정보를 원하는 것이 아니라 자기들이 충분히 이혼할 수 있는 상황인지, 비용이 얼마나 드는지 알고 싶은 것이지요.

문: "이 두 사람은 이혼하지 않겠구나" 하고 생각해 보신 적은 있습니까?

답: 문제는 결혼생활에 적응하느냐 못하느냐 하는 것입니다. 말하자면, "신이시여, 이들은 서로를 위해 태어난 사람들입니다. 왜 이 사람들이 헤어지려 하나요? 이들이 헤어진다면 다른 어느 누가

이런 사람들을 받아줄 수 있겠습니까?" 하는 기분이 드는 사람들이 있죠.

에드와의 시간여행

15년 전쯤의 일이다. 에드와 나의 이혼이 피할 수 없는 문제로 다가와 있을 때였다. 그는 사우스 캐롤라이나의 한 휴양지에서 전화를 걸었다.

"여긴 굉장히 좋아!"

에드는 우리의 관계가 멀어져 있다는 것도 잊은 채 탄성을 질렀다. 그곳에는 잘 손질된 테니스 코트들이 있고, 무성한 초목과 잔디가 있다는 것이었다. 그러나 나는 '이 남자는 나에게 갚을 돈이 있는데……' 라고 생각하고 있었다. 에드는 내 두번째 남편이었는데, 내 생각에는 그가 진정한 남편이었다. 이혼한 모든 여성들에게 진정한 남편은 한 사람뿐이다.

아이들이 전화를 받으러 오기 전에, 에드는 나에게 자기 숙소의 구조를 자세히 설명해 주었다. 나의 외로운 남편은 아내인 나와의 혼란스럽고 평화롭지 못한 삶을 스스로 정리하기 위해 큰 침실 두 개, 거실, 주방, 크고 흠잡을 데 없는 테라스 등이 딸린 사우스 캐롤라이나의 휴양지에 묵고 있었다.

상처를 주는 사건들이 다 그렇듯이, 이혼은 그 당사자들에게 시간여행을 하게 만든다. 이혼한 많은 사람들은 다른 시대와 상황에서 살고 있는 자신을 생생하게 발견하는 경우가 많다. 즉 이혼하기 전의 시간들, 또는 지금으로부터 몇 년 후 모든 것이 지나가고 다시 제자리를 잡게 될 즈음의 시간들을 말이다. 혹은 사랑하는 모든 사람을 잃어버린 할머니와 이제 막 인생을 시작하는 소녀의 경우 모두를 한꺼번에 느끼기도 한다.

나는 쾌활함과 슬픔을 함께 지니고 사는 평범한 이혼녀였다. 아침이면 생기 있고 명랑한 상태로 일어났다가, 몇 시간 후면 무기력증이 생기고 거의 흐느껴 우는 상태가 되곤 했다. 때로는 몇 시간 동안 흐느끼다가 코가 막힐 때쯤 잠이 들고, 귓속으로 눈물이 흘러 들어가는 것을 느끼며 한밤중에 깨어나곤 했다. 그리고 다음날 아침에는 불안정한 상태 그대로 원기를 회복했다가, 한밤중에는 다시 이사계획을 짜면서 흥분하여 잠을 이루지 못했다.

나는 친구들에게 전화를 걸어 이런저런 농담을 하고, 과장된 설명을 하면서 실없이 크게 웃어 대기도 했다. 한참 동안 그들을 전화로 붙잡아 두었다가는 곧바로 다시 전화하여 귀찮게 하기도 했다. 내게는 매일매일 여러 가지 생각들이 솟아나왔다. 나는 새로운 사람들에게 충동적으로 자신을 소개하고, 직장을 바꾸거나 아이를 입양하거나 이사를 하겠다는 계획을 세우고, 고등학교 친구들에게 갑작스러운 편지를 쓰고, 엉뚱한 남자와 잠을 자곤 했다. 매일매일 이 유쾌한 과부 같은 생활이었다.

에드는 주말에만 아이들을 데려갔다. 나는 아이들이 없는 이틀 동안을 견디기 어려웠다. 그래서 아이들이 없는 동안에는 어린 시절의 친구였던 벤과 그의 아내, 그리고 그들의 아이들을 만나기 위해 화이어 아일랜드로 가곤 했다. 이들이 형성하고 있는 가족의 모습을 보기 위해서 찾아간 것인지도 모른다. 안개 때문에 흐려진 태양과 눅눅한 대기 속에 세워져 있는 벤과 앨리스의 붉은색 목조가옥에서, 나는 내가 행성이 되기를 포기했다는 사실을 알았다. 이혼

중이거나 이혼한 사람들로 이루어진 그 거대한 무리들 사이에서 나는 어떻게 이렇듯 홀로일 수 있는가? 벤은 침울한 얼굴로, 태양에 그을린 세 커플에게 나를 소개했다.

"딱하게도 이 친구는 이혼을 했습니다."

일이나 요리를 하지 않을 때면 나는 텔레비전을 보았다. 우리의 이혼이 확정되기 일주일 전인 어느 화요일 저녁, 나는 커버걸들을 인터뷰하는 프로그램을 열심히 보고 있었다. 밖은 어두워지고 있었다. 전화벨이 울리고, 나는 수화기를 집어들었다. 남편이겠지, 하고 생각했다. 그러나 전화는 이미 끊어진 상태였다. 커버걸들은 옥구슬 같은 목소리로, 자신의 얼굴이 잡지에 나왔다고 해서 인생이 달라지지는 않는다고 이구동성으로 주장했다.

나는 이렇게 단정적으로 말하는 것을 절대로 이해할 수 없었다. 인생이 달라지지 않는다니. 그 여자들의 생각이 옳다면, 이혼도 인생을 달라지게 하지는 않는다는 의미가 된다. 나는 이것을 스스로에게 설득시키려고 노력하면서도 내 인생은 머지않아 끝날 것이라는 확신을 가지고 있었다. 왜냐하면 이것은 나의 두번째 이혼이었기 때문이다.

가난하고 어려운 생활에서 벗어나 유명한 영화배우나 베스트셀러 작가가 된 사람들도 역시 그렇게 말할 것이다. 유명해진 것이 인생을 달라지게 하지는 않는다고. 그러나 그럴 경우 인생은 분명히 달라진다. 그들의 인생은 알아볼 수 없을 만큼 변하게 된다.

나는 라울 펠더에게, 그가 이상적이라고 여기는 고객의 유형에 대해 물어 보았다. 그의 대답은 다음과 같았다.

"일반적으로 이혼 전문 법률가는 어리석고 부유한 여성을 좋아하죠. 어리석고, 시키는 대로 하고, 돈이 많은 여성 말이에요. 그런 여성한테서 돈을 뜯어내기 위해서는 아닙니다. 다만 그런 고객은 지불할 돈이 충분하고, 이것저것 따지지도 않고, 우리의 말을 잘 따르기 때문입니다. 이건 그런 고객을 경멸하는 뜻에서 하는 말이 아닙니다. 그런 고객에게 나쁜 짓을 하려는 것도 아니죠. 사실은 그 반대입니다. 그런 고객에게는 더 잘하게 되니까요. 고객이 그러면 일을 더 잘 처리할 수 있고 방해도 받지 않아요. 이런 유형의 고객을 원하는 변호사를 비난할 수는 없습니다."

몇 달이 지났고, 나는 여전히 서른여덟 살의 젊은 나이였다. 그 무렵 나는 한 남성과 데이트를 하기 시작했다.

맨 처음 남편에 대한 관심이 사라졌을 때의 판단은 거칠고 광적인 것으로서, 이때는 잘못된 사람과 그렇지 않은 사람을 구분할 수 없었다. 우리 모두 알고 있듯이, 이 시기에는 이 세상의 모든 남자(또는 여자)들이 이상적인 사람으로 보인다.

나는 한 남자를 발견했고, 그가 이상적인 남자라고 생각했다. 무엇보다도 우리의 문화적인 배경이 비슷하다는 이유 때문이었다. 그와 나의 아버지는 둘다 제2차 세계대전 직전에 하버드 대학을 졸업한 분들이었다. 우리는 이미 돌아가신, 머리 좋고 잘생긴 아버지에 대한 그리움과 존경심을 가지고 있었다. 그와 나 사이에 오가는 일치감은 정말 믿을 수 없을 정도였다. 우리는 뉴아크에 정착하여 옷장사를 하다가 치과용 장비와 부동산에 대한 아이디어를 얻는 즉시 그 일을 시작하여 꽤 성공을 거둔 라트비아 출신 유대인의 자녀들이었다.

그는 외과의사였고, 나는 그의 연인이 될 준비가 되어 있었다.

식사할 때 그가 스테이크 조각을 자르는 동작은 매우 성적인 자극을 주었다. 우리는 병원 로비에서 만나 레스토랑으로 달려가는 일을 좋아했다. 여름 내내 우리는 시원한 레스토랑의 긴 의자에 앉아, 앞에 음식을 놓고 서로에 대해 알려고 노력했다. 우리는 예약을 위해 전화 다이얼을 돌리고, 극장에서 담소하고, 사치스러운 세계에 대담하게 들어가고, 죄의식이나 후회도 없이 둘만의 기쁨을 즐겼다. 그와 나는 부유한 성인들이 갖는 로맨틱한 꿈을 가지고 있었다. 이러한 꿈이 우리를 사랑에 빠진 연인처럼 보이게 했다.

새로 만난 이 남자는 유능하고, 정력적이고, 열정적으로 다가왔다가 냉담해지기도 하고, 경제력도 있었다. 그러나 몇 달이 지난 어느 날부터 그는 갑자기 내게서 멀어지는 듯했다. 나는 그에게, 우리는 진정한 연인이 아니라고 말했다. 그는 생각할 시간이 필요하다고 했다. 나는 그에게 "당신은 수동적이면서도 공격적인 인간"이라고 말했고, 그 순간에 우리가 나누었던 사랑의 열정은 마치 날이 새는 것처럼 사라졌다.

나는 친구에게 우리의 파탄에 대해 이야기하며 흐느껴 울었다. 친구가 말했다. "이런 일은 언제나 일어나는 거야. 이건 전형적인 예포 발사 연습이야. 표적을 맞추지는 않고, 다만 표적이 어디 있는지를 분명히 보여주기 위해 시작되는 것이지."

그로부터 얼마 지나지 않아 나는 재혼에 대해 지나치게 신경쓰는 것을 중단하게 되었다. 그리고 나름대로 흥미진진한 독신생활을 지금까지 15년간 누리고 있다.

내가 라울 펠더에게 물었다.
문: 남성의 이혼과 여성의 이혼에는 어떤 차이가 있습니까?

답: 남자들이 좀더 강합니다.

문: 여성들이 남성들보다 더 많이 울겠지요?

답: 물론 그렇습니다. 이혼하는 여성들에게는 감정이 많이 개입되어 있는 반면, 손익을 따지는 일에는 둔하죠. 여성들을 대하기가 훨씬 어렵습니다. 왜냐하면 남성이 모든 기록을 가지고 있고, 자신이 하고 있는 일을 알고 있으며, 사업계산서를 직접 관리하고 있기 때문입니다. 그러나 여성들과 이혼상담을 할 때는 마치 잠긴 문을 열어달라고 두드리는 것처럼 답답하죠.

문: 여성들이 당신에게 오면 울지 않나요?

답: 물론 웁니다.

문: 어떤 사람이 그렇죠? 완전히 버림받은 여성들이 그런가요?

답: (나를 동정적으로 바라보며) 세상에는 남편의 재산만 노리는 여성들도 있습니다.

데이비드와의 시간여행

최근에 나는 첫남편에게 이야기하고 싶은 말들이 가득한 채로 새벽녘에 일찍 잠이 깼다. 그와 헤어진 후 나는 그를 세 번 만났는데, 두 번은 잠시 이야기를 나누었고 한번은 보스턴 마라톤 대회에서 달리고 있는 그를 우연히 보았다(내가 그의 얼굴을 알아보기도 전에 나는 이상한 긍지감 같은 것을 느꼈다. 그의 다리는 경쾌했고, 호흡은 부드러웠다).

나의 첫남편과 나는 결혼에 대해 의논해 본 적이 없었던 것처럼 이혼에 대해서도 의논해 본 적이 없었다. 또 우리가 결혼생활을 하는 동안 어떻게 지냈는지에 대해서도 언급해 본 적이 없었다. 그래서인지, 최근에 나는 그에게 전화를 했다.

　제인: 우리가 이혼할 때 있었던 일들이 거의 기억나지 않아요. 당신은 어때요?

　데이비드: 글쎄, 우리에게는 항상 세 가지 중요한 기억이 있었지. 어느 날 직장에서 집으로 돌아왔는데, 아파트가 텅 비어 있던 일이 기억나는군. 당신과 아이뿐만 아니라 가구까지 없어졌었지.

　제인: 어떤 가구 말이에요?

　데이비드: 많지는 않았지만, 우리에게는 가구가 몇 개 있었어. 당신 아버지가 보낸 트럭이 그것들을 싣고 갔었지.

　제인: 난 가구를 가져가지 않았어요!

　데이비드: 아이의 가구들이었어. 그리고 언제였는지는 정확히 모르지만, 저녁 7시쯤에 누가 문을 두드렸었지. 경찰 두 명이 왔는데, 그들의 가죽 재킷이 번쩍거리던 것이 기억나. 그들은 나한테 뭔가를 내밀었는데, 법원명령이었던 것 같아.

　제인: 그게 당신의 이혼서류철에 없었어요?

　데이비드: 찾을 수가 없었어. 하지만 법원명령에서는 125달러씩 자녀부양금을 지불해야 한다고 되어 있었던 것 같아. 아마 일주일에 한 번씩 지불해야 한다는 명령이었을 거야.

　제인: 한 달에 125달러겠죠. 1966년이었으니까.

　데이비드: 그래, 그럴지도 모르지.

　제인: 한 달에 한 번이었던 것 같아요.

　데이비드: 또 하나는, 뉴욕에 갔는데 아이들을 만날 수가 없었던 일이야. 이게 오랜 세월 동안 잊혀지지 않는 세 가지 기억이야.

　제인: 그때 왜 아이들을 만날 수 없었나요?

데이비드: 한번은 당신이 있을 거라고 생각했는데, 당신이 없었어. 그리고 또 한번은…….

제인: 그럼, 당신이 올 거라는 사실을 내가 미리 알고 있었단 말이에요?

데이비드: 그럼. 내가 아이들을 만나러 갔던 때를 기록한 일지를 발견했는데, 흥미로웠지. 이상한 종잇조각에 날짜까지 씌어 있었어. 내용은 이랬지. '1월: 제인, 유럽으로 가다.' '2월: 제인이 자신의 결혼문제 때문에 방문을 연기해 줄 것을 요구.' 그런 다음에는 1969년 3월에 스물두번째로 아이들을 만났어. 그리고 4월에는 '장례식 때문에 연기'라고 되어 있었지. 그때 누가 죽었는지는 모르겠지만.

제인: 우리 아버지예요.

데이비드: 당신 아버님이 그해에 돌아가셨단 말이야?

제인: 그래요. 나는 2월에 결혼했고, 아버지는 4월에 돌아가셨죠.

데이비드: 또 5월에는 '그곳에 없었음'이라고 되어 있어. 당신이 없었다는 말이야. 문을 두드렸는데 아무 기척이 없었던 게 기억나. 그리고 6월에는 '제인이 변덕스러운 행동 때문에 싫다고 대답'이라고 되어 있어.

제인: 누가 변덕스러웠다는 거죠?

데이비드: 글쎄, 모르겠군. 당신이 내 행동을 변덕스럽다고 생각했던 게 아닌가 싶은데.

제인: 오, 지독해요. 정말.

데이비드: 그런 다음에는 아이들을 만나는 일이 중단됐어. 당신은 계속 워싱턴 광장에 살고 있었을 텐데. 그런 다음에 멕시코 사

람과의 이혼이 있었고.

제인: 그래요. 그게 언제였지? 멕시코 사람과의 이혼이 언제였죠?

데이비드: 내가 그 사본을 갖고 있으니까, 당신이 원본을 가지고 있을 거야.

제인: 나는 원본 같은 걸 가지고 있지 않아요.

데이비드: 나는 이 모든 서류를 에프라임 런던에서 가져왔고, 당신의 변호사는…….

제인: 그는 인권 변호사였는데. 이유를 모르겠군요. 그가 왜…….

데이비드: 그는 당신의 변호사였어! 당신은 파크 애비뉴를…….

제인: 알아요. 런던에 멋진 사무실이 있었죠. 나는 그를 만나러 갈 때 주로 입었던 옷들이 기억나요. 나는 그 당시의 의복에 관한 기록 외에는 아무것도 가지고 있지 않아요. 정말 난처한 일이야. 하지만 난 후아레즈에 가야 했고, 엘 파소에도 가야 했고, 그래서…….

데이비드: 나도 그건 알아.

제인: 그럼, 그게 언제였죠?

데이비드: 가만 있어 봐. 여기 있어.

제인: (웃으며) 정말 재미있군요.

데이비드: 재미있다고? 이건 꼭 우리가 재결합하는 것 같군. 안 그래?

제인: 멋져요.

데이비드: 그래?

제인: 어쨌든 나한테는 이것이 중요해요. 당신이 아니면 누가 내

인생에 대해 말해 줄 수 있겠어요?

　데이비드: 당신의 인생에 대해 말해 주지. 주말 내내 이 서류들을 읽은 후에 나는 이상한 감정이 들었소. 좋아, 어디서부터 시작할까?

　제인: 나에겐 그 시절에 대한 기억이 별로 남아 있지 않아요. 내가 그다지 기억을 못하는 한 가지 이유는, 갑자기 내가 완전히 다른 인생으로 떠밀렸기 때문일 거예요. 내가 떠날 무렵 아이가 하나 있었고, 둘째아이를 임신한 상태였으므로 곧 둘째아이를 낳게 되었지요. 혼자서 뉴욕으로 이사했는데, 그곳에서는 잠도 제대로 잘 수 없고 식사할 시간도 없었어요. 아침 5시에 일어나서 아이들을 돌보고 밤에는 학교에 갔기 때문이에요. 그렇게 나는 당신과 함께 살았던 생활 밖으로 내팽개쳐진 거예요. 알아요?

　데이비드: 알아.

　제인: 홀홀단신으로 나는 다른 인생 속으로 들어간 거죠. 나는 그 시기에 대해 별로 기억이 안 나요. 당신은 기억나는 게 있어요? 그러니까, 우리가 어떻게 결혼하게 되었죠? 누가 먼저 결혼 이야기를 꺼냈죠? 그리고 어떻게 해서…….

　데이비드: 결혼 얘기는 당신이 먼저 꺼냈어.

　제인: 내가요?

　데이비드: 그래.

　제인: 내가 생각했던 대로군요.

　데이비드: 어느 날 당신이 나에게 전화를 걸어 결혼하자고 했지. 그래서 한 거야.

　제인: 그럴 듯하게 들리네요.

　데이비드: 12월 말이었지.

제인: (우울하게) 나는 우리가 아네모네와 미나리아제비를 키우고 있었던 게 기억나요.

데이비드: 헤브루 날짜로 알고 싶어?

제인: 그래요, 그랬으면 좋겠어요.

데이비드: 'Teves' 인가 'Jeves' 의 여섯째 날이야.

제인: 아마 'Teves' 일 거예요.

데이비드: 스탠리 예드왑 랍비였어.

제인: 예드왑이라는 이름은 만들어낸 단어 아니에요? 아니면 이름을 거꾸로 한 것이거나.

데이비드: 그게 맞아.

제인: 거꾸로 하면 'B-A-W-D-E-Y' 가 되잖아요.

데이비드: 그 당시에는 '버디' 라고 말했지.

제인: 우리가 그랬나요, 그때? 내가 지금 제대로 기억을 한 거죠?

데이비드: 그래, 제대로 기억한 거야.

제인: 그럼, 우리 결혼생활에 대해 기억하고 있는 건 있어요?

데이비드: 내가…….

제인: 그러니까, 우리가 부부싸움을 했었나요? 아마 했겠지.

데이비드: 싸운 기억은 없어.

제인: 나도 전혀 기억나지 않아요.

데이비드: 없었어. 당신 아버지한테서 받은 압박감과, 그보다는 덜했지만 당신이 '앞으로 어떻게 살 작정이에요?' 하고 질문했던 것들이 기억나.

제인: 하지만 당신은 대학원에 다니고 있었잖아요.

데이비드: 아니야.

제인: 아니라구요?

데이비드: 우리가 이타카에서 결혼했을 때만 난 학교에 다니고 있었어.

제인: 우린 이타카에서 얼마나 살았죠?

데이비드: 두 학기.

제인: 나는 그 시절에 대해 궁금한 게 많아요. 우리의 관계는 어땠죠? 기억나는 거 있어요? 뭔가 있었다는 건 알지만, 당신이 특히 기억하고 있는 건 어떤 거예요?

데이비드: 우리가 이따금 거닐었던 부두가 기억나. 쿠퍼 강가였지.

제인: 뭔가에 대해 토론하던 기억은 나요?

데이비드: 나에 관한 거였지. '남부럽지 않게 어떤 일을 할 생각이에요?'

제인: 그건 책임전가였네요. 지금 돌아보니 그렇군요. 그건 교묘하게 조작된 거였어요. 나는 물속에 가라앉아 죽어가는 신세나 마찬가지였어요. 그리고 아무도 나에게, '앞으로 어떻게 할 거냐'고 물어보지 않았어요. 그리고 내가 임신했을 때, '그건 좀 이르지 않을까?' 하고 말하는 사람이 아무도 없었어요. 그 시절에는 나의 모든 행동이 분별 있는 것처럼 여겨졌지요.

데이비드: 당신이 피임약을 먹고 있었는지는 기억나지 않아. 피임약을 먹고 있었소?

제인: 아닐 거예요.

데이비드: 그러니까, 의식적으로 피임을 하지 않겠다는 선택을 한 거였지? 난 당신이 그 당시 어떤 혼란을 겪고 있었는지 잘 모르겠소. 당신이 느낀 심리적인 고통이 무엇이었는지도 잘 몰라.

제인: 내가 무슨 말이라도 했어야 당신이 알죠. 난 아무 말도 안 했을 거예요. 그게 지금도 이상해요.

데이비드: 난 그렇게 생각하지 않아. 그건, 내가 둔감한 탓이었을 수도 있지.

제인: 아니에요. 절대 그렇지 않아요. 나는 사실 당신을 괴롭히는 말을 했었는지 의심스러워요. 난 말을 많이 했었나요? 내 생각엔 말수가 적었던 것 같은데.

데이비드: 당신은 조용한 여자였어.

제인: 내가 당신을 공격했나요? 그랬을 것 같기도 한데.

데이비드: 나를 공격해? 육체적으로, 아니면 정신적으로?

제인: 감정적으로 말이에요. 말하자면, 내가 성질을 냈었나요?

데이비드: 난 당신이 어떤 주장을 했던 기억이 나지 않아.

제인: 재미있지 않아요? 나도 그래요.

데이비드: 그것 때문에 나는 우리 사이가 왜 나빠졌는지를 이해하기 힘들었어. 당신에게는 결혼이 일종의 도피처였던 게 아니었을까 하고 돌이켜보곤 해.

제인: 그래요, 사실 그랬어요.

데이비드: 당신한텐 내가 탈출구였고.

제인: 결혼 전에 나는 어떻게 살아야 할지를 몰랐어요. 살아가기 위해서 할 수 있는 일을 전혀 갖고 있지 않았지요. 나는 일을 할 수도 없고, 공부를 할 수도 없고, 생각을 할 수도 없었어요. 내 머릿속에는 삶의 목적이 없다는 것으로 인한 고통만 있었지요. 오랫동안 말이에요. 그래서 생각했죠. 절망적인 생각이었지만, '그래, 결혼하는 거야. 달리 할 수 있는 일이 뭐가 있겠어? 생각도 제대로 할 수가 없는데 말야' 하고 말이에요.

데이비드: 우리가 전화로 이런 대화를 나누고 있다는 건 부끄러운 일이오. 우리 얘기 중에는 사실 그대로의 일도 있고, 상상에 의한 일도 있소. 우리의 결혼과 이혼에 대한 당신 책의 머리말은 아마도…….

제인: 당신도 알다시피 나는 우리의 이혼에 대해 쓰고 있는 것이 아니에요. 나는 일반적인 이혼에 대해 쓰고 있는 거예요. 그건 나의 삶 속에서 일어났던 일들 중 하나일 뿐이죠. 나는 우리의 대화를 하나의 문장이나 단락으로 정리할 거예요. 그리고 훌륭한 이혼 법률가인 라울 펠더와 인터뷰를 할 것이고, 그것이 또 하나의 단락으로 정리되겠죠. 하지만 중요한 사실은, 이것이 30년 전의 일이라는 거예요. 우리의 삶은 아주 빠르게 흘러가고 있어요. 그래서 나는 과거에 무슨 일이 있었던 건지 알고 싶을 뿐이에요.

문: (라울 펠더에게) 탁월한 이혼 담당 법률가가 되려면 어떤 자질을 가지고 있어야 하나요?

답: 글쎄요. 이 분야에는 잡다한 사람들이 있습니다. 극소수는 훌륭한 변호사이고, 그저 쓰레기에 불과한 사람도 있죠. 어떤 사람은 자기 의도대로만 하려 하고, 어떤 사람은 돈만 뜯어내려 합니다. 최악의 사람들도 있습니다. 때로는 최고인 사람도 있지만, 그런 사람은 극소수에 불과합니다. 그렇지만 이 분야는 아주 복잡한 분야가 아닙니다. 대부분의 이혼법률가들은 차 한잔도 함께 나누고 싶지 않은 사람들이라고 말하는 것이 정확할지도 모릅니다. 그들과는 키스도 하고 싶지 않을 것입니다. 편안한 느낌을 주는 사람이 없죠.

문: 그러면 도덕적으로 문제가 있는 사람도 있나요?

답: '불미스럽다'고 표현하는 것이 적당할 것입니다. 어떻게 보면 딱한 사람들이죠.

데이비드와 나는 후아레즈에서 이혼했는데, 이혼한 즉시 나는 그 사실을 잊어버렸다. 수십 년이 흐른 후 그때를 기억해내려고 했을 때, 강한 느낌으로 떠오른 것들은 바로 신비롭고 화려한 느낌들이었다. 창백한 태양, 그리고 불어오는 먼지, 시간을 초월한 불쾌한 느낌과 슬픔, 에어컨디셔너, 그리고 얼음을 넣은 컵에서 발산되는 마티니와 위스키 칵테일의 향기 등……. 나는 그와 이혼한 기억이 마치 어린 시절의 이정표이기라도 했던 것처럼 막연하면서도, 더러는 아주 강렬한 감정으로 떠오른다. 그와 이혼했을 때 나는 겨우 스물네 살이었으니까.

나의 여동생이 나와 함께 엘 파소로 가 주었다(내 생각에는 우리 가족이 동생에게 그렇게 하도록 시켰던 것 같다. 동생이 그곳에 있었다는 것이 아직도 나에게는 의문으로 남아 있기 때문이다). 동생은 나와 함께 모텔에 묵었다. 다음날 아침 우리는 그 지역을 관할하고 있는 멕시코인 법률가의 지시사항들을 이행하기 위해 국경을 따라 차를 몰았다. 이혼하러 온 우리 뉴욕 사람들은 오전에 엘 파소에서 스페인어로 일제히 결혼으로부터의 해방선고를 받았다. 우리는 밴을 타고 국경을 가로질렀으며, 텍사스 주와 멕시코, 그리고 다시 텍사스 주를 거쳐 먼지투성이의 길을 달렸다.

나와 여동생과 다른 이혼한 사람들의 무리가 한낮에 몹시 추운 호텔 바에 앉아 칵테일을 마셨던 생각이 난다. 칵테일 덕분인지 그곳의 공기는 뜨겁게 달아올랐고, 해방감과 동료의식과 고통의 감정이 함께 어우러졌다. 다른 사람들은 나보다 나이가 많았는데, 그들은 방해받지 않고 살 수 있다는 사실에 대해 몹시 기뻐하며 흥분하거나 이것에 대해 낙담하거나 했다. 헤어질 때, 나의 이혼을 맡았던 변호사는 당시 스물한 살로 약혼한 상태였던 내 여동생에게 이렇게 말했다.

"몇 년 후에 만납시다."

나는 라울 펠더에게 결혼한 지 얼마나 되었느냐고 물어보았다.

답: 30~31년쯤 됐습니다.

문: 이혼에 대해 생각해 본 적 있어요?

답: 나는 이혼 경험이 없습니다. 나는 이혼하는 타입이 아닙니다. 남이 나를 홀로 내버려두면, 나는 그들을 홀로 내버려두죠.

문: 하지만 당신과 당신 아내의 길이 서로 다르다면 어떻게 하겠어요?

답: 그런 건 문제가 되지 않습니다. 나는 내 방식대로 살아가기 때문이죠. 음식 맛이 형편없다고 해도 나는 괴롭지 않습니다. 그러면 밖에 나가서 먹으면 되죠. 아내의 향수가 마음에 안 들면 다른 사람의 향수 냄새를 맡으면 되고요. 그렇게 하면서 사는 겁니다. 어찌 보면 아주 단순한 삶이죠.

문: 그렇군요. 그런데 왜 다른 사람들은 자기들의 갈 길이 달라졌느니 어쩌느니 하면서 당신을 찾아오는 걸까요?

답: 사람들은 대부분의 시간을 편협하게 살기 때문이죠. 이들은 결혼생활에 너무 많은 것을 투자했습니다. 당신도 결혼에 많은 것을 투자했는데, 기대했던 것보다 그 보답이 적었던 거죠. 많은 것을 투자하지 않으면, 모든 점에서 유연하게 대처할 수 있게 됩니다.

문: 다른 것들처럼 말이군요. 당신의 기대치가 올바른 수준이라면, 그것은 효과가 있을까요?
답: 당연하죠.

1995년의 일이다.

나의 연인이 된 남자와 그의 전아내는 세금문제 때문에 아직도 집을 함께 쓰고 있다. 처음 그를 만났을 때, 그것은 아무런 문제가 되지 않았다. 오히려 그들이 현명하고 현대적으로 보였다. 그러나 내 연인은 자기 아내가 어린 시절에 쓰던 침대 커버를 깔고 그들이 함께 쓰던 시트 위에서 잠을 잔다. 바로 옆에는 그녀의 화장품과 빗, 향수 등이 놓인 화장대가 있다. 그의 책상에는 목걸이와 귀고리가 든 상자가 놓여 있다. 두 개의 세면대가 있는 그의 집 욕실은 사진전시장을 방불케 한다. 이들에게는 아이가 없었으므로 자신들의 추억을 담아낸 흑백 사진과 컬러 사진들이 걸려 있다. 그녀는 법대를 졸업했고, 그는 낚시광이다.

나는 그의 집 욕실에서 샤워를 마치고 나갈 때마다, 그들의 결혼식 사진 속에서 웃고 있는 생기 있는 커플을 보게 된다. 사진들 중 하나는 상까지 받은 것으로, 그의 서재에는 그 사진이 무심코 걸어놓은 것처럼 핀으로 꽂혀 있다. 그 사진 속의 남녀는 카리브해에서 첨벙대며 물놀이를 하고 있다. 신혼여행을 즐기고 있는 것이다. 내 연인은 이렇게 말한다.

"이 사진은 특별한 게 아냐. 누가 여기에 꽂아 두었는지도 모르겠어. 난 이 사진을 절대로 쳐다보지 않아."

그는 옷장에 있는 그녀의 옷에 대해서도, "난 저것들에 신경쓰지 않아" 하고 말한다.

"그럼, 그녀와 같이 잘 때는 신경쓰나요?"

나의 이 말은 매우 가시 돋친 표현이다. 그녀는 때로 도시에서 두 시간 정도 차를 몰고 나가며, 그들이 함께 쓰던 침대에서 그의 자리에 누워 잔다. 자주는 아니지만, 그럴 때가 있다. 그들은 섹스를 하거나 다른 육체적인 접촉을 전혀 하지 않는다. (나는 그걸 믿는다. 그에 의하면, 그들은 몇 년 동안 한 번도 진심에서 우러나는 섹스를 한 적이 없다고 한다. 그가 왜 거짓말을 하겠는가?) 그들이 침대에 함께 눕는다 해도, 그는 금방 잠이 들 것이다. 그녀는 꿈도 꾸지 않고 깊이 자다가, 자기가 왜 거기에 누워 있는지 놀라면서 깨어날 것이다. 그녀는 5년 전 나 때문에 이 집을 나갔다.

나는 그들이 아직도 이혼하지 않았음을 알게 되었다. 그들의 집으로 거의 매일 도착하는 우편물들은 그의 아내 앞으로 날아오는 것이었다. "그녀의 우편물을 뜯어보나요?" 하고 나는 그에게 다그쳤다. "그러지 않아. 절대로 안 그래. 이건 우연히 본 거야" 하고 그는 말했다.

그의 전아내는 이따금 요리도 했으며, 부엌에는 아직 그녀가 쓰던 오믈렛 팬이 걸려 있다. 싱크대 위에는 그녀가 쓰던 양념통들이 알파벳 순으로 진열되어 있다. 어느 날 밤, 내가 부엌에 서 있을 때 전화벨이 울린 적이 있다. 그는 "받지 마!"라고 소리쳤지만, 나는 순간적으로 그 전화를 받게 되었다. 그의 전아내였다. 그녀는 그를 바꾸어 달라고 했다. "전 그 사람 아내인데요" 하면서 말이다. 그러나 내가 누구인지 알아차린 그녀는 곧 전화를 끊었다. 이제 그녀는 그로부터 완전히 떠난 것일까?

결국 그는 어느 순간부터 나에게 싫증이 난 듯 이렇게 말했다. "그래, 날 고소하려면 해. 그녀가 떠났을 때 솔직히 난 슬펐어"라고. 그는 그녀가 후회하면서 떠났지만, 이제는 되돌릴 수 없다고 말했다. 그는 그들의 상호의존은 오랫동안 쌓인 습관과 같은 것이며, 둘 사이에 남아 있는 감정은 전혀 없다고 말했다. 그리고 어떤 날에는 그녀가 자기 생애에서 가장 좋은 친구였다고 말하기도 했다. 또 어떤 때는 그들 사이의 거리가 멀어졌고, 그 사실은 변하지 않을 것이라고 단정적으로 말하기도 했다. 그러면서 그녀가 귀찮게 집적거리는 것이 너무 피곤하다고도 했다. 그는 아직 이혼 처리가 되지 않고 있는 것은 근본적으로 사무원의 실수라고 했다. 물론 그들은 이혼할 계획이었고, 언제든지 이혼할 수 있었다.

그렇지만 "지금은 어때요?"라고 내가 그에게 물었을 때, 그는 오히려 짜증스러운 듯 반문했다.

"왜 그렇게 꼬치꼬치 묻는 거야, 응?"

어쩌면 그는 내가 연애감정에만 빠져 조리 있는 생각을 할 줄 모르는 상태이며, 무엇이든 그저 믿으려고만 한다고 여겼을 것이다. 우리는 그때 서로가 처해 있는 상황을 상대방으로부터 이해받기를 원했다. 그럼에도 불구하고 나는 복잡한 인생 여정을 거치는 동안 간단한 사실을 한 가지 배웠다. 서로 헤어져야겠다고 생각하면서도 아직 이혼하지 않고 있는 부부가 있다면, 그들은 아직 결혼중인 것이라는 사실이다.

데이비드: 당신은 두번째 남편에게도 이런 식의 인터뷰를 할 작정이오?

제인: (의아해하며) 물론 아니에요. 난 그에게 일어나는 일들에 대해서는 알고 있어요. 지금도 일주일에 한 번 정도 그와 이야기를 하니까.

라울 펠더: (나에게) 당신이 처음 결혼했을 때는 스물다섯 살이었죠. 당신이 한 일은 상대방에게 맹포격을 가한 것밖에 없었습니다. 당신들은 서로간에 전쟁을 치르느라고 아주 지쳐 있었지요. 당신은 "내가 왜 이 사람과 결혼했지?" 하고 생각하게 됩니다.

문: 그럴 땐 다른 사람을 만나야 하나요, 아니면 떠나야 하나요?

답: 대개 사람들은 같은 부류의 사람들과 결혼하지는 않지요. 약간 더 젊거나 더 섹시하거나 더 부자이거나, 뭐 그런 사람을 찾습니다. 하지만 기본적으로는 같은 사람과 다시 결혼하게 됩니다.

문: 당신의 고객들이 다시 찾아오는 경우도 있나요?

답: 물론입니다! 네 번 찾아온 사람도 있었지요. 오늘 아침에 상담을 했던 남자가 있는데, 그 사람의 이혼을 세 번이나 처리했지요. (잠시 침묵하며 곰곰이 생각하다가) 그들에게 멋진 이혼을 하도록 도와주면 계속 찾아오지요.

문: 재미있군요. 마치 이혼이 결혼보다 더 멋진 일인 것처럼 여겨지는군요.

답: 이혼은 물론 큰 희생이 따르지만, 때로는 더 멋지기도 하죠. 그들에게 자유를 주는 겁니다. 결혼은 스스로를 구속시키는 일이었으니까요. 이혼을 함으로써 그들은 새로운 행복을 찾을 수 있고, 보다 나은 삶을 영위할 기회를 갖는 것이죠. 그렇지만 "자, 이혼은 행복한 삶을 다시 찾기 위해 필요한 것입니다. (음울하게) 가서 행복하게 사십시오" 하고 사람들에게 얼마나 많이 이야기할 수 있겠습니까?

행복한 삶의 필수조건

그러나 이혼은 나를 예민하고 건조한 사람으로 만들었다. 멋진 독신생활을 오래 한 뒤, 언젠가 나는 그런 생각을 하고 있는 나 자신에 대해 놀랐다.

나는 결혼한 친구들에게 이렇게 말했었다.

"난 마음을 바꿨어. 난 새로운 남자와 살고 싶어."

그러면 친구들은 모두 같은 대답을 했다.

"아냐, 그렇지 않을 거야."

다른 독신여성과 식사를 할 때마다, 우리들은 남편에게서 원하는 것에 대해 이야기한다. 우리는 남자들이 마치 무슨 생필품이기라도 한 것처럼 일반적인 조건—그러나 항상 똑같은 것들—들을 거론하게 된다. 여자를 즐겁게 해줄 줄 아는 성적인 능력이 있어야 하고, 충분한 경제력이 있어야 한다는 등의 조건들이다. 우리는 모두 독립적이고 성숙한 한 남자와 결합하고 싶다고 주장하다가, 밤이 깊어지면 보다 젊고 예의바르고, 보다 열정적이면서 부드러운 성격을 가진 남자를 원한다고 주장한다.

어떤 여자든 자신이 품고 있는 환상은 한 남자와 함께 독립된 집에서 사는 것이라고 말한다. 그렇지만 아마 그건 환상에 불과할 것이다. 그래서 모든 사람은 그 여자가 '매우 바쁜' 남자를 원한다고 성급하게 말해 버린다. 이것은 만인의 소망이다. 바쁘다는 것은 어떤 의미를 가지고 있을까? 나야말로 바쁜 남자를 원하던 사람이었다. 자기 자신의 삶을 가지고 있고, 누구에게 얹혀 살지 않으며, 나에게 자유를 누리도록 홀로 내버려두는 그런 사람 말이다. 나에게 지나치게 많은 것을 요구하지 않고, 나의 길을 방해하지 않으면서도 곁에 있어줄 수 있는 사람, 그런 사람이 실제로 존재할 수 있을까? 물론 우리는 냉정하거나 거칠거나 쌀쌀맞은 남자가 아니라, 파격적이고 특별하면서도 독립적이고 따뜻한 사람과 결혼하고 싶은 것이다. 그런 사람을 만나면 이혼하지 않고 영원히 함께 살 것이다.

"충분한 경제력을 가지고 있어야 해" 하고 우리는 말한다.

"서로 어느 정도의 거리를 유지할 줄 알아야 해"라고 우리는 말한다.

우리는 냉혹한 여자들이다. 우리는 미치광이처럼 웃고, 와인을 더 시킨다.

그러나 "세상에서 나 한 사람만을 원하는 사람이어야 해"라고는 아무도 말하지 않는다.

5

결혼에서 살아남은 사람들

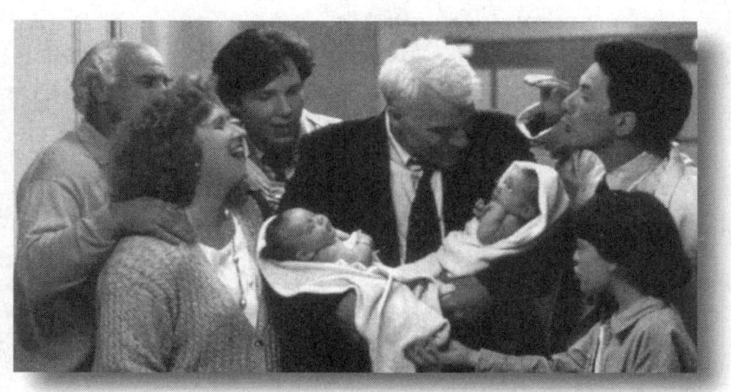

캐럴 실즈

캐럴 실즈(Carol Shields) 는 두 권의 단편집과 일곱 권의 소설을 발표하였다. 최근에 나온 『스톤 다이어리』*(The Stone Diaries)* 는 퓰리처상, 전국비평가협회상, 캐나다 수상상 등을 받았다. 일리노이 주 오크파크에서 성장했으며, 현재 캐나다의 위니펙에서 살면서 마니토바 대학에서 강의를 하고 있다.

사랑의 반전

내가 어릴 때 우리집은 일리노이 주에 있었는데, 숙모인 마조리와 숙부인 프레드는 수요일 저녁 때마다 식사를 하러 왔었다. 어머니는 그때마다 미트로프를 만들었고, 후식으로는 레몬 푸딩을 준비했다. 이것은 프레드 숙부가 좋아하던 음식이었다. 가끔은 마조리 숙모 혼자서 오기도 했다. 그러다가 언제부터인가는 계속 숙모 혼자서만 왔으므로, 우리 가족에게 프레드 숙부의 존재는 점점 희미해졌다. 그러나 묘하게도 그의 이름은 계속 남아 있었다.

어느 날 밤 나는 마조리 숙모에게 물었다. "프레드 숙부는 언제 와요?" 숙모는 "음……" 하면서, 조금 겁먹은 듯한 얼굴로 자신의 손만 내려다보았다.

후에 어머니가 나에게 이혼이 무엇인가에 대해 이야기해 주었다. 결혼한 사람들이 결혼한 상태를 더 이상 유지하려 하지 않는 경우가 있다는 것이었다. 사람은 누구나 마음이 변할 수가 있고, 또 그것이 허용된다는 말도 덧붙였다. 그때쯤 나는 프레드 숙부가 '방랑 기질이 있는 사람'이라는 사실을 알게 되었다. 그는 모든 상황에 대해 슬퍼하기만 하는 마조리 숙모와 함께 사는 것보다는 집 밖으로 돌아다니는 것을 더 좋아했다.

숙모는 프레드 숙부와의 일을 되새기고 싶어하지 않았다. 나는 숙모에게 다시는 프레드 숙부에 대해 얘기하지 않는 것이 나을 거라는 생각을 어렴풋이 했다. 그리고 다른 사람, 즉 이웃 사람이나 내 학교 친구들에게도 말해서는 안되었다. 그들에게까지 숙모가 이혼했다는 사실을 알릴 필요는 없었다.

그때가 1942년이었다. 당시 나에게 '이혼'이라는 단어는 쓰라리고 불쾌하고, 괴로움으로 가득한 것처럼 느껴졌다. 물론 어떤 사람들은 '이혼'이라고 하면 매력적인 영화배우들을 연상했지만, 난 그렇지 않았다.

30대 후반이었던 숙모는 타이핑과 속기를 배우기 위해 야간학교에 다녔고, 후에 마그나복스사에 취직했다. 그녀는 클리블랜드의 작은 아파트에서 혼자 살면서, 사촌들과 조카들에게 소액환이 동봉된 생일 카드를 보내곤 했다. 나이가 들어 그녀는 심한 골다공증에 걸렸고, 플로리다의 트레일러 공원으로 이사했다가 욕조 안에서 인생을 마쳤다.

그녀는 죽기 전의 어느 날, 발신자 주소도 없이 캘리포니아에서 보낸 발렌타인 카드를 받았다. 그것은 프레드 숙부가 보낸 것으로, 그녀와 프레드 숙부와의 유일한 접촉이었다. 그러나 프레드 숙부가 감상적인 생각으로 경솔하게 한 이 행위는 오히려 숙모의 상처받은 가슴을 짓밟는 일이 되고 말았다.

숙모는 다른 상처들을 인내했던 것처럼 그것을 인내했다. 그렇지만 상처받은 그녀의 영혼은 시간이 갈수록 그녀의 외모를 황폐하게 만들었으며, 그것은 그녀의 연약한 뼈, 가녀린 피부 속으로 침투해 들어갔다.

당시는 이혼이 드물었고, 이혼이란 곧 인생에서의 실패를 의미했다. 물론 오늘날에는 이혼하는 경우가 많아졌기 때문에 상대적으로 사회적인 책임이 덜하다고 믿는 사람들이 있다. 즉 잼을 넓게 펴 바를수록 그 두께는 더 얇아진다는 것과 같은 것이다. 오늘날의 이혼은 누구의 잘못도 아니라고 여겨지고 있고, 현대생활이 주는 각종 스트레스들이 중요한 원인으로 꼽힌다. 사람들의 기대치가 상대적으로 너무 높거나, 간섭이 너무 심하거나 불충분하기 때문에 이혼하는 사례가 점점 늘고 있다는 것이다. 또 남녀간의 권력투쟁이 원인이라는 말도 나온다. 서로간의 의사소통문제, 경제력, 성생활의 불만족, 상호의존과 친밀감의 부족, 희생자와 가해자 등의 문제도 거론된다.

이처럼 이혼과 관련된 우리의 사고는 부부간에 생길 수 있는 모든 민감한 문제들에 대해 사회적인 배경을 거론하면서 반전이 이루어진 것이다. 그리고 우리들은 부부관계를 위협하는 모든 적대적인 요인들을 생각하면서, 때로는 결혼생활을 유지하는 것이 얼마나 놀라운 일인지를 느낀다.

실제로 그 예를 보면, 북미지역의 이혼율이 거의 50퍼센트에 육박했음에도 불구하고 내가 아는 거의 모든 사람들은 결혼한 상태이다. 결혼을 한 정도가 아니라, 30~40년 동안 확고하며 지속적인 결혼생활을 하고 있는 것이다. 대화를 나누고 추억을 이야기하고, 서로의 기념일들을 축하하고, 주변의 가까운 사람들에게까지 확신을 주는 이들의 모습을 평상시에도 볼 수 있다는 것은 정말로 드문 일일까?

해마다 크리스마스 때면 멀리 토론토에 사는 톰과 마비, 런던에 사는 주디와 샘, 캘리포니아에 사는 도트와 알 등에게서 카드가 날아온다. 이들은 아직도 함께 살고 있는 것이다.

나는 이처럼 긴 세월 동안 이어온 결혼의 성격을 이해한다. 왜냐하면 나도 그들과 같은 결혼생활을 하고 있기 때문이다. 나는 부부 사이에 이루어지는 타협, 무언의 협상, 의례적인 행사, 웃음 등도 이해한다. 그중에서도 가장 우스운 일은, 우리들 대다수는 자신이 이혼하지 않은 사람이라는 것을 알고 있고, 문제가 되는 것이 있다면 부부관계가 아니라 집세나 기타 사소한 문제를 고민할 뿐인 극소수의 행운아라는 사실을 알고 당황한다는 것이다.

우리는 의식적으로든 무의식적으로든 독신자와 이혼자들을 거부하지는 않는다. 그러나 용납할 수는 없다. 그 이유는 무엇일까? 그리고 주변의 여러 친구들을 둘러보면, 여전히 결혼으로부터 살아남은 사람들의 수가 더 많은 것처럼 보인다. 왜 그럴까?

우리가 이혼하지 않고 살 수 있는 것은 자기만족 때문일까? 그렇다면 우리는 결혼생활을 유지하기 위해 더 열심히 노력했던 것일까? 혹은 부부 사이에 문제가 생겼을 때 남들보다 더 신중하게 그 문제를 해결했던 것일까? 아니면 운 좋게도 배우자로서 해야 할 역할과 봉사가 더 적은 시점에 결혼했던 것인가? 혹은 성적인 욕구와 상상력이 덜 풍부하여 우리가 그럭저럭 만족하고 사는 것인가? 어쩌면 부부간의 갈등을 안고 있으면서도 헤어질 용기가 없으므로, 그냥 어깨를 한번 으쓱하며 참아내는 사람들이기 때문인가? 그리고 우리를 이혼자들과 구분하는 것은 감정적인 한계 때문인가?

 우리 같은 사람들은 알 수 없는 일이지만, 이혼자들과 별거자들은 둘 사이의 사랑이 중단되어 버린 어둠의 순간을 알고 있다. 우리는 어느 특별한 날 아침—이런 일은 바람 불고 진눈깨비 날리고, 창틀이 덜컹거리는 11월의 월요일 아침에 일어나게 될 것 같다—에, 결혼식장에서 맹세하고 증명을 받았던 공동의 삶을 끝내야 한다는 결정을 내리고 이것을 실행에 옮긴 적이 없다.

애정공화국

 결혼해서 행복하게 살아가는 부부의 이야기를 다룬 소설을 마지막으로 읽은 것이 언제인지 한번 자문해 보라. 이런저런 이유로 인해서 결혼을 끝까지 참아내는 내용은 거의 없다. 소설가는 행복하게 영위되는 삶에 긴장을 도입시킨다. 건전한 결혼관계 속에도 뭔가 감추어진 갈등이 숨어 있거나, 다음 페이지를 넘기면 뭔가 문제가 드러나게 될 것이라는 암시를 설정한다. 만족스러운 성생활을 하고, 견해차가 있으면 의논해서 해결하고, 언제 보아도 성실한 부부들만 나오는 소설은 거의 없다.

 그런 소설에 나오는 부부들은 카페인을 제거한 커피를 들고 앉아서 각자의 취미나 생각에 대해 충분히 이야기하고, 고개를 끄덕여 서로 동의한다. 여자는 남편의 겨울 코트를 세탁소에 보내고, 그의 천식 때문에 안타까워한다. 남편은 아내의 노화되는 육체가 여전히 육감적이라고 생각하고, 아내가 만드는 음식을 대단히 좋아한다.

 하지만 그렇게 아무 문제가 없는 부부들에게서 소설적인 사건을 이끌어낼 수 있을까?

소설가들이 일정한 궤도를 유지하기 위해 그렇게 하는 것이라고 생각할 수도 있다. 그러나 결혼과 관련된 단 한 번의 위기도 없이 빠르게 넘어가는 600페이지짜리 소설이 있다고 하자. 남자와 여자가 우연히 만나 사랑에 빠지고, 오점이라고는 없는 각자의 과거 역사를 하나로 합치게 된다. 생각지도 못했던 여러 가지 위기가 닥쳐오지만 그들의 결혼생활은 이와 같은 어려움을 현명하게 해결하면서 더욱 굳건하게 유지된다. 그러나 현실적으로 그것이 가능할까? 현대의 독자들이 그런 동화 같은 이야기를 믿을까?

결혼에서 살아남은 사람—그것도 38년 동안—인 나는 사실 그런 동화 같은 이야기를 쓰고 싶었다. 과거의 사회 양상을 알기 위해 그 시대의 문학을 읽는 것처럼, 오늘날의 삶을 알기 위해 우리는 현대문학을 읽는다. 그렇다면 오늘날의 소설가들은 왜 결혼생활의 혼란에 초점을 맞춤으로써 결혼이라는 상황을 왜곡하는 것일까? 막상 나 자신은 오랜 세월 동안 행복한 결혼을 유지하고 있음에도 불구하고, 다른 작가들과 마찬가지로 이혼이야기로 가득 차 있는 소설들을 쓰고 있다.

나의 초기 소설 「우연」(Happenstance, 1980)은 부부생활의 만족을 다룬 것이라고 할 수 있다. 이 소설에서, 잭과 브렌다 바우만은 결혼한 지 20년이 되었다. 이들은 서로에게 친절하고, 서로에게 충실하겠다는 맹세를 지키며, 여전히 만족스러운 성생활을 하고 있다.

그러나 그들 주변의 많은 친구들은 이혼을 했으며, 이것이 그들의 행복에 그늘을 드리운다. 브렌다는 이혼한 사람이 결혼생활을 했던 기간 동안의 기억들을 어떻게 처리하는지 궁금해한다. 모든 부부와 마찬가지로, 그녀와 잭은 시간이 흐르면서 서로 지울 수 없는 추억들을 공유하고 있다. 이러한 이야기들이 등장하는 시점과 그에 대한 묘사들은 더 이상 손댈 필요가 없을 정도로 완벽한 경지에 이르러 있다.

브렌다는 부부가 헤어질 때 그들이 함께 나눈 모든 것들에 어떤 변화가 생기는지 궁금해한다. 그들에게는 결혼생활을 하는 동안 공유했던 시간들이 더 이상 존속하지 않게 되는 것인지, 그렇다면 서로간에 주고받은 마음의 상처들을 어떻게 견뎌내는 것인지?

소설이 시작되면 브렌다와 잭은 알 수 없는 불안감을 느끼고 있으며, 각자 따로따로 보냈던 한 주일 동안에 있었던 유혹에 대해서 생각한다. 이들은 20년을 같이 보낸 사람들답게 가깝지만, 궁극적으로는 서로에게 이방인으로 남아 있다. 이들 사이의 거리는 풋볼 경기장처럼 멀지만, 그 거리는 정교하게 계산되어 있다. 그러나 어떤 문제이든 이들을 경기장 밖으로 몰아낼 가능성을 가지고 있다. 행복한 결혼생활을 다루고 있는 이 소설은 서로 상처받지나 않을까 하는 두려움, 점점 줄어들고 있는 행복한 삶에 대한 불안감으로 인해 열기를 더해 간다.

1992년에 발표한 나의 소설 「애정공화국」(The Republic of Love)에서, 남자 주인공인 톰 애버리는 세 번이나 이혼을 했다. 그에게는 결혼과 이혼이 참 빨리도 이루어진 것이다. 그는 스스로를 불행하다고 생각하지만, 사실은 그것을 반 정도만 믿고 있다. 그는 언제라도 자기의 전아내들과, 여섯 사람이나 되는 과거의 장인 장모를 만나러 달려갈 수 있는 곳에 살고 있다.

그러나 세 번이나 실패한 결혼이 자신을 압박한다고 느끼지 않는 날은 하루도 없다. 그는 이혼 횟수로 기네스북에 도전해 보지 않겠느냐는 얘기, 웨딩마치가 실린 콤팩트 디스크를 구입하지 않겠느냐는 등의 얘기로 자신을 놀려대는 친구들을 만나는 게 싫어진다.

금요일 밤에는 자신의 삶을 변화시켜 줄 새로운 사람을 만나게 되지 않을까 기대하는, 독신자 클럽 회원들로 이루어진 지역사회 센터에서 보낸다. 프로그램은 6개월마다 교체되며, 지금까지 톰은 결합, 재결합, 단절 등 세 가지 중요한 행동에 대해 소개하는 여러 종류의 강의를 들은 적이 있다. 그러나 그는 이제 이런 이야기들에 싫증을 느끼기 시작했고, 인간의 행동을 세 가지 범주로 분류하는 방식에 대해 회의를 느꼈다. 그럼에도 불구하고, 마흔 살의 나이에 그는 새로운 사랑의 대상을 찾고 있다.

그에게는 결혼한 친구들이 몇몇 있지만, 어느 날부터 자신이 그들의 디너 파티에 더 이상 초대되지 않는다는 사실을 깨닫게 되었다. 그대신 와플이 차려진 테이블 주변에 가족들이 모여드는 아침 겸 점심식사 때 오라는 연락을 받거나, 아마도 뒷마당에서 열리는 식사에 끼여 있게 될 가능성이 더 컸다. 이제 그는 신선한 꽃이나 값비싼 와인 선물을 들고 가는 파티에 초대받고 싶다고 느낀다. 그는 친구들의 자녀들을 칭찬하고, 마치 숙부이기라도 한 것처럼 그 아이들을 무릎 위에 올려놓고 얼러 주기도 한다. 결혼한 친구들은 그 보답으로 선의의 충고를 베풀고, 때로는 독신 여성을 소개해 주기도 한다.

그러나 새로운 여자를 만나게 되면 당연히 그가 살아온 파란만장한 결혼의 역사를 늘어놓아야 하고, 상대편 여자는 "어머나! 벌써 세 번이나 결혼했단 말이에요?" 하는 반응을 보일 것이다. 이런 고통스러운 순간을 생각하면, 새로운 여자를 만난다는 일이 그에게는 이제 악몽과도 같은 것이 되어 버리곤 했다. 이 소설은 매혹, 불화, 화해 등의 고전적인 패턴으로 되어 있는 러브 스토리이지만, 결과적으로는 사랑의 성공보다는 사랑의 실패에 의해 지속되는 이야기이다.

이혼하지 않는 용기

또 다른 초기 소설 「박스 가든」(The Box Garden, 1977)은 작가가 경험해 보지 않은 것에 대해 이야기하는 것이 얼마나 위험한지를 나에게 경고해 준 작품이다. 이혼한 커플인 찰린과 왓슨은 헤어진 지 12년 후에 우연히 만나게 된다. 그런데 이 만남의 장면이 너무 무미건조하게 묘사되어 있어, 이혼 경험이 있는 두 편집자는 그 장면을 수정해 보라고 요구했다. 그들은 그러한 만남이 불러일으킬 수 있는 '달콤하면서도, 뭔가 어색하고 고통스러운 분위기'를 보여줄 것을 요구했다.

나는 그 충고를 받아들여서 그 장면을 더욱 신중하게 설정하고, 주인공의 감정의 온도를 더욱 높였다. 그러나 지금 다시 이 부분을 읽어보면 찰린의 반응이 작위적이라는 사실을 알 수 있다. 이 장면은 결국 이렇게 묘사되었다.

마치 굴뚝에서 뭉게뭉게 연기가 피어오르는 것처럼, 숨쉬기도 어려운 고통이 내 가슴을 짓눌렀다. 그 순간 나는 말을 잃은 채, 머릿속이 막막해지는 것을 느꼈다.

이혼 경험이 없는 내가 썼기 때문일까. 그러나 사실 나는 소설

속에서 결혼의 형평성을 더 많이 추구하고 싶다. 또한 모방의 원리를 존중하고, 각각 50퍼센트에 해당하는 결혼생활의 성공률과 실패율을 인정하고 싶다. 그렇지만 밝은 빛을 통해서 들여다본 부부관계가 반드시 권태여야 할 필요는 없지 않은가? 소설가들이 그들 자신의 인간적인 내면을 들여다보는 과정에서, 오랫동안 계속 유지되는 결혼생활을 다룬다 할지라도 그것이 이혼한 부부들의 애기를 다룰 때처럼 카타르시스를 향해 열려 있을 수 있다면, 이것은 흥미로운 일일 수도 있다.

언젠가 한 친구가 나에게 이렇게 말했다.

"부부가 함께 산다는 것은, 헤어져서 각자의 길을 가는 것보다 더 많은 용기가 필요한 일이야"라고.

조금도 흔들림이 없는, 행복한 결혼생활을 하던 부부가 어느 날 오후에 갑자기 서로 헤어질 것을 결정할 수 있다는 것은 누구나 알고 있다. 그러나 그와 같이 표면화된 사건이 창출할 수 있는 미학적 부분에 대해서 독자는 어느 정도나 이해할 수 있을까? 오랜 시간 동안 유지되는 결혼생활은 쉽게 끊어지기 어려운 끈끈함을 지니고 있으며, 이것은 소설 속에서 인간의 여러 가지 감정이 얽힌 유용하고도 드라마틱한 면이 될 수 있다.

우리는 이와 같은 점들에 대해서 다시 생각해 볼 필요가 있다. 즉 우리는 남녀간의 대립과 갈등이 타협을 요구하는 문제가 아니라, 그저 인간적인 여러 가지 갈등에 속하는 문제라는 것을 깨달을 수도 있는 것이다.

우리가 인간적인 삶을 영위하기 위해 결혼 상대로부터 받아내야 할 부분과 상대를 위해 치러내야 할 빚은 정확하게 어떤 것일까? 우리가 꿈꾸는 결혼생활은 어떤 것인가? 또 우리는 다른 사람들에 대해 얼마나 잘 알 수 있는가?

　나는 왜 타협이 주는 보상보다는 불화가 사람들에게 더 큰 반응을 불러일으키는지, 그리고 우리는 왜 사람들을 결속시키는 것보다 분리시키는 것을 더 중요하게 생각하게 되었는지를 질문함으로써, 1990년대 후반에 알맞는 결혼의 모습을 그려보고 싶다.

6

이혼에 대한 명상

엘렌 질크라이스트

엘렌 질크라이스트(Ellen Gilchrist)는 픽션, 시, 수필 등 12권의 저서를 낸 바 있다. 최근의 저서로는 『기적의 시대』(The Age of Miracles)가 있다.

사랑의 법정

내게는 설명할 만한 이론이 없기 때문에, 이 글을 명상의 형태로 쓰고자 한다. 나는 독자들에게 위압적인 질문은 하고 싶지 않다. 여기에 적는 글은 오랫동안 나 자신과 나의 친구들, 그리고 내 아이들이 사랑의 법정에서 고통스러운 많은 문제들을 안고 살아가는 것을 관찰하면서 인정하게 된 견해들이다.

지능이 높을수록 인간의 성숙도는 느려진다. 이것은 계통발생론이나 개체발생론, 그리고 우리의 삶에도 해당되는 이야기이다. 지능이 높고 감수성이 예민한 사람일수록 그들의 관계는 혼돈으로 끝을 맺게 될 가능성이 크다. 아마 지능과 감수성이 높으면 악화된 관계를 견뎌내기가 더 어려워지는가 보다.

내가 관찰한 내용들을 정리해 보면 다음과 같다.

이혼에 대해 먼저 생각해 보자. 내가 관찰한 바에 의하면, 이혼은 어리석은 결혼에 의해 싹튼다. 즉 너무 어린 나이에 결혼하거나, 현실로부터 도피하기 위해 결혼하거나, 아내 또는 남편이 자신의 인격을 '완성시켜 줄' 것이라는 기대로 결혼하는 경우가 그러하다. 물론 이혼하는 것이 보다 현명한 결정으로 판단되는 경우도 많이 있다. 부부간에 사랑이 없거나, 아무리 노력해도 서로 어울리지 않거나 하는 경우에는 고통스러운 결혼생활을 이어가는 것보다 이혼하는 것이 더 낫다.

그러나 부부가 이혼하는 경우, 아이들은 어쩔 수 없이 희생양이 된다. 이혼한 대부분의 사람들은 새로 사랑할 대상을 찾게 되며, 자신들의 전남편 또는 전아내에게 화를 내느라 에너지를 소모하는 경우를 제외하고 대개는 이혼이라는 과정을 통해 뭔가를 조금이라도 더 배우게 된다. 이혼하기 전 또는 이혼한 후에 뭔가 치료를 받지 않는 한, 일반적으로 사람들은 자신들이 현실적으로 필요로 하는 조건(극소수의 사람들은 이 조건을 받아들이거나 검토하지만, 이를 극복하거나 변경하고자 노력하는 사람은 훨씬 적다)보다 약간 더 나은 사람과 함께 같은 경험을 반복하게 된다.

그런 사람들 중에서도 나의 두 남자 형제들은 각각 우리 어머니 같은 외모를 가진 다섯 명의 여자와 결혼을 했다. 금발 머리에 푸른 눈을 가진, 공손하고 얌전하면서 완고한 여자와 말이다. 그러나 나의 두 남자 형제들은 그 여자들의 정신에 대해 이야기하거나, 그 여자들의 행동에서 나타나는 패턴을 이해하는 데에는 관심이 전혀 없었다.

몇 해 동안 나의 두 남자 형제들의 정신을 분석했지만, 그것은 나에게 아무런 도움도 주지 못했다. 나와 연관이 있는 모든 남자들은 강한 여자의 장손이었다. 진지하고도 깊이 있는 관계를 맺고 지

내다가 결혼에 골인하는 사람들은 대개 그 집안의 장남이었다. 내 아버지는 세 형제 중 장남이며, 강한 어머니의 아들이다.

그러나 이 정도로는 아무것도 판단할 수가 없다. 이 정도의 상식만으로 우리가 사랑하려는 사람이 누구인지, 또는 결혼하여 평생을 같이하고 싶은 사람이 누구인지를 선택하기는 어렵다. 그러나 내 경우에는 스스로 경험한 일들을 효과적으로 표현하고 이해할 수 있기 때문에, 이것이 무의식적인 노력과 동경 때문에 갖게 된 나의 부자유스러움을 어느 정도 보완해 준다.

그렇다면 우리는 왜 이렇듯 비극적인 이혼으로 끝나 버릴지도 모를 결혼을 하게 되는 것일까? 그 이유를 생각하면서 나는 한 가지 결론을 얻었다. 그것은 우리에게 어머니가 있기 때문이다. 인간은 태어나자마자 어머니의 부드러운 피부와 접촉하게(운이 나빠서 어머니를 잃지 않는 한) 되고, 그 감촉은 성장하여 우리가 사랑에 빠지지 않을 수 없도록 만든다. 옷을 벗고 다른 사람의 부드러운 피부를 접촉하는 순간, 그 관계는 영원히 변화되는 것이다. 이것이 인간이 스스로의 존재를 깨닫는 토대이며, 이러한 경험은 삶을 변화시키는 중요한 계기로 작용한다.

그러므로 젊은 남녀들이 사랑의 도피행을 택하며 매력을 느끼는 상대방의 곁에 옷을 벗고 눕는 것은 위험하다. 이런 경우에는 재산, 활동분야, 지능, 지성, 문화 등이 서로 맞지 않는 결혼이 되기 쉽다. 자식을 낳았을 때 그 아이가 어떤 특성(외모, 천재성, 체력, 재능 등)을 타고 태어나게 될 것인가를 신경쓰지 않을 때까지는 이러한 부조화가 전혀 문제되지 않지만, 두 배우자가 처음에 느꼈던 매력이 사라지기 시작할 때면 환경의 차이가 중대한 문제점으로 부각된다.

나는 결혼생활을 지속하는 것만 제외하면 모든 것을 잘하는 현명하고 멋진 남녀들을 많이 알고 있다. 그들은 가장 순수한 의도를 가지고 결혼생활을 시작했으면서도, 처음에 자신의 배우자에게서 느꼈던 사랑을 지속할 수가 없다는 사실 혹은 자신이 '새로운 이성'과 사랑에 빠졌다는 사실을 발견하면서 충격과 고통을 받았다. 불순한 마음이 있든 없든, 결혼은 그러한 동경 때문에 달라진다.

아무리 훌륭한 사람이라도 일단 큐피드의 화살을 맞게 되면, 자신의 과거를 더 멋진 것으로 꾸미고 싶다는 무의식적인 소망을 갖게 된다. 그리고 시간이 지나면 또다시 시들어 버릴 수밖에 없는 낭만적인 꿈에 빠져들어, 새로운 상대방과도 전과 같은 실수를 반복한다.

모든 것은 인과응보이다. 그러므로 이혼은 우리의 천성을 무시한 결과이며, 스스로의 무지를 인정하면서 맺는 결실이다. 우리는 아이들에게 우리가 모르는 것을 가르칠 수는 없다. 만일 우리가 인간의 성별 특성과 심리를 이해하지 못한다면, 젊은 사람들이 결혼했다가 이혼하는 것에 대해 아무런 조언도 할 수도 없을 것이다. 우리는 딸들에게 고운 웨딩 드레스를 너무 성급하게 사주고, 엄청난 결혼 피로연을 열어 준다. 두 젊은이가 우리에게 와서 자신들이 결혼하겠다고 말하는 순간, 우리는 판단을 뒤로 미룬 채 너무 빨리 찬사를 보내는 것이 아닐까?

부모의 이혼

결혼문화가 이렇듯 성급하고 바람직하지 않게 이루어져 가므로, 이런 문화에서 이루어지는 이혼은 나쁜 판단이라기보다는 오히려 좋은 판단인 경우가 더 많다. 그러나 자녀들의 입장에서 볼 때 부모의 이혼은 언제나 나쁜 판단으로 여겨질 수밖에 없다. 대부분의 아이들은 부모가 이혼하면 그것을 자기 때문이라고 생각한다. 이 아이들은 부모가 같이 살지 않기 때문에 자신의 인생이 실패했다고 생각하게 된다. 아이들은 자기가 훌륭한 사람이 아니기 때문에 가정이 깨졌다고 생각한다. 이것은 그 부모가 평소에 심한 욕을 일삼거나 알코올 중독자인 경우에도 마찬가지이다. 아이들은 부모가 이혼하지 않고 사는 다른 행복한 가정을 보면서, 자신이 불쌍한 존재라고 느낀다.

아마 이 부분에 대해서만큼은 우리가 할 수 있는 일이 없을 것이다. 우리는 과거에 그랬던 것처럼, 아이들의 문제도 적당히 처리해야 할 것이다. 그러나 일단 삶을 뒤죽박죽으로 만든 후라면, 그 다음에는 최대한 깨끗이 정리하는 수밖에 없다.

오래 전, 마거릿 미드는 이혼율을 낮추고 부모로 인하여 아이들이 상처받지 않도록 하는 새로운 결혼제도를 제시했다. 성장한 두 남녀는 결혼 또는 동거를 하기 위한 면허장을 신청한다. 그 관계가 2~5년 정도의 일정한 시간 동안 성공적으로 지속되면, 이번에는 함께 아이를 가질 수 있는 두번째 면허장을 신청할 수 있다.

나는 국민의 사생활에 정부가 간섭하는 것을 원치 않는다. 그러나 적어도 젊은 사람들이 가정을 꾸려갈 확고한 기반을 마련할 때까지는 아이를 갖지 않도록 교육시키는 노력이 필요하다고 생각한다. 그것이 단지 교육이든, 제도적인 장치이든 말이다. 그리고 이것을 위해서는 자연의 법칙과 싸워야 한다. 자연은 질보다는 양을 더 좋아하기 때문이다.

신뢰할 만한 산아제한방법을 사용할 수 있는 중류층의 젊은이들은, 마거릿 미드가 제안한 제도와 그리 다르지 않은 방식을 받아들이고 있는 것처럼 보인다. 이들은 동거를 계속하다가, 오랫동안 같이 지낼 수 있다는 자신감이 생기면 결혼을 하여 한두 명의 아이를 낳는다. 때로는 이런 방식이 아이가 태어난 뒤까지 계속되는 경우도 있다. 물론 그렇지 않은 경우도 있다.

나는 내가 겪은 결혼과 이혼이 내 아이들에게 어떤 영향을 미쳤는지 이해하려고 노력하면서 오랫동안 이러한 문제들을 생각해 보았다. 나는 아이들을 그들의 아버지로부터 빼앗았고, 그들을 아버지로부터 멀어지게 하려고 노력했다. 그때 나는 너무 어렸고, 그 아이들이 나에게만 속해 있다고 믿었다. 그 아이들은 내 몸을 통해 세상에 나온 아이들이기 때문이다. 나는 내 삶을 위태롭게 하면서까지 그 아이들을 차지하기 위해 노력했다. 나로서는 아이들의 아버지가 아무런 권한도 없다고 생각했던 것이다.

이제 그 아이들은 나이가 들었고, 결혼한 후 이혼을 선택하여 가정을 파괴했다. 나의 아들과 결혼했던 여자는 아이들을 낳았고, 아이들을 이용하여 아이 아버지를 조종했다. 또한 아이 아버지로부터 아이들을 빼앗았고, 결국은 아이들을 보게 해달라고 애걸하게 만들었다. 이러한 경험 때문에 나의 아들은 자기 아버지를 새로운 눈으로 보고 동정하게 되었다. 나는 헤어진 남편에게 충분히 잔인하게 굴 권리가 있다고 믿었지만, 시간과 경험을 통해서 그러한 오만을 부분적으로나마 치료할 수 있게 되어 다행이라고 생각한다.

결혼한 부부들이 이혼하지 않고 살아갈 수 있게 하는 방법을 분명하게 제시할 수 있는 사람은 아무도 없다. 서로 이해하면서 상대를 자유롭게 해줄 수 있도록 노력하는 것만이 유일한 방법일까? 우리는 아이들에게, 우리가 저지른 이혼의 역사를 가르쳐야 한다. 그러면서 그들에게 미리 조심을 시키고, 그들이 우리보다는 더 현명하게 행동하도록 부탁해야 한다. 우리는 그들이 자기 자신을 잘 알 만큼 충분히 성장할 때까지는 결혼을 서두르지 않도록 하기 위해 할 수 있는 모든 것을 해야 한다. 그런데 아이들이 그렇게 되려면 몇 살쯤 되어야 할까? 어떤 사람은 서른 살일 수도 있고, 어떤 사람은 마흔 살일 수도 있다. 그리고 결혼하지 않는 것이 더 나은 사람도 있을 수 있다.

선택 그후

나는 이런 질문을 자주 받는다. 즉 "예술가는 가정과 일을 어떻게 조화시키죠?" 하는 질문들이다. 솔직하게 대답하면, 위대하거나 비범한 재능을 가진 예술가들은 결혼하지 않은 경우가 많다. 아니, 위대하거나 비범한 재능을 가진 예술가가 결혼한 상태에서는 그러한 재능을 충분히 활용하는 경우가 드물다고 말할 수 있다. 예술가의 삶에는 남편이나 아내로서의 삶, 또는 평범한 가정생활을 이끌어나갈 여지가 없다.

뛰어난 예술가는 고독 속에서 사색하며 시간을 보내야 하기 때문에, 행복한 결혼생활을 위해서 필요한 정상적인 친구관계나 일상적인 예의범절을 지킬 여유가 없는 것이다.

그렇다면 행복한 결혼생활이란 어떤 것일까? 그런 모델이 될 만한 사람이 아무도 떠오르지 않는다는 것이 정말 이상하다. 물론 결혼한 후에 다른 부부들과 비교하여 상대적인 평화 속에서 살기 위해 기대치를 줄인 사람들은 많이 알고 있다. 그러나 나의 가치 기준으로 볼 때 진정한 행복을 누리며 살고 있는 부부는 아직 본 적이 없다. 어쩌면 결혼은 절대로 우리를 행복하게 만들지 않는 것인지도 모른다. 아마도 결혼은 자손을 번식시키고 한 가정을 이루는 일에 대한 대가인지도 모른다.

부부가 이혼할 때 가장 힘들고 어려운 점은, 이혼을 하는 데 너무나 많은 시간이 걸린다는 점이다. 특히 두 사람 사이에 문제가 생기면서부터는 상대방에 대한 특별한 감정이 사라지기 시작한다. 자신과 결혼한 남자 또는 여자에 대해 낭만적인 생각들만 가지고 있다가, 이제는 냉소적이고 인색하고 험악한 생각들이 자라나기 시작한다. 자신에겐 상대방이 가장 이상적인 배우자라고 한때 생각했지만, 이제는 상대방이 악마의 화신처럼 보이기 시작한다. 친구들에게도 상대방의 수많은 장점들을 자랑했지만, 이제는 배우자로서 부적합하다는 흉을 보기 시작한다.

배우자, 그것은 사람을 진저리치게 만드는 단어이다. '배우자'의 영어 어원은 'espousal'로, 이것은 '약속'을 의미한다. 그러나 이혼을 앞둔 시점에선 헤어진다는 부정적인 약속을 위해서, 이제 배우자와의 관계를 끝내기 위한 자세한 법적 서류들을 추가해야 한다. 어떻게 나누어 가져야 할지 알 수 없지만, 공동소유의 자동차나 기타 재산이 있다는 사실이 새삼 감사할 일이 되는 것이다. 그리고 재산쟁탈전이 시작되자마자, 개인적인 감정은 점점 사라지기 시작한다.

이런 것들을 생각하다 보면, 이 모든 것이 얼마나 추악해 보이는지 모른다. 지금까지 한 침대에 같이 누워 잠자던 사람에 대해 사악한 생각들을 하면서 돌아다닌다는 것은 얼마나 끔찍한 일인가.
식품점에 가서 이혼소송중인 상대방을 만나도 일이 제대로 진척되
고 있는지 생각하면서 모른 척 지나간다. 셰익스피어의 「한여름
밤의 꿈」에서, 오베론 왕은 자신의 아내 티타니아에게 "달빛 아래
서 당신을 만나게 되다니"라고 말한다. 그는 티타니아가 자신의
요정들과 춤추고 있는 숲에서 그녀를 우연히 보게 된다. 그런데 그
녀는 그때 한 소년과 같이 있었고, 그것이 오베론과의 불화의 원인
이 된다. 이들의 대화는 질투로 인해 시작되어, 세상에서 잘못되어
가는 모든 것에 대해 티타니아가 오베론을 책망하다가 오베론이
티타니아에게 죄를 뒤집어씌우는 것으로 끝난다. 이와 같은 문제,
특히 이혼과 같은 유쾌하지 못한 문제들을 거장의 작품에서는 어
떻게 묘사하고 있는지를 보는 것도 나쁘지는 않다.

티타니아 :
그건 모두 질투 때문에 조작해 낸 뜬소문이에요.
초여름에 접어들면서
우리는 언덕과 산골짜기에서, 숲이나 목장에서,
자갈이 깔린 샘터에서, 억새가 우거진 시냇가에서,
바닷가 모래톱에서, 어디에서든 만나곤 했죠.
산들바람에 맞추어 우리가 즐겁게 놀려고 하면
당신은 꼭 어디선가 나타나 흥을 깨곤 했어요.
               ……
그래서 사람들은 한여름에 겨울 옷을 그리워하고
여름 밤의 찬송가도 잔치의 노래도 찾을 수가 없게 됐어요.
밀물과 썰물을 관장하는 달의 여신도

노기등등해서 파리해지고
대지의 습기를 차게 만들었지요.
그뿐이 아니에요.
이런 기후의 이변으로 사계절은 망령이 들었는지
때아닌 서리가 진홍빛 장미꽃 봉오리에 내리는가 하면
동장군의 차디찬 대머리에 마치 추위를 비웃듯
향기로운 초여름 꽃망울이 피어나기도 해요.
봄, 여름, 결실의 가을, 엄동설한
이 네 계절이 모두 낯익은 옷을 다른 옷으로 바꿔 입으니
세상 사람들은 계절의 모습만 보고는
지금이 어느 계절인지 분간할 수 없게 되었어요.
이 모든 일들이 우리의 싸움과 불화 때문에 일어난 거예요.
우리들이야말로 화근이에요.

　결혼생활이 실패로 끝났을 때 상처를 입은 사람이 어떤 느낌을 받게 되는가에 대해 이보다 더 완벽하게 설명한 구절이 있을까? 바람이 바다로부터 독성이 있는 안개를 빨아들이고, 강이 육지를 뒤덮고, 계절이 완전히 달라져서 진홍빛 장미의 싱싱한 꽃잎 위에 서리가 내리기도 한다. 그리고 이같은 불화는 부부간의 지나친 논쟁과 의견충돌에서 온다는 것이다.

또 다른 선택

　이혼하는 부부들에게 드문 예이기는 하지만, 때로는 자녀문제가 이혼의 원인이 되기도 한다. 아이를 갖겠다는 희망에서 치러진 결

혼이라 할지라도, 양육비가 많이 들고 아이들의 요구를 끝없이 들어주고 뒷받침해 주어야 한다는 압력 때문에 부부생활이 깨질 수도 있는 것이다. 특히 교육수준이 높은 현대여성들은 하루 24시간 동안 아이들을 돌보는 일이 생각보다 훨씬 소모적이라는 사실을 이따금 인식하곤 한다.

또 아이들이 반항하는 10대가 되었을 때도 아이들 때문에 이혼하는 경우가 있다. 부모는 자식에게 속았다는 느낌을 갖게 되고, 자신들의 삶과 노력을 배은망덕한 자식들에게 쏟아왔기 때문에 인생을 낭비했다는 느낌을 가지면서 결혼생활을 깨어버리게 된다. 자식으로 인한 실망이 이혼으로까지 이어지는 것이다.

21세기를 바라보는 오늘날, 이제 상투적인 말이나 불확실한 도덕적 토대가 우리 자신을 지켜주지는 못한다. 우리가 살고 있는 모든 생활환경과 문화적 환경에는 분명 커다란 문제점들이 있다. 그리고 모든 문제들은 처음부터 가정에서, 모자관계에서, 가족이라는 관계에서부터 시작된다.

영화 「후크」에서 더스틴 호프만이 맡아 뛰어나게 연기한 후크 선장 역은, 사실 어른들보다 어린이들이 더 받아들이기 쉬운 교훈들을 전하고 있다. 후크 선장은 어린이들에게 이렇게 말한다.

"아빠, 엄마가 너희들을 갖기 전에는 훨씬 행복했었단다. 그땐 너희들이 항상 칭얼대고 뭘 달라고 떼를 쓰지 않았기 때문에, 그들은 자기들이 하고 싶은 일을 뭐든지 할 수 있었단다."

어린이들은 이것이 사실이라는 것을 알고 있다. 그런데 어른들은 왜 이것을 인정하기 어려운 것일까? 어떤 여자는 다른 사람들보다 어머니의 역할을 더 잘한다. 어떤 남자는 다른 사람에 비해 아버지 역할을 더 잘한다. 이것은 어떤 여자와 남자가 다른 사람들보다 낫다는 것이 아니라, 이들이 성격상 아이들을 키우는 일에 더 적합하다는 것을 의미한다. 이를 통해 무엇을 알 수 있는가?

한 가지 확실하게 말할 수 있는 것은, 나쁜 부모를 가진 사람과 결혼하는 것은 좋지 않다는 점이다. 특히 어머니나 아버지로부터 미움을 받은 사람과 결혼하는 경우에는, 틀림없이 이에 대한 대가를 치르게 된다. 이런 사람은 상대방에게 돈이 떨어지거나, 아프거나, 직업을 잃거나 겁에 질려 있는 경우, 대개는 상대를 배신해 버리는 경우가 많다. 또 자기가 자기 어머니를 대하던 방식 또는 어머니가 자기를 대하던 방식으로 배우자를 대하게 된다.

그의 어머니가 그에게 소리를 질렀거나 그를 다른 사람들과 비교하면서 단점을 비난했다면, 결혼하여 자기 배우자에게도 그렇게 할 것이다. 그의 어머니가 끝없이 칭찬받기를 바라고 어떤 대우를 받기를 기대했다면, 그도 그렇게 할 것이다. 이것은 순전히 어머니와 관계 있는 문제이다.

상대방을 배신하거나 결혼의 필요성을 더 이상 느끼지 않는 경우에도 이혼이 이루어진다. 때로는 자녀가 사망하거나 병든 경우, 배우자 중 어느 한쪽이 병들거나 불구자가 되는 경우, 갑작스럽게 부자가 되거나 가난해진 경우 등 특별한 상황이 발생했을 때 부부가 헤어지기도 한다. 결혼식 주례사를 들으며 어떤 상황에서도 영원히 믿고 사랑할 것이라고 맹세한 부부들이 이처럼 특수한 상황을 함께 이겨내지 못하고 이혼을 선택하게 되는 것이다. 그러나 이러한 상황이 아니라 하더라도, 더 부유해지거나 더 가난해지거나, 더 좋아지거나 더 나빠지거나, 병에 걸리거나 건강한 상태이거나, 어떤 상황에서든 이혼은 이루어질 수 있다.

미국 중산층의 삶 속에는 그런 식의 이혼이 실제로 존재한다. 우리는 의식주와 육아에 대해 서로 의존하지 않으며, 동반자 및 감정적 지원자로서는 서로 의존한다. 내가 아는 기혼자들 대부분은 결혼생활과는 다른 재미를 찾으려고 친구들을 만나며, 모두가 자신의 생각을 정확하게 표현할 수 있는 곳을 찾으려고 노력한다.

우리는 어느 누구도 배신하고 싶어하지 않는다. 그러나 우리는 아이들이 아프고 청구서가 쌓여 있는 골치 아픈 집을 떠나 영리하고 잘 차려입고 성격이 좋은 이성들이 있는 곳에 감으로써, 감정적으로 가족들을 저버리게 된다. 우리도 그런 짓을 하는 것이다!

우리들 대부분은 삶을 살아가는 동안 직업을 두세 번 바꾸거나 두세 가지 이상의 변화를 겪게 된다. 마찬가지로 우리는 이혼하면서 새로운 사람이 되고, 우리가 결혼했던 상대방은 스스로 배신당했다고 느낀다. 그들의 배우자는 이제 존재하기를 멈추었으므로, 그들은 배신당했다고 느끼는 것이다.

그러나 이혼이라는 불행을 통해 내가 발견할 수 있는 유일한 희망이 있다면, 행복하지 못한 결혼보다는 오히려 이혼하는 것이 낫다는 사실이다. 몸과 마음이 건강한 보통 사람의 경우, 이혼의 불행은 시간이 가면서 잊혀진다. 이러한 사람들은 불행한 상태를 억지로 유지하는 것을 거부한다.

머지않아 그들은 다시 행복해지기로 결심한다. 그들은 체중을 줄이고 운동을 시작한다. 머리를 염색하거나 가발을 쓰기도 한다. 화려한 드레스를 사 입고 파티에 가서 즐거운 듯 신변잡담을 늘어놓기 시작한다. 집을 다시 단장하여 새로운 분위기로 바꾸어 놓는다. 그리고 주소록을 꺼내 옛 애인들에게 다시 연락하기 시작한다.

인생은 아주 빠르게 흘러간다. 사람들은 자신의 결혼생활을 되돌아보면서, 자기가 어떻게 그 어렵고 복잡한 세상을 살았었는지에 대해 놀라워한다. 세월이라는 약은 어느 새 그들이 제단과 이혼법정에 서 있었던 흔적을 지워 버렸다.

7

성(性)의 전쟁

다이애나 흄 조지

다이애나 흄 조지(Diana
Hume George)는 펜실베
이니아 주에 있는 베렌드 대학의 영어
교수이다. 시인, 수필가, 비평가이기
도 한 그녀의 작품으로는 『블레이크와
프로이트』(Blake and Freud), 『오이
디푸스 앤 : 앤 섹스턴의 시』(Oedipus
Anne: The Poetry of Anne Sex-
ton), 『육체의 부활』(The Resurrec-
tion of the Body) 등이 있다. 그녀의
시, 수필, 인터뷰, 평론 등은 여러 정
기간행물과 『베스트 아메리칸 에세이』
(Best American Essays)에 수록되
어 있다. 최근의 저서로는 페미니스트
기행수필로 이루어진 『고독한 사람 :
미국을 바라보는 여성들』(The Lonely
Other: A Woman Watching
America)이 있다.

깨어진 신화

그는 내 인생에서 결코 지울 수 없는 위대한 사랑의 대상이었다. 어디선가 그는 이 글을 읽게 될 것이다. 그래서 이런 글을 쓰는 것이 그에 대한 배반이라는 느낌이 들었다. 나는 어쩐지 신성한 영역을 파헤치는 듯한 두려움 때문에, 처음 몇 달 동안에는 이 글을 위한 메모들을 그냥 포스트잇에 끄적거려 놓은 상태로 가지고 있을 수밖에 없었다. 두께가 3센티미터쯤 되는 자료를 검토할 때면, 나는 아직도 촛불을 밝히고 무릎을 꿇은 채 이렇게 기도하는 심정이 되곤 한다.

"우리가 같이 있을 수 없다 해도 나는 언제까지나 그를 사랑할 것입니다. 내가 알고 있는 가장 훌륭한 남성이자 훌륭한 마음씨를 가진 그를."

이것은 이혼에 관한 이야기라기보다는 오히려 비극적인 노래 같은 느낌이 든다. 우리는 우리 자신의 박제된 모습, 즉 이상화된 우리의 모습과 실제의 우리가 크게 다르지 않다고 믿었다. 우리 주변에는 우리의 관계를 신화처럼 여기는 사람들이 많았다. 우리의 관계가 실패로 끝났다는 사실을 알게 됐을 때, 많은 친구들은 실제로 "네가 우리에게 이럴 수는 없어"라는 식의 말들을 했다. 우리는 같은 분야에 있는 많은 사람들이 알고 있는 영리하고 학구적인 커플이었기 때문이다.

나는 그의 실제 이름을 사용할 수는 없다. 그러나 그는 나를 '모든 사람을 파멸시키려고 결심한 메데이아'로 생각하고 있을 것이므로, 여기서 그를 제이슨이라고 부르겠다. 아니면 나는 메두사였을지도 모르겠다.

나는 내 결혼 이야기가 다른 사람과 어떻게 닮아 있는지를 밝히는 데 관심이 있는 여성의 입장에서, 20년 가까이 지속되던 나의 결혼이 파국에 다다른 이야기를 할까 한다. 나는 우리의 사랑이 온 세계를 통틀어 가장 위대한 사랑이라고 생각했지만, 나중에 알게 된 일이지만 우리는 진부한 연기를 하고 있었을 뿐이다. 우리의 사랑이 영원할 것이라고 믿었던 나의 믿음 그 자체가 진부한 것이었음을 알게 된 것이다. 만약 이것이 내 이야기가 아니고 다른 누군가의 이야기였다면, 그 모든 것을 진작에 알았을 것이다.

제이슨의 시각은 나의 시각과 항상 반대였다(그는 항상 자기가 옳다고 생각했고, 나는 항상 내가 합리적으로 행동한다고 생각했다). 물론 그가 나의 생각에 대해 반론을 제기하지 않을 때도 있다. 그는 한때 나를 가르친 교수였고, 나의 스승이었다. 그러나 그는 이것이 우리의 관계에 큰 영향을 미쳤다고 생각하지는 않는다. 나는 우리의 관계 속에 지배와 복종의 패턴이 있음을 느꼈지만, 그가 그렇지 않다고 말하면 그 문제는 논의의 여지가 없었다. 그는 자신이 페미니스트로서 충분히 변화했으며, 더 이상은 변화할 여지가 없다고 생각했다. 비록 그는 나중에 가서야 상담을 받는 일에 동의했지만, 카운셀러의 이야기를 그저 '알아듣기 어려운 심리학 용어' 정도로만 생각했다.

그는 우리들의 문제를 낯선 사람에게 이야기하는 것보다 스스로 처리해야 한다고 믿었으며, 문제점에 관해 이야기하는 것은 상처를 건드려서 오히려 그것을 더 악화시키는 것과 같다고 생각했다. 그러나 나는 상처가 곪아갈 때 붕대를 감는 것은 감염을 더 악화시키는 것과 같다고 믿었다.

내가 제이슨을 만난 것은 1969년으로, 그의 문학 강의실에서였다. 그때 나는 스무 살밖에 되지 않았지만, 이미 결혼하여 아이가 있었다. 나는 그를 보는 순간 첫눈에 반했다. 그리고 그의 입술을 통해 유혹적이고 드라마틱하게 쏟아져 나오는 훌륭한 시인들에게도 반했다. 그는 카리스마적이고 유능한 교수였으므로, 여자 수강자들 중 많은 수가 그에게 반해 있었다.

나는 제이슨의 강의를 셀 수 없이 많이 들었다. 몇 년 동안 우리는 서로를 'X박사님'이니 'Y양'이니 하면서 이름을 부르지 않고 성(姓)만 불렀다. 얼마 지나자 나의 결혼생활은 깨졌다. 나중에는 그도 결국 처자식을 떠나면서 결혼생활이 깨어졌다. 그전까지 나는 결혼한 남자에게 연애감정을 느껴본 적이 없음에도 불구하고, 당시에는 내가 설정한 도덕적 경계선을 도저히 지킬 수가 없었다. 결국 어느 날 밤 우리는 서로 마음을 열고 열렬히 포옹하게 된 것이다. 그 순간은 완전히 로맨틱하기만 한 것은 아니었다. 우리는 불 꺼진 그의 사무실에 남아 있었고, 어찌 된 일인지 내 다리는 쓰레기통 안에 들어가 있었다. 그후 우리는 둘만의 비밀처럼 두고두고 그 이야기를 했다.

나의 맹렬함과 열정은 몇 년 동안이나 사그라들지 않았다. 나의 열정은 점점 커지기만 해서, 우리를 더 큰 어려움에 직면하게 했다. 그의 아이들과 부모님은 그와 말도 하지 않으려 했다. 내 첫남편은 범죄를 저질러 교도소에 들어갔다. 내 가장 친한 친구의 딸은 집에서 나와 우리와 함께 살게 되었고, 17세의 나이에 딸을 출산했다. 그 무렵 내 아들도 자기 아이의 부모가 되었다. 이리하여 우리 가족은 백인, 아메리카 원주민, 흑인들이 모두 섞여 지내게 되었다. 그리고 그것은 우리가 살고 있던 보수적인 작은 마을에서 사람들의 험담거리가 되었다.

제이슨과 나는 아직 법적으로 결혼하지 않은 상태로, 계속 사실혼 관계를 유지하고 있었다. 그는 자기 아이들을 위한 양육비를 지불해야 했고, 나도 박사과정을 밟고 있었기 때문에 대학원생들의 학업을 보조해 주는 대가로 받는 낮은 급료만으로는 가정을 꾸려 나가기가 어려웠다. 게다가 우리는 바쁘기까지 했다. 그는 어떤 정치단체가 슬로건으로 내걸고 있던 '소수민족 차별 철폐, 여성 고용' 등을 추진하는 계획에 가담한 행동주의자이기도 했다. 나는 대학원생이었고, 그후에는 젊은 교수가 되어 여성문제에 대해 적극적인 관심을 갖게 되었다. 우리는 책을 썼다.

그러나 이런 것들은 우리에게 아무런 압력이 되지 않았다. 그렇게 살아가는 동안, 우리는 여름이면 국내를 여행하거나 구멍난 텐트를 치고 야영생활을 하면서 생활의 긴장에서 벗어나는 방법을 찾아냈다.

우리는 함께 즐거운 시간을 보내기 위해서 적어도 일주일에 하루 또는 반나절 이상을 서로에게 양보했다. 우리는 열심히 일했고, 아이들도 잘 길렀다. 그리고 우리는 누가 보아도 부러울 정도로 잘 어울리는 커플이 되어 서로를 미친 듯이 사랑했다.

권위적인 페미니스트

우리 사이에 문제가 생기기 시작했을 때, 우리는 각자 너무 바빴다. 그리고 모든 난관을 극복하고 사랑을 이룬 황금의 커플로서 우리 자신의 확고함을 믿고 있었기 때문에, 그 문제는 알지 못하는 사이에 스며들고 있었다. 내 입장에서 보면, 우리는 둘다 페미니스트였음에도 불구하고 진작에 남녀불평등이라는 구습이 우리 사이에 파고들어와 있었다는 사실을 나는 일찍부터 알고 있었다.

그것은 누가 식품점에 가느냐 하는 식의 간단한 문제가 아니었다. 식품들은 항상 그가 구입했으니까. 그렇다고 가사노동문제도 아니었다. 내가 더 많이 가사노동을 하긴 했지만, 일상적으로 그도 거들었다(우리는 남자가 집안을 수리하고, 쓰레기를 내다놓고 무거운 물건을 운반하며, 여자는 일상적인 허드렛일을 하기로 타협을 보았다). 우리는 번갈아가며 요리를 했으므로, 요리가 문제가 됐던 것도 아니다.

또 육아문제도 아니었다. 그는 아이들을 데리고 서부로 여행을 떠나기도 했고, 숙제도 도와주었다. 다만 아들은 내가 전남편과의 사이에서 낳은 아이이고 입양한 딸은 나의 가장 친한 친구의 아이이기 때문에, 남편보다는 내가 육아에 더 많은 시간을 할애하는 것이 당연하다고 나는 생각하고 있었다.

　나는 우리 사이에 일어나는 일을 해결하기 위해 여전히 노력했고, 그는 웬만하면 그냥 두려고 노력했다. 그가 할 수 있는 최선의 일은, 나 혼자서 그것들을 해결하도록 내버려두는 것이었다. 서로 사랑하게 된 지 거의 20년이 지나고 보니, 우리의 결혼생활에서 무엇이 문제였는지에 대해 우리는 한마디도 대화를 나눈 적이 없었다. 나는 그에게 계속해서 이야기를 하자고 졸랐으나, 그는 계속 거절할 뿐이었다. 나는 혼자서 문제들을 돌이켜보며, '이런 상황에서 남편은 어떻게 말할까'를 상상해내야 했다.

　우리의 관계가 매우 건강하고 이상적인 것으로 보일 때조차도 우리 사이에는 위험한 요소가 있었다. 제이슨은 대단한 인격적 권위, 큰 목소리, 당당한 외모를 가지고 있었다. 그는 순간적으로 흥분하여 크게 화를 내거나, 무서울 정도로 냉담하게 변하는 일에도 능했다. 그런 모습은 일 년에 단 몇 번만 보여주는 것으로도 충분했다. 왜냐하면 그의 그런 모습은 상대방에게 큰 두려움을 안겨주는 동시에, 상대방의 기억 속에 깊은 인상을 남겨 다시는 건드리고 싶어지지 않게 되기 때문이다. 나는 그를 거스르지 않는 법을 초기에 배웠다. 그러나 이것 역시 위험한 일이었다.

　나는 제이슨이 내 말을 방해하려고 하는 것을 제대로 비난할 수 없었다. 왜냐하면 그것은 해가 갈수록 효과를 발휘했기 때문이었다. 그런 방법이 효과가 있고, 고통을 줄여주고, 도전이나 의견 차이를 애초에 막아 버림으로써 충돌을 피하게 할 수가 있다면 한번 시도해 봄직하지 않겠는가.

　그래서 오랫동안 나는 그를 성나게 하는 것을 두려워했다. 마침내 용기를 내어 우리 사이에 존재하는 힘의 불균형에 대해 이야기하면, 그는 절대로 그렇지 않다고 반박했다. 그러면서 우리는 완벽하게 평등하다고 말했다. 그는 그 문제에 대해 더 이야기하는 것을 간단히 거절하곤 했다. 그러면 나는 두려워져서 입을 다물었다. 한 번 그러고 나면 몇 년간 그 문제는 그냥 덮어둔 채 지나가는 것이었다.

페미니스트이면서 남편에게 구타당하지도 않는 여성이, 문학이나 친구들의 삶에 존재하는 이런 덫을 분석하는 이유는 무엇인가? 나는 할 말이 없다. 한편으로는 페미니스트와 관련된 책을 쓰면서, 다른 한편으로는 자기 의견을 말하지 못하는 딸의 역할을 하고 있었기 때문이다.

성의 전쟁

섹스도 역시 문제였다. 영화 「애니홀」에는 다이앤 키튼과 우디 앨런이 반으로 갈라진 화면 양쪽에서 각자의 정신과 의사에게 이야기하는 장면이 나온다. "섹스는 얼마나 자주 하십니까?" 하고 의사는 묻는다. 우디 앨런은 "거의 하지 않습니다. 일주일에 겨우 세 번 정도"라고 대답한다. 화면 오른쪽에서 다이앤 키튼은 같은 질문에 대해 이렇게 대답한다. "항상 하죠. 일주일에 세 번이나."

이와 같은 통계는 제이슨과 나에게도 해당되는 것이었다. 때로 우리는 이런 문제에 대해 대수롭지 않게 생각했지만, 실제로는 그것이 정말 심각한 문제였다. 내 어머니가 DES를 복용했기 때문에, 나에게는 만성적인 자궁 염증이 있었다. 그래서인지 나에게 섹스는 항상 즐거운 것만은 아니었다. 때로는 정말 고통스러울 때도 있었다. 섹스하는 동안에 고통스럽지 않으면 끝나고 나서 고통스러웠다.

우리는 둘다 내가 섹스에 능숙해지기를 기대했는데, 돌이켜보면 아연할 뿐이다. 놀랍고도 명백했던 것은, 그는 사랑할 권리가 있었고 나는 그것을 받아들일 의무가 있었다는 점이다. 제이슨은, 자기의 섹스 파트너로 출발했던 그 젊고 아름다운 여성이 이제는 완전히 성장해서 엄청나게 바쁘며 성적으로도 쇠진해 있다는 사실을 이해하지 못하는 것처럼 보였다.

그러나 나는 노력했다. 그때가 1970년대였고, 나는 우리가 자유로워져야 한다고 믿었다. 우리가 처음 만났을 때는, 어떤 상황이 마음에 들지 않을 때마다 그것을 상대방과 얘기하기로 했었다. 그러나 그런 일은 전혀 일어나지 않았다. 합의에 의해서 시작된 것은 어느 사이에 강제적인 것으로 자리잡고 있었다. 물론 그는 나에게 강요한 것이 아무것도 없었다. 나를 사랑하는 사람이 내가 원하는 것을 하도록 만드는 데는 꼭 물리적인 힘을 사용해야 하는 것은 아니다. 나이가 들면서 나에게선 그의 '딸' 또는 '조수'로서의 모습이 사라지고 나 자신의 인격이 더해지게 되었다.

그러나 그런 것들이 문제가 있다고 내가 말할 때마다, 제이슨은 설명도 없이 냉정하게 나를 책망하면서 거들떠보지도 않았다. 그러면서 다시 그와 섹스를 나누게 되면 모든 것은 흐지부지하게 무마되어 버리곤 했다. 또 그와의 섹스를 거절하는 것에 대한 감정적인 대가는 매우 컸다. 그는 자신이 그것을 강요하고 있다는 사실을 절대로 인정하지 않았지만 말이다.

나는 합리적인 한계와 경계를 정한 다음, 나 자신의 요구를 주장할 권리를 어느 부분에서부터 잃어버리게 되었을까를 수백 번이나 자문해 보았다. 강하고 자발적인 성격이면서도 나의 내면 한쪽에 그토록 침묵하며 두려워하는 모습이 있었다는 사실을 어떻게 설명할 수 있을까? 어떠한 인간 관계에서든, 그 관계로 인하여 생기는 자기 소멸의 과정은 거의 느낄 수 없을 만큼 조금씩 진행된다. 그러나 어떤 인간 관계이든, 자기 주장을 내세우기보다는 서로간의 평화를 깨지 말고 당장은 그대로 내버려두자는 결정이 항상 있게 마련이다. 사실 그러한 침묵이 형성되도록 놓아두면 인간은 자제력이 생긴다. 문제가 있을 때 "지금 당장 얘기합시다"라고 말하지 않았기 때문에, 어느 틈엔가 이야기할 권리를 완전히 잃어버리게 되는 것이다.

이것은 사랑하는 사람들에게서 항상 일어나는 일이다. 그것은 아주 미묘한 일이며, 시끄러운 잡음 속에서 이루어지므로 자신의 손목을 꽁꽁 묶어 버릴 수갑이 채워지는 소리조차 미처 듣지 못하게 되는 것이다. 나중에야 그 수갑이 바로 자기의 손에 채워졌다는 사실을 깨닫게 되는 것이다. 내가 사랑하는 사람은 이렇게 나를 복종시켰다.

제이슨은 나에게 해를 끼칠 생각은 아니었다. 나는 정말로 그것을 믿는다. 그는 나를 사랑했으며, 비록 자신의 진정한 모습을 이해하지 못하긴 했지만 어쨌든 자신이 반대하고 투쟁했던 부권사회의 모순에서 벗어나지 못한 딱한 사람이었을 뿐이다.

그러나 어느 날부터인가 그의 분노와 실망에 대해 나도 분노와 실망으로 대결할 힘을 갖게 되었다. 오랫동안의 억압으로 너무나 짓눌려 있던 나의 분노와 실망은 파괴적인 모습으로 표출되었다. 늘 그랬듯이, 제이슨은 이 문제들에 대해 토론하는 것을 원치 않았다. 오히려 나에게 경고하듯이 푸른 눈동자를 번득이면서 그는 소리쳤다. "어서 말해 봐. 말하라고 했잖아! 들어주겠다구. 당신이 원하는 게 뭔지 말하라구!"

그 무렵, 나는 마침내 나와 진정한 대화를 나누려고 노력하는 다른 이성을 만나게 되었다. 제이슨은 그 사람의 존재로 인해 전혀 위협을 느끼지 않았음에도 불구하고, 내가 바람을 피운 것이 우리의 파국을 초래했다고 말하곤 했다. 우리는 도저히 원상복귀가 되지 않았다.

우리는 어떤 사람과의 사이에서 일어났던 일을 나중에 기억해내고 그중 나에게 유리한 내용만 선택하는 버릇이 있다. 더러는 없었던 내용을 지어내기도 하며, 이야기를 꾸며서 스스로를 영웅이나 순교자 또는 희생자나 몽상가 등으로 만들기도 한다. 자기가 살아온 과거의 어느 시점에서 일어났던 일, 또는 처음부터 아예 있지도 않았던 일을 그런 식으로 '진실'처럼 만드는 것이다. 우주 어딘가의 벤치에는 두 사람이 서로 자기의 기억이 맞다고 다투고 있는 추억들을 검증할 수 있는 심판이 앉아 있다. 여자는 그녀가 과거에 실제로 말했던 내용들을 말한다. 남자는 테이블에서 몸을 돌려 입에 케이크 한 조각을 넣고 나서, 여자에게 경멸이 담긴 냉소를 보낸다. 여자는 처음에는 인내심을 갖고 우아하게 대처하다가, 결국은 자신의 노여움을 표현하게 된다.

그러나 나의 진실과 제이슨의 진실이 왜 그렇게 서로 다른가에 대한 판단 기준은 없다. 우리 둘다 이성적인 사람이고, 우리는 둘다 그곳에 있었다. 그러나 그가 기억하는 것은 내가 기억하는 것과 완전히 다르다.

제이슨은 우리의 헤어짐에 대해 이렇게 해석하고 있다. 그의 판단은 아주 단순한 것들로 구성되어 있다. 그러니까 그는 나를 열정적으로 사랑했고, 나 역시 열정적으로 그의 사랑에 보답을 하긴 했다. 그러나 늘 위장된 모습으로 살아야 했던 경솔한 여자인 나는,

이기적인 이유—아마도 권태—때문에 그에게 싫증을 느꼈다. 그래서 다른 남자와 바람을 피움으로써 그를 배신하게 되고, 마침내 그를 떠나고 말았다는 것이다(최근에는 그의 판단이 좀 달라졌다. "그래, 나도 어느 정도는 잘못이 있지"라고 말할 정도이니까. 그러나 그는 스스로 무슨 잘못을 했는지에 대한 구체적인 언급은 전혀 하지 않는다).

그는 아이들에게 "이런 일이 생긴 것은 모두 네 엄마 때문이란다. 네 엄마가 나를 떠난 거야"라고 말했다. 맞는 말이다. 하지만 내가 실제로 그를 떠나기 전에, 그가 나에게 "떠나 버리라"는 말을 수없이 했다는 부분은 빼먹고 있다.

최근에 그는 자신이 주장하던 내용을 약간 바꾸었는데, 그중에는 통에 관한 이야기도 있다. 그가 무슨 생각을 하는지, 그 이유는 무엇인지를 분명히 알아듣기 위해 나는 그의 말을 항상 귀기울여 들었다. 그는 나에게, "당신은 통에서 나왔고, 이제 완전히 밖으로 나갔어" 하고 말한다. "통? 무슨 통 말이에요?" 하고 묻자, 그는 '다 알면서 뭘 모르는 척하고 그래' 하는 표정을 지으며 "목욕통 말이야" 하고 대답한다. 그는 욕조 옆에 앉아 나에게 이야기하고 있었고, 내가 갑자기 욕조에서 벌떡 일어나 그의 곁을 쌩 하니 지나 문밖으로 나갔던 기억을 얘기하고 있는 것 같았다.

그런 후의 내 기억은 이렇다. 나의 관점에서 보면, 그것은 무언의 시위가 아니었다. 이미 체념한 상태였지만, 내쪽에서 원인을 분명히 밝힌 슬픈 시위였다. 그 일이 있은 후, 나는 우리의 상황에 대해 분명하게 판단하기 위해서 24일간 집을 떠나 있었다. 그후 나는 돌아왔고, 일주일에 며칠간 집에서 잠을 잤다. 그러다가 어느 날 자동차사고를 당해 내가 다리에 부상을 입게 되었다. 그에 이어 우리가 오랫동안 길러온 늙은 개가 병들어 꼼짝도 못하는 바람에, 나는 모든 것을 포기하고 완전히 집으로 돌아왔다. 그 개는 내 품에 안겨서 죽었으며, 제이슨과 나는 함께 개를 묻어주었다.

개의 죽음은 잠시 동안 우리를 결합시켜 주었다. 우리는 그 개를 묻은 곳에 장미를 꽂아 주고, 눈물을 흘리고, 서로 부둥켜안고 오페라 「캉디드」에 나오는 노래들을 부르고, 다시 시작해 보기로 맹세했다.

나는 그후 6개월 동안 더 머물렀으며, 그동안 우리는 서로의 감정을 치유해 보려고 노력했으나 허사였다. 나는 이미 오래 전에 바람피우는 일을 중단하고, 제이슨의 요구대로 나의 연인에게 아는 척도 하지 않았지만 사실 그것은 매우 어려운 일이었다.

더구나 제이슨은 후에 그의 새 아내가 된 새로운 '온 가족의 친구'를 가족들에게 소개했는데, 그는 그 여자와 함께 나의 연애사건을 꾸짖었다.

그 당시 나는 죄의식과 두려움에 가득 차 있었기 때문에, 아이들이 있는 앞에서 그가 공개적으로 나에게 육체적인 애정을 표시하고, 좋은 아빠라는 것을 보여주기 위해 우리의 손녀딸을 꼭 껴안고, 나를 마치 성가신 이웃처럼 취급하는 것을 말없이 지나치곤 했다. 제이슨은 자신이 나를 사랑하는 것처럼 내가 자기를 사랑하지 않기 때문에, 자기는 그 여자를 선택할 수밖에 없다고 말했다. 그녀는 의기소침해진 나를 위로해 주었다. 여름 내내 나는 다 자란 아이들이 울면 달래주거나, 그 아이들이 나에게 아빠와 사이 좋게 지내라고 간청하면 그들에게 이유를 설명해 주면서 지냈다. 결국 나는 제이슨의 곁을 떠났다.

그러나 제이슨의 기억에 따르면, 그 목욕통 장면은 내가 최종적으로 집을 나가던 그때라는 것이다. 그후에 일어난 일은 중요하지 않다. 우리 두 사람의 기억에는 차이가 있다. 나도 잘 기억나지 않지만, 나 역시 제이슨처럼 자기 중심적으로 이야기를 했을 것이다.

앞으로 우리는 그것에 대해 절대로 함께 이야기하지 않을 것이다. 그는 자기의 모든 사랑과 인생을 한 여성에게 바쳤지만, 그 여성은 결국 자기를 배반하여 자신의 인생을 파괴시켰다는 나름대로의 수난사를 평생토록 주장할 것이다. 그는 희생자였고, 나는 희생을 강요한 사람이라는 것이다. 그러나 나로서는 상황을 그냥 그렇게 인정할 수는 없다. 두 사람의 결혼이 파국에 도달하고 점잖은 사람들이 20년이나 살다가 헤어졌다면, 그것은 단순히 '나쁜 여자—좋은 남자' 하는 식의 이야기는 아닐 가능성이 크다.

헤어진 후에도 우리는 서로 사이 좋게 지내려고 노력하고 있다. 그는 재혼했고, 난 아직 혼자이다. 나도 다시 결혼할 수 있을지는 모르지만, 우리는 상대방을 계속 미워하는 것을 원하지는 않는다. 우리는 함께 공유해 온 그동안의 시간들과, 두 명의 아이, 두 명의 손자가 있으므로 서로를 계속 피할 수만은 없다.

우리가 헤어진 지도 5년이 넘었다. 그는 다른 사람들에게 나에 대해 나쁘게 말하지 않는다.

그는 한두 명의 가까운 친구들에게, 내가 나쁜 사람이 아니라 우울증이 있다는 전혀 뜻밖의 이야기를 한 적이 있다. 그의 입장에서 보자면 정신질환자인 아내와 함께 살면서 자신이 오래도록 괴로워하며 인내했다는 것이다. 친구들 중 한 명은 다른 친구에게, '참 딱한 일'이라고 말했다. '불쌍한 다이애나'라고. 그는 자신의 불안정함을 너무도 잘 감추었다. 그 자리에 함께 있었던 그의 친구들 중 한 명이 나에게 찾아와서 그 말을 전해 주었다. 우리는 웃어넘겼다.

기묘한 이중생활

나는 우리의 결혼이 파국에 이르게 된 이유를 오래도록 생각했고, 그것이 특정한 이혼양상에 속하는 것인지를 판단하기 위해 보다 광범위한 시각으로 바라보기 시작했다. 그 결과 내가 얻은 결론은 다음과 같다.

즉 나의 결혼 양상은 1970년대 초반부터 일기 시작한 여성운동에 참여하여 남녀평등을 주장하고, '인격적 성장'과 '변화'라는 의식 프로그램을 받아들인 페미니스트 남성들과 결혼한 경우에 해당되는 것이다. 이 당시의 페미니스트 남성들은 이미 성(性)에 대한 전통적인 인식이 무의식 속에 자리를 잡은 후인 성인기에 여성운동이 주장하는 모토들을 받아들이게 되었다. 이들은 사회적, 경제적, 교육적으로 혜택받은 엘리트들이며, 남녀평등이라는 토대 위에서 내 또래의 여성들과 결혼했다. 훌륭한 남성들인 것이다.

많은 페미니스트들의 결혼은 분명히 보이는 그대로이다. 상호 존중, 그리고 신중함 속에서 함께 살아가는, 남녀의 성공적인 동반관계인 것이다. 그러나 내가 개인적으로 수집한 사례들을 통해 판단해 보면 반드시 그렇지만도 않다.

이 나라에는 남편과 아내가 이미 구습에 얽매어 생활하고 있으면서도, 자기들이 진짜 페미니스트의 결혼인 양 가장하면서 오랫동안 기묘한 이중생활을 하고 있는 여자들이 많이 있다. 페미니즘에 입각하여 결혼한 여자들은 결혼 후의 그러한 변화와 변모가 대부분 자기 쪽에서부터 이루어졌다는 사실과, 그들의 남편들이 이따금 아내를 업신여기고 완전한 합의가 이루어지지 않으며, 대단히 소모적인 헌신을 아내에게서 기대한다는 사실을 깊이 깨닫고 있다.

때로는 가장 가까운 친구들에게 이러한 점들에 대해 얘기하면서도, 자기들의 결혼이 언제나 평등한 관계인 것처럼 보이려고 노력하는 경우가 많다. 물론 나도 그랬다.

수많은 페미니스트 남성들은 어떤가? 그들은 바로 자신들의 페미니즘 때문에 여성혐오자가 된다. 그들은 페미니스트가 되지 않았더라면 자신들의 몫이었을 특권들을 포기해 놓고는, 결국 그들이 포기한 것에 대한 억압된 분노를 깊이 느끼는 경우가 많다. 그리고 이러한 분노를 여성에게 표출하기도 한다. 그런 상황에 처한 여성이라면 큰 난관에 빠질 수 있다.

제이슨과 나는 성(性)에 관한 진부한 통념들을 부정했었다. 우리 문화에서는 여성들이 감정적으로 늘 뭔가를 갈구하고 상처를 받기 쉬우며, 남성들과 비교해 볼 때 자신들의 주체성을 위해서 타인들과의 관계에 많이 의존한다고 여겨진다. 이러한 일반화를 뒷받침하는 여성심리연구는 틀리지 않다.

그러나 대부분의 내 친구들과 내가 분명히 가지고 있는 특성에 대해 누군가가 주의 깊게 살펴본 적이 적이 있을까? 40대 이상의 많은 중류층 남성들은 그 나이의 여성들보다 감정적으로 더욱 의존적이라는 생각을 해본 적이 있을까? 내가 말도 안되는 소리를 하고 있는 것일까?

그렇다면 왜 여성들은 집에서 남편이 기다리고 있다는 이유 때문에 멋진 저녁 식사 테이블에서, 그리고 여자친구들과의 소중한 시간을 저버리고 집으로 달려가는가? 그녀 없이는 그가 잠들지 못하기 때문인가? 그녀가 너무 오래 나가 있으면 그가 버림받은 느낌을 갖기 때문인가?

많은 남성들이 중년이 되면 나이 든 아내를 내버려두고 젊은 여성들과 바람을 피우곤 한다. 특히 사업이나 예술, 정치를 하는 남성들, 그리고 제이슨의 경우처럼 학문이라는 분야에서 입지를 다진 남자들 사이에서는 어쩌면 그 일이 유행이라고까지 해야 하지 않을까?

물론 나도 나이 든 남자의 품에 안긴 젊은 여자들 중 하나였다. 나는 제이슨이 중년에 맞이한 위기감을 해소시켜 주는 상대였던 것이다. 제이슨 같은 남자들은 나에게 스승 같은 인물이었으며, 그래서 나는 완고한 보수주의자인 아버지를 기쁘게 하려는 욕망을 그에 대한 사랑이라고 착각할 수밖에 없었다. 이러한 관계는 지배와 복종이라는 관계가 낳은 구시대적 원형이다.

아버지와 딸, 지배와 복종의 양상은 둘의 나이 차이가 거의 없는 경우에도 존재하는 것 같다. 더구나 남성이 여성보다 나이가 많은 경우에는 이러한 규범이 좀더 많이 강조된다. 그러므로 아버지 같은 권위를 가진 사람과 결혼하게 되는 것은 위험한 일이다.

게다가 여성심리와 도덕적 진보에 대한 최근의 연구결과에 의하면, 남성은 계급조직, 자치권, 권위 등에 높은 가치를 두며, 여성들처럼 다른 사람들의 공감이나 시각에 대해 신경쓰지 않는다는 사실이 밝혀졌다. 물론 예외는 있지만, 남성들은 자신들의 정당성을 너무나 깊이 신뢰하고 있으며, 자신들이 틀릴 수도 있다는 점을 인정하기가 매우 어렵다. 그래서 실패한 관계에 대한 책임을 공유할 수 없는 경우가 많다.

한편 여성들은 자녀들의 양육에 관한 문제가 자신들의 가장 깊은 책임이라고 믿도록 의식적으로 강요되어 왔으며, 관계가 깨어졌을 때 책임감과 죄의식을 내면화하는 경향이 있다. 사실상 남성들은 "이건 모두 당신 잘못이야. 당신 때문에 이렇게 됐어"라고 말하며, 여성들은 처음에는 "당신이 옳아요. 모두 내 잘못이에요"라고 대답하게 된다. 이것은 깔끔한 타협이기는 하지만, 함께 잘해 보려고 노력하는 사람들에게는 좋은 방법이 아니다.

또한 남성들은 절충안을 모색하기 위해 전문가에게 상담을 요청할 가능성이 여성들보다 적다는 점을 나는 알게 되었다. 하지만 상담을 받을 수밖에 없는 상황이라 하더라도, 남성들은 자신의 행동 패턴을 바꾸려는 진지한 시도는 거의 하지 않는다. 그들은 여성들이 진짜 성장하거나 변화할 필요가 있는 존재라는 기본적인 생각을 갖고 참여하기 때문에 별 소득이 없는 것이다.

아직도 우리는 부권사회에서 살고 있다. 남성들은 여성들보다 더 많은 힘을 가지고 있으며, 많은 남성들이 그 힘을 여성들과 공유하지 않으려 한다. 남성의 권위에 대해 조건부로 항복하는 것은 여성들에게 있어서는 자기 함정을 파는 것과 다름없다. 일반적으로 남성들은 융통성을 가지며 변화할 수 있는 능력이 별로 없다. 물론 강직하면서 항상 옳은 여성과 공감대를 형성하는 남성도 있긴 하지만, 일반적으로 그들은 규칙을 깨려 하지 않는다.

제이슨은 내가 남자들을 싫어한다고 믿고 있다. 그러나 그것은 사실과 다르다. 때로는 나도 남자들이 무섭고, 때로는 화가 나서 내가 알고 있는 일반론들이 전혀 사실이 아니라고 뭉뚱그려 취급하기도 한다. 그러나 나는 내가 아는 대부분의 남자들을 좋아한다. 그리고 여성학 교수로서 나는 양 성(性)이 부권사회 속에서 어떤 모습을 취하고 있는지를 이해하고 있다.

　제이슨은 자신이 여성혐오증을 갖고 있지 않다고 생각한다. 그의 마음에 해가 될 것은 없으므로, 그는 스스로에게 도전하거나 스스로를 시험하지도 않는다. 많은 페미니스트 남성들과 같이 그도 이것을 용납할 수 없는 일로 간주하면서 여성에 대한 분노를 억누르고 있다.

　그러면서도 그는 화를 내면서, 말과 행동에서 자신의 분노를 표현한 적이 있다. 그는 억압된 사람들의 억압 원인들에 대해 일체감을 느끼고 오랫동안 그들의 권리를 위해 싸워 온 강한 남자이다. 그리고 어떤 점에서는, 의식적인 의도를 넘어서서 그가 그들을 꽤씸하게 여길 때도 있다. 아마 그는 한 남자가 견딜 수 있는 능력의 범위 너머로 내가 자신을 몰고 간다고 말할지도 모르겠다.

　이제 그는 나보다 더 젊은 여성과 결혼했다. 내가 그의 딸 정도의 나이라면, 그녀는 그의 손녀딸로 보일 정도로 젊다. 그러나 그는 자신의 선택이 보다 젊은 여성에 대한 욕구와는 전혀 상관이 없다고 말한다. 그녀는 내가 그를 거의 파괴할 무렵, 곁에서 자신을 사랑해 주었다는 것이다.

　그러나 그가 부분적으로는 나를 통해서 자신이 아직 젊다는 느낌을 가질 수 있었기 때문에 나를 원했던 것임을 알고 있으므로, 나는 그의 말을 달리 해석한다. 내가 처음 그를 만났을 때의 나이인 20대의 여성을 그가 다시 찾아냈다는 사실은 우연의 일치가 아니다. 그에게는 젊은 사람이 연장자에게 바치는 그런 종류의 사랑이 필요한 것이다. 그는 그것을 나에게서도 받아냈다.

　그러나 나는 유혹적이면서도 아름다운 그 기만으로부터 스스로 벗어났다.

　남자와 여자는 자기들에게 일어난 일, 둘이 서로를 그리고 자기 자신을 어떻게 아프게 했는지, 비극을 피하기 위해 어떻게 할 수 있었을지, 그리고 다음 비극을 피하기 위해 어떻게 할 수 있을지 등에 대한 상호 이해에 도달할 필요가 있다. 나는 제이슨과 내가 서로의 동기와 의도를 오해했다고 생각한다. 우리가 스스로를 고통스럽게 하고, 다른 이성과 다시 사랑하게 되는 일을 두려워하게 된다면 그것은 문제가 있다. 우리의 시간들이 다만 낭비였다는 결론을 내리지 않게 되려면, 우리는 과거사를 알 필요가 있다.

　그러나 서로 헤어진 지금은 우리 중 그 누구도 이기적인 진실을 넘어선 어떤 것도 이해할 수 없으며, 나에게는 그것이 너무나 위험한 일이라고 느껴진다. 세상의 모든 문제들과 관련하여 자신이 가진 모순을 알지 못하는 남녀가 적어도 상대의 말에 귀를 기울이려는 노력을 할 수 없다면, 보다 넓은 맥락에서의 평화와 이해가 있으리라는 희망을 어떻게 가질 수 있겠는가? 개인적인 모순은 크게 보아서 전세계의 모순과 같은 것이다.

　내가 원했던 것이 단지 여성의 수난, 고통을 당하는 쪽의 상태, 내 생각의 타당성에 대해 그가 이해하기를 바란 것에 불과하다면, 혹은 나 스스로를 기만한 것에 대한 변명이었다면, 내가 했어야 할 일은 정말 아무것도 없었을 것이다. 나는 친구들로부터 나의 현실에 대한 많은 공감과 확신을 받았지만, 뭔가 더 나은 것을 원한다. 나는 앞으로도 늘 제이슨이 무엇을 경험하고 느꼈는지를 알고 싶을 것이다. 나 자신의 고통을 객관적으로 바라보게 된 지금, 이제는 그가 어떤 경험을 했는지 이해하고 싶다. 나는 나와 관련된 모든 인간관계에 대해서는 책임을 지고 싶다. 지금까지도 그가 모든 것을 나의 잘못이라고 주장한다면, 나는 그 모든 것이 구체적으로 어떤 것인지 정말 알 수가 없다. 또 그 잘못이 다 그의 잘못이라고 결론을 내릴 수도 없다. 잘못은 우리들 중 한 사람에게만 있는 것이 아니기 때문이다.

제이슨과 헤어진 지 1년 후, 나는 어떤 남자를 만나 여러 해 동안 같이 살았다. 나는 부분적으로는 그가 제이슨 같으면 도저히 할 수 없었을 것으로 판단되는 일을 할 수 있을 것으로 보였기 때문에 그를 선택했다. 그는 그럴 수 있다고 말했지만, 결국 그도 제이슨과 마찬가지였다. 나는 그와 헤어져야겠다고 생각했다. 그래서 우리가 각자의 길을 갈 때가 됐다고 말하자, 이번에도 그는 모든 것이 내 잘못이라고 말했다. 그는 자신이 나의 희생자라고 생각했다. 나는 악녀였고, 그를 지독하게 학대했다는 것이다.

남자든 여자든 무의식적인 충동을 지워버릴 수는 없음을 나는 알고 있다. 우리의 욕망과 욕구는 처음부터 마음속에 스며들어 있으므로 쉽게 몰아내기가 어려운 것이다. 그러나 내가 절망적으로 우려하는 것은, 주로 개인적인 관계를 통해 직면하게 되는 일들이다. 남녀 사이에 아무런 경계도 없게 하라고 여성들에게 요구하는 것은 남성들의 특권이 아니다. 사랑이라는 이름 앞에서 남성들의 부탁, 기대, 그리고 요구가 절대적인 것처럼 되는 것은 옳은 일이 아니다. 부권사회에 사는 남성들로서는 자기들의 한계와 상대적인 무능함을 이해하기 어려울 수 있으며, 여성들에게 책임을 전가하지 않는 것이 거의 불가능할 수도 있다. 나는 그들이 더 열심히 노력하기를 원한다.

물론 어떤 여성들의 경우에는 그런 남성에게 적응하는 것이 오히려 큰 장점이 되기도 한다. 왜냐하면 이런 경험을 통해 여성들은 패배와 타협을 처리하는 법을 더 잘 배우기 때문이다.

이제 나는 나의 연인이 생각하는 나의 이미지에 맞게 스스로를 재창조할 수 없으며, 내가 사랑하는 남성들이 나를 위해 그들 자신을 재창조할 수 없다는 사실도 인정할 수밖에 없다. 그러나 나는 완전히 체념한 것은 아니다. 남녀 사이에서 생길 수 있는 고통과 마음의 상처를 함께 헤쳐나가는 문제에 대해서, 나와 함께 책임을 지고 운명을 헤쳐나갈 의지를 가진 남성을 언젠가는 만나게 되리라고 기대한다. 그때까지는 성(性)의 전쟁에서 벗어나 잠시 몸과 마음을 쉬게 하고 싶을 뿐이다.

8

그러나 이혼하지 않는 이유

메리 모리스

메리 모리스(Mary Morris)

는 두 권의 단편집과 두 권의 기행문, 그리고 세 권의 소설을 썼으며, 가장 최근의 소설은 『모성애』(*A Mother's Love*)이다. 또한 여행 명시선집 『소녀의 여행기』(*Maiden Voyages*)의 공동편집자이기도 하다. 단편들과 기행수필들은 『파리 리뷰』, 『뉴욕 타임스』, 『보그』 등에 게재된 바 있다. 문학 부문에서 구겐하임 연구비와 로마상을 수여한 바 있고, 현재 사라 로렌스 대학에서 작문을 가르치며 브루클린에 살고 있다.

떠나는 사람들

몇 달 전 나는 워싱턴에 사는 친구를 만나러 가기 위해 뉴욕의 펜 역에 서 있었다. 그날은 금요일 오후였고, 역은 매우 혼잡했다. 수많은 여행객들이 들끓고 있었다. 열차 도착시간과 출발시간을 알리는 방송이 계속 나왔고, 마침내 내가 탈 기차가 도착했다는 방송이 나왔을 때 나는 가죽 배낭이 없어진 것을 알게 되었다.

그 배낭에는 학생들의 논문, 읽고 있던 소설, 잡지, 그리고 소설을 구상하기 위한 메모 등이 들어 있었다. 그리고 내 수표장, 크레디트 카드, 열쇠들, 온갖 전화번호와 나만이 아는 비밀들이 적힌 수첩도 들어 있었다. 배낭을 훔쳐간 도둑에게 그 모든 것을 다 줄 수는 없는 일이었다.

당황한 나는 남편에게 전화를 걸어 은행, 주식중개인, 채권자, 자물쇠점 등에 연락해 줄 것을 부탁했다. 저당권 구좌를 동결시키고, 은행 카드의 비밀번호도 바꾸라고 했다. 그 순간에는 모든 것을 취소시키고 중단시켜야만 했다.

나는 다시는 이런 식의 어려움을 겪고 싶지 않다. 구좌 정지로 인해 사라져 버린 예금액과 동결한 구좌로 남편이 발행했던 서른 다섯 장의 수표, 그리고 집안의 모든 열쇠를 새로 바꾸는 등의 어려움을 겪었기 때문이다. 그러나 개설할 것은 개설하고, 막을 것은 막아야 했다. 길고 지루한 은행 업무를 보는 도중, 복잡한 서류 절차들을 거치면서 나는 지치고 말았다. 그래서인지 5년간 나와 함께 결혼생활을 한 남편에게, 아마도 난 절대로 이혼할 수 없을 거라고 말했다.

나는 법적으로는 한 번도 이혼한 적이 없다. 다시 말해 이혼과 관련된 서류, 고소장, 아이를 차지하기 위한 투쟁, 은행구좌 분리, 책과 음반 나누기 등등의 경험이 없는 것이다. 나는 재정적으로, 그리고 각종 서류에서 나를 다른 사람과 분리시켜 적어 본 적이 없다. 그러나 가정의 불화, 단절, 이별, 파탄 등은 겪어 본 적이 있다. 나는 어떠한 우정보다도 큰 의미가 있었던 우정을 잃은 적도 있다.

이 글에 가장 적합한 내용을 예로 들자면, 나는 여러 해를 어떤 남자와 함께 살면서 그의 아이를 갖고 부부와 같은 인연을 맺었던 사람으로부터 스스로 벗어난 적이 있다. 이 얘기는 틀림없이 중요한 의미를 가진다. 나는 모든 상황을 수습하고 냉정을 회복한 다음, 어린 딸을 데리고 새로운 삶을 시작해야만 했다.

딸아이가 두 살 되던 해에, 나는 가장 가까운 친구 중 하나가 남자 중의 남자라고 칭찬을 아끼지 않았던 한 남자와 결혼했다. 그는 내 딸 케이트를 자신의 딸로 받아들이며 입적시켰다. 우리는 합법적인 결혼서류를 모두 갖추었고, 집과 개와 많은 음반과 책들, 콤팩트 디스크와 접시, 심지어는 섬세한 크리스탈 등 모든 것을 한데 합쳐 우리의 결혼생활에 새롭게 배치했다. 또 나는 아이를 키우고 그는 세금을 냈다. 우리는 좋아하는 영화와 좋아하는 사람에 대한 취향이 거의 일치했고, 틈나는 대로 우리가 좋아하는 태국 음식점 모퉁이에 앉아 항상 파드 타이를 주문해서 먹었다.

그런데도 요즈음 나는 매일 이혼해야겠다는 생각을 한다. 나는 그가 길고 지루한 손동작으로 항아리들을 닦는 태도, 개줄이 끊어질까봐 항상 조심하면서 개를 끌고 가는 버릇 등을 참을 수가 없다. 그는 내 손이 닿지 않는다는 것을 알면서도 높은 선반에 물건을 올려놓는다. 나는 그것이 싫고, 그가 물건을 함부로 내다 버리는 것을 참을 수가 없다. 휴가를 떠나기 전에 그는 트렁크 문이 뒤로 열리는 자동차의 유리창을 깨거나, 열쇠를 잃어버린다. 게다가 그가 말하는 중간중간에 계속 뜸을 들이는 버릇도 나는 참을 수가 없다.

나는 내가 이런 식의 결혼생활에 맞지 않는 사람이라는 것을 잘 알고 있다. 범고래는 광활한 바다가 아닌 연못에서 헤엄치며 살 수도 있겠지만, 나는 더 이상 이런 새장 같은 곳에 갇혀서 살 수 없다. 나는 밖으로 나가면서 남편에게, 가게에 갔다 오겠다거나 한 시간 안에 오겠다거나 하는 말을 하고 싶지 않다. 또 밖에 나갔다가 늦어질 것 같다고 전화를 걸거나 어떤 일이 예상보다 더 오래 걸렸다고 해서 사과하는 일 등을 하고 싶지 않다.

나는 방랑자의 기질을 가지고 있으므로, 내가 원할 때면 언제든지 가고 싶은 곳으로 갔다. 1년 반 동안 중앙아메리카를 떠돌아다녔고, 내가 있는 곳을 누구에게도 알리지 않았다. 시베리아를 횡단한 적도 있었다. 그때도 내가 어디에 있는지 아무도 몰랐다. 그런

데 이제는 내 스튜디오 문을 벗어나기만 해도 공포가 엄습하며, 어디를 가든 집으로 전화를 해야 한다. 나는 위대한 탈출의 천재들인 후디니, 앨커트래즈 교도소에서 탈출하는 죄수들, 자기 아내에게 작별 키스를 하고 기차를 타고 간 후 다시는 소식을 듣지 못하게 된 먼 사촌을 존경하게 되었다.

나는 서쪽으로 떠날 생각을 하고 있다. 아니면 동쪽도 상관없다. 떠나고 싶을 때면 짐을 꾸려서 떠나 버리는 것이다. 나는 예전에 한번 이러한 시도를 했었다. 내 딸의 생부와 함께 살고 있을 때였다. 합법적인 탈출을 해야 할 것 같다고 내가 그에게 말했더니, 그는 "어떤 의미에서?" 하고 물었다. 그는 국제법 교수였기 때문에, 내가 무슨 뜻으로 그런 말을 했는지 이해했을 것이다.

나는 새로운 장소를 찾아서 다시 시작할 필요가 있다는 결론을 내렸다. 또 직업도 필요했다. 왜냐하면 케이트가 태어나던 해에 나는 실직했기 때문이다. 그런데 마침 캘리포니아에 일자리가 한군데 있었다. 나는 딸을 데리고 새로 출발하기 위해 서쪽으로 향했다.

존 웨인 국제공항의 듀크상 아래 서자마자, 나는 일생일대의 실수를 했다는 사실을 깨달았다. 새로 시작하기 위해 캘리포니아로 오는 사람들에게는 위대한 전통 같은 것이 있었다. 이런 주제를 다룬 위대한 문학 작품들로, 「분노의 포도」나 「메뚜기의 계절」 같은 것들이 있다. 또 캘리포니아 문학에 흐르고 있는 또 다른 흥미로운 주제는 태평양 연안 고속도로에서의 죽음, 자동차 충돌, 변두리의 차량행렬 등이다. 결국 거기에서부터는 더 갈 곳이 없다. 그곳이 끝부분인 것이다.

절벽

캘리포니아에서 나는 바다가 내려다보이는 집에 살았다. 매일 아이를 데리고 절벽을 산책하면서, '바다로 뛰어들면 이 모든 방황과 갈망을 끝낼 수 있을 텐데' 하고 생각했다. 나는 친구도 없고 의지할 사람도 없었다. 그러나 바위와 부딪치는 파도를 보면서, 아이를 남겨두고 떠날 수는 없다는 것을 알았다. 그렇다고 그 아이와 함께 바다로 뛰어들 수도 없었다. 아무리 내가 절망해 있다 해도, 그것은 이기적인 행동이기 때문이었다. 더 이상 선택의 여지가 없었다. 나는 살아야 했다.

뿐만 아니라, 그 아이의 생부와 나는 아직 책이나 재산을 분리하지도 않았다. 아직 우리 사이에는 아무것도 마무리되지 않은 채, 단지 헤어져 있을 뿐이었다. 나는 흐느끼면서 낭떠러지를 걸었다. 그런 다음에는 아이를 돌보기 위해서 고용했던 라모나 양이 스토브 위에 올려둔 냄비를 태우는 바람에, 창밖으로 검은 연기가 피어오르던 집으로 뛰어갔다.

나는 아침마다 바닷가를 산책했다. 등에 아이를 업고, 집과 집 위쪽에 있는 언덕 사이를 끝없이 왕복했던 것이다.

그후 나는 운전을 시작했다. 전에는 한 번도 가져 본 적이 없던 두 가지, 바로 아이와 자동차가 있었기 때문이다. 또 나는 캘리포니아의 뉴에이지 그룹에 빠졌고, 굴착기기사, 냉동기사, 여신, 무당, 유에프오(UFO)에 매료된 사람들을 만났다. 한번은 딸을 데리고 캘리포니아 남부를 모조리 헤매고 다니다가 사막에까지 간 적도 있다. 네바다 국경선 근처에 있는 교회에 차를 세우고 결혼식을 올리는 사람들을 오후 내내 구경하기도 했다. 그들 대부분이 그

전날 라스베이거스에서 만나, 모두 차를 타고 서부로 온 것이다.

사막 한가운데에 있는 마을의 공중전화에서 나는 케이트의 생부에게 전화를 해서, 그와 결혼하고 싶다고 말했다. 그를 사랑한다고 말하고, 우리는 다시 노력해야 할 거라고 말했다. 그는 조금만 더 기다려 달라고 했다. 그에게는 처리해야 할 돈 문제도 있고, 아이들도 자라나야 했다. 그러나 머지않아 그는 곧 나와 내 딸아이를 떠맡게 될 것이라고 나는 믿었다.

어느 날 오후에 나는 크리스탈 성당으로 갔다. 그곳에서 나는 『뉴욕 타임스』지 기자인 것처럼 행세하면서, 야외극 행렬에 참가하고 있는 천사들을 인터뷰했다. 그들은 성인 여자들이었는데, 날개가 펄럭이는 핑크빛 망사 드레스를 입고 40피트 높이 위에 있었다. 그 천사들은 이혼, 배신, 실패 등에 관한 자신의 이야기를 했다. 그리고 피터팬의 행렬차가 성당을 통해서 내가 서 있는 쪽으로 다가올 때, 나는 누구이든 부지런히 날개를 펄럭이지 않으면 추락하고 만다는 사실을 문득 이해하게 되었다.

나는 하늘 높이 날아오르고 싶었지만, 어쩐지 땅에서 벗어날 수가 없었다. 케이트의 생부는 어느 날 나에게 전화를 했고, 내가 있는 곳까지 찾아왔다. 우리는 크리스마스를 기념하기 위해 죽음의 계곡(무슨 상징적인 의도를 갖고 이 장소를 택했던 것은 아니었다)으로 갔고, 거기서 싸웠다. 나는 그에게 왜 '결혼하자'는 말을 해주지 않느냐고 따졌다.

그날 밤에 우리는 나란히 누워 서로를 거의 건드리지 않았다. 우리는 단지 그 싸움뿐만 아니라 그동안의 모든 상황을 수습하기 위해 노력했다. 나는 그에게, 가족들과 함께 살던 집을 팔고 우리 집에서 새로 출발하자고 요구했다.

12월 말일에 자정이 막 지나면서 한 여자가 그에게 전화를 했고, 나는 그에게 전화를 받지 말라고 말했다. 그는 그녀와 잘 모르는 사이라고 말했다. 그래서 그 문제는 그럭저럭 넘어갔고, 그는 노력해 보고 싶다고 말했다.

우리는 함께 발렌타인 계획을 세웠다. 하지만 그는 그 계획을 어겼다. 자기 아들들을 스키장에 데리고 가기로 약속했다는 것이었다. 나로서는 어쩔 수 없는 일이었다. 그후 밤마다 우리는 이야기를 했는데, 최종합의에 도달할 때까지 길고 고통스러운 대화를 나누었다. 그는 나와 케이트를 사랑했다. 그는 우리를 원했지만, 그의 삶은 복잡했다. 이처럼 인생은 원래 복잡한 것이다. 그와 나는 내 부모님이 살고 있는 플로리다(비교적 중간 지역이었다)에서 만나곤 했다. 그는 자기 아들들을 데리고 왔고, 나는 우리의 딸을 데리고 갔다.

이러한 사연을 알고 있는 사람들은 내가 어리석었다고 말하지만, 나는 그를 진정으로 사랑했다. 그래서 우리는 위험을 무릅쓰면서 모든 것을 다시 시도하곤 했다.

"그저 연락만이라도……"

이것은 E.M. 포스터가 「하워즈 엔드」에 썼던 말이다. 이 책을 읽을 때 나는 대학원생이었고, 그 책을 지금도 간직하고 있다. "그저 연락만이라도……"라고 표현된 이 말에서, 나는 인간의 끊임없는 동경과 열망의 의미를 느낀다. 동경과 열망, 그것은 접촉을 필요로 하며, 소설과 삶이 진행되도록 하는 원동력이다.

나는 깊고 어두운 구덩이 속에 빠져 있는 꿈을 반복적으로 꾸었다. 아마도 나는 꿈속에서처럼 깊고 어두운 구덩이 속에 빠져 있었는지도 모른다. 나에겐 사랑하는 대상과 이야기를 나누는 것이 유일한 탈출구였다. 그래서 나는 아직도 반복해서 그 대상과 연락을 하려고 노력하고 있다.

우리의 관계는 끝없는 대화, 끊임없이 반복되는 같은 이야기였다. 달마 헤인이 그녀의 책 『미국인 아내들의 성적 침묵』(*The Erotic Silence of the American Wife*)에서 말했듯이, 대화는 결혼의 성적인 중심이다. 대화는 부부 사이를 유지시켜 주는 이야기, 토론, 언어 등을 말한다. 그러나 내 경우에는 대화가 교활, 기만, 배신으로 가득 차 있었다. 아마도 내가 작가이기 때문에, 그 사실을 늦게 알아차렸을지도 모른다. 결혼이라는 문제를 놓고 많은 말이 필요하지는 않다는 사실을.

몇 주일 간의 협상 끝에, 케이트의 생부와 나는 우리의 중립지역인 플로리다에서 만났다. 그의 옆에는 그의 10대 아들들이 서 있었고, 나는 우리의 딸을 안고 있었다. 내게는 그가 아주 좋아 보였다. 나는 그 장면에서 무엇이 잘못되었는가 하고 자문해 보았다. 학교 다닐 때도 나는 이런 식의 테스트에 전혀 재주가 없었는데, 이제는 스스로 그런 질문을 하여 내 머릿속을 복잡하게 만든 것이다. 누군가와 함께 살게 될 때는, 이미 오랫동안 그를 알고 있다 하더라도 그의 버릇을 파악해야 한다. 그는 오트밀을 먹지 않고 시끌벅적한 것을 싫어하며, 25년 전부터 이발소에 가지 않고 있다는 것에 대해 자부심을 갖고 있었다. 그와 함께 살았던 지난 5년간 나는 그의 머리를 이발해 주었다. 그 전에는 17년 동안 그의 전아내가 그의 머리카락을 잘라 주었다.

나는 그가 머리와 수염을 이발했음을 발견했다. 그와 내가 대화를 나누던 12월 마지막 날에 전화를 건 여자의 목소리가 기억났다. 나는 "누가 당신 머리카락을 잘라 줬죠?" 하고 그에게 물었다.

조이스 캐럴 오츠는 자신의 작품 『권투에 관하여』(*On Boxing*)에서, 작가와 마찬가지로 그 권투선수도 언제나 자신의 한계를 설정하고 있다고 쓰고 있다.

나도 나의 한계를 수없이 재설정하고 재편성했다. 예를 들어, 나는 한밤중에 책을 읽다 말고 내려놓고 꿈꾸는 듯 허공을 응시하는 경우에 "당신, 무슨 생각해?" 하고 묻지 말아달라고 남편에게 부탁한다. 물론 그는 이것을 이중구속이라고 생각하지만, 나를 내버려두기를 바라기 때문이다. 나는 "내가 무슨 생각을 하는지는 말하고 싶을 때 얘기할게요"라고 말하지만, 그러면서도 '제발 나를 내버려둬요. 당신은 나를 깊고 어두운 함정 속으로 밀어넣고 있어요'라고 생각한다.

그는 이것이 모순이라고 말한다. 그리고 나는 나의 한계를 재설정하고 있다고 말한다. 나는 다시 링으로 돌아오려고 노력하는 권투선수와 같은 것이다.

결혼과 장편소설

내가 지금의 남편과 결혼하게 된 것은 아주 우연한 계기로 인해서였다. 나와 그는 우연히 알게 되어 당시 내가 몰던 차에 그가 타게 되었다. 그런데 나바조부족 경찰이 우리 둘이 탄 차가 도난차량(그 차는 내 오빠의 밴이었다)이라고 생각하고, 사용기간이 만료된 여행비자를 가지고 미국에서 살고 있는 캐나다인이라는 사실을 알게 되어 우리를 구속하려 했다. 그 일로 인하여 나는 그와 결혼하게 된 것이다. 그 일이 있은 지 3주일 후, 우리는 국외추방의 공포에서 벗어나 결혼을 했다.

사실 나는 머리를 그의 가슴에 기대고 잠들 수 있다는 사실 때문에 그와 결혼했다. 내가 그에게 전화를 하면 그는 자기가 있는 곳을 사실대로 말하기 때문에 결혼했으며, 그가 내 곁에 있을 때 인생이 더 쉽고 덜 어렵게 느껴졌기 때문에, 그리고 그가 내 말을 모두 들어주었기 때문에 결혼했다.

결혼식장에 도착했을 때, 나는 그에게 나의 결혼식용 신발을 주면서 "이걸 끌고 오세요" 하고 말했다. 그와 함께 온 신랑 들러리들이 내 신발을 손에다 한짝씩 끼고 시카고에 있는 플리머스 법정 주변을 돌아다니면서 맨발로 아스팔트를 비비고 다닌 덕분에, 나는 융단 위에서 미끄러지지 않을 수 있었다.

나는 신부대기실에서 기다리면서, 아버지가 해준 말을 생각했다. "너는 언제라도 실수를 정정할 수 있단다. 그것 때문에 이혼법정이 있는 게 아니겠니?" 또는 "결혼이란 통유리로 된 창과 같은 것으로, 항상 누군가가 큰 돌을 들고 던질 태세로 밖에 서 있는 것과 같다"는 재닛 윈터슨의 말도 생각했다.

어떻게 해서 내가 한 남자를 떠나 다른 남자를 사랑할 수 있게 되었는지 모르겠다. 의지의 순수한 힘인지, 날고자 하는 욕구인지, 아니면 딸의 행복을 위해서였는지. 자식을 덮친 자동차를 들어올릴 수 있는 어머니의 힘과 벌새가 가진 섬세한 마음 사이에는 무엇인가 우월한 것이 있다.

어쨌든 나는 과거에 사랑했던 사람을 포기하고 새로운 남자를 만났다. 결혼식장에 가는 도중 그와 나는 애리조나 주의 사막에 있는 이상향의 마을인 알코산티에 잠시 멈추었다. 게시판에는 20세기의 위대한 인물들이 방문할 것이라고 씌어 있었고, 거기에 케이트 아빠의 사진이 박혀 있었다.

나는 심호흡을 했다. 그리고 그후 나는 삶의 여행을 계속했다. 사랑은 언제나 똑같은 것이 아니며, 누구도 다른 사람을 대체할 수 없다.

불화, 단절, 이별, 그리고 결혼으로 점철되는 세월이 지난 후, 나는 이제 새로운 출발이란 없다는 것을 알게 되었다. 단지 새로운 문제들만이 남아 있을 뿐이다. 아마도 나는 복잡한 서류 절차를 거쳐야 하는 성가신 이혼을 피할 수 있을 것이다. 내가 오랜 세월을 두고 그랬던 것처럼, 결혼생활에서 요구되는 헌신을 피할 수도 있을 것이다. 실수로 잘못된 사람과 결혼하여 거기서 벗어나기 위해 도피처를 찾아낼 수도 있겠지만, 분명한 것은 한번 고통을 겪은 일은 다시 시작하지 말라는 것이다. 인생은 매순간의 행복과 슬픔이 누적되는 것이다. 우리는 그것을 질질 끌고 다니는 것이며, 그것들은 다락방에 계속 쌓이게 된다. 사람들은 그것을 눈치채고 있으며, 더러는 상황을 개선하기 위해서 노력한다.

비록 내가 올바른 자리를 찾았다 해도 상대방 남자는 꼼짝하지 않을 수도 있고, 그는 곧 집에 온다고 하면서 오지 않을 수도 있다. 그는 개를 줄에서 풀어놓을 수도 있지만, 전화기에 대고 낮은 목소리로 말하면서 자기가 어디에 있는지를 알려주지 않을 수도 있다. 그는 내 심장을 아프게 도려내는 말을 하거나, 심하면 내 딸의 마음에 상처를 줄 수도 있다.

오래 전 내가 아이였을 때, 어느 날 우리집 차의 타이어에 바람이 빠졌다. 한 남자가 지나가다가 타이어를 갈아끼워 주었다. 비가 내리기 시작했고, 그 남자는 젖은 땅에 누워서 휘파람을 불며 타이어를 갈아끼워 주면서 자기가 하고 있는 일을 나에게 설명해 주었다. 그후에 어머니는 나에게 이렇게 말했다.

"네가 컸을 때, 비가 오는데도 휘파람을 불면서 아이에게 이런저런 이야기를 해주며 타이어를 갈아끼워 줄 수 있는 남자를 만나면, 그 사람과 결혼하도록 해라."

오랫동안 나는 단편소설을 썼다. 사실 나는 단편을 더 좋아했는데, 차차 장편소설로 전환했다. 그러는 동안, 단편이 격정이라면 장편은 결혼과 같다는 생각을 하게 되었다. 단편은 두 주일의 휴가에서도 완성되며, 이것은 곧 사라질 수 있는 순간의 정열과도 같다. 그러나 장편소설은 매일 나와 함께 생활하는 일상생활이며, 그 일상들을 연결하는 하나의 과정과 같다. 그리고 어떤 날은 좋고 어떤 날은 나쁘지만, 해를 넘기면서 그것이 서서히 완성되어 간다.

장편소설을 쓰면서 깨달은 이 사실은, 나에게 남편과 이혼하지 않겠다는 생각을 굳히게 만들었다. 왜냐하면 내가 샤워를 하는 동안 남편은 커피를 끓이고, 그가 샤워하는 동안 내가 딸아이의 옷을 입히므로. 우리는 싫어하는 대상이 똑같고, 둘 중 누구도 텐트를 칠 줄 모르며, 그런 것을 원하지도 않으므로. 그가 어디에 있는지 나는 언제나 알고 있고, 그가 언제 전화를 할 것인지 알고 있으므로. 그리고 그는 나를 크게 실망시킨 적이 한 번도 없으므로. 나에게는 사랑의 신비가 계속 신비로 남아 있고, 그가 내 곁에 누워 있을 때 잠들 수 있으므로.

그외에도 다른 이유가 더 있다. 나는 연이고, 그는 연줄이기 때문에. 나는 이혼과 관계된 복잡한 서류절차를 도저히 참을 수 없기 때문에. 그리고 그가 이 글을 읽고 웃을 것이기 때문에. 또 내가 그에게 "찌꺼기 좀 밖에 가지고 나가요"라고 말하면, 남편은 그것이 쓰레기가 아니라 원두커피 찌꺼기를 의미하는 것인 줄 금방 알기 때문에.

타인들의 이혼

페리 클래스

페리 클래스(Perri Class)
는 소설 『다른 여성의 아이들』(*Other Women's Children*)과 『재결합』(*Recombinations*), 단편집인 『나는 모험한다』(*I Am Having an Adventure*), 그리고 방대한 규모의 넌픽션 『유쾌하지만은 않은 절차 : 의과대학에서의 4년』(*A Not Entirely Benign Procedure: Four Years as a Medical Student*)과 『소아과 의사 : 견습의사』(*Baby Doctor: A Pediatrician's Training*) 등의 저자이다. 단편집으로 오 헨리상을 수상했다. 소아과 의사로서, 보스턴 대학 의과대학의 교수이기도 하다.

이혼의 패턴

내 아들이 탁아소에 맡겨져서 다른 아이들과 친해지기 시작했을 때, 나는 그 아이들의 부모들을 만나게 되었다. 부모들의 만남에서는 운동신경 발달에서부터 대소변 가리기에 이르기까지, '우리가 정말 이런 대화를 하고 있다니 믿을 수가 없다'는 생각이 들 정도로 같은 또래의 아이를 가진 사람들끼리만 통할 수 있는 대화들을 즐겁게 나눈다. 그리고 다른 집안의 일이나 아이들을 기르는 방식 등이 마치 흥미로운 가십이라도 되는 것처럼, 집에 돌아와서 그것을 남편에게 일일이 얘기한다.

"그 여자는 설탕이 든 음식을 아이에게 먹인 적이 없대요."

"그 집에서는 아기가 잘 때 외국어 테이프를 틀어 놓는대요. 그러면 아이가 외국어 발음을 익힐 거라고 생각한다는군요."

"그 집 부부는 주말에 아이들을 가정부에게 맡기고 푸에르토리

코로 여행을 간대요."

우리는 가십거리 대신 이런 얘기들을 즐겼던 것 같다. 나는 남의 일에 참견하는 수다쟁이로 내 인생을 장식했고, 다른 사람들의 수많은 고통들을 대신 체험함으로써 나 자신의 단조로운 삶을 조금 더 풍부하게 만들 수 있다고 생각했다. 또 친구들을 비롯하여, 친구들의 친구들이 갖고 있는 고통스러운 연애사건들과 폭풍 같은 열정, 자유분방함으로 인한 무모하면서도 멋진 행동들, 중요하지 않지만 유쾌한 외고집 등과 같은 이야기들을 즐기는 경향이 있었다. 고등학교와 대학교, 그리고 메디컬 스쿨에 다닐 때도 나는 내 동료 집단들의 다양하고 난잡한 성행위와 얼키고 설킨 관계들로부터 흥미와 영감, 긴장과 자극을 받았다.

그러나 이제 나는 예상하지 못했던 험난한 사건이라고는 일어나지 않을, 인생의 평탄한 고원에 정착해 있다. 이곳에서는 흥미진진한 이야깃거리가 별로 없다. 이따금 나는 독신이면서 아이가 없거나, 여러 이성관계를 전전하는 친구에게 전화를 걸어 "새로운 얘기 좀 해봐" 하고 부탁하곤 한다. 그러나 이제 내 친구들은 결혼했고, 다들 가정이 있다. 이제 그들은 "네 남편과 아들은 잘 지내니?" 하고 묻고, 자기는 곧 아이를 가질 계획이라는 등의 이야기를 한다. 인생은 모든 면에서 비교적 건전하고 가족적인 것으로 정착되었으며, 나는 점차 너저분한 수다를 그리워하게 되었다. 그 시절의 나는 다른 사람의 입장을 변호해 줄 생각은 꿈에도 없었으며, 『피플』(People)지를 사서 그 시절보다 더 꼼꼼하게 읽은 적은 한 번도 없다.

그런 다음에는 나에게 이혼이라는 이야깃거리가 등장했다. 그때까지 나는 한번도 이혼해 본 적이 없고 결혼도 해본 적이 없었지만, 다양한 감흥과 호기심을 가지고 다른 사람들의 이혼이야기를 관찰하거나 논의하곤 했다. 내가 생각하기에 이혼은 어린 자녀들과의 가정생활이라는 고요하고 성숙한(때로는 단조로울 수도 있지만) 바다 한가운데에 이는 거대하고 위험한 소용돌이인 것 같다.

이혼은 누구에게나 자기 자신의 일이 될 수도 있고, 오랫동안 알고 지내던 사람들의 일일 수도 있다. 부모들의 모임에선 보통 자신의 주변 이야기와 자기 아이들의 성장발달단계에 대한 이야기들을 주고받는다. 그러나 아이를 기르면서 미처 생각지 못하는—적어도 내 경우에는 그랬다—한 가지 국면은, 아이의 나이와 발달단계가 비슷한 아이들을 가진 부모들이 하나의 동료집단으로 형성된다는 사실이다. 나의 동료집단에서는 두번째 아이가 미취학 연령일 때 이혼이 발생하는 경향이 많음을 확인할 수 있었다. 이것은 보통 결혼한 지 7년쯤 지났을 때이며, 두 아이를 키우는 바쁜 생활 속에서 아주 많은 스트레스를 받는 시기와도 맞물려 있다.

나는 아직까지 아이가 한 명뿐인 부부가 이혼하는 경우를 본 적이 거의 없다. 내 아들이 다니던 탁아소에서 일어나는 가정파탄은 일정하고도 분명한 패턴이 있었다. 부부들은 첫째아이를 낳은 후 보통 2~3년 터울로 둘째아이를 가지며, 둘째아이가 유치원에 가기도 전에 이혼을 하는 경우가 흔하다.

누구에게나 이혼한다는 사실은 불쾌한 것이다. 주변사람들의 이혼에 대해 관심을 가지면서부터, 나는 본의 아니게 이혼 담당 변호사들의 이름까지 알게 되었다. 누가 말하기 편한 변호사인지, 누가 아직 자리를 잡고 있는 과정이어서 수임료가 싼지, 아니면 누가 비싸고 유능한 변호사인지 등에 대해서도 알게 되었다. 수임료가 비싼 변호사는 논쟁거리가 될 만한 소송만 맡으려 할 것이다. 그러나 한쪽에서 이혼소송을 제기한다 해도, 상대방 배우자가 이에 응하지 않을 수도 있다. 또한 나는 후견인, 임시우선친권, 공동친권 등과 같은 새로운 단어들도 알게 되었다.

때로는 탁아소가 아이의 친권문제에 개입할 수도 있다. 교사들은 부모 중 어느 한쪽이 아이를 데려오고 데려가는지를 증언하기 위해, 출두요구를 받기도 한다. 이혼하지 않은 부모들은 서로들 수군댄다. "아이가 아플 때, 아빠와 엄마 중에서 누가 아이를 병원에 데려가는지를 알아내기 위해 소아과 의사를 소환했다는 얘기 들었어요?" 하고 말이다. 그리고 아직 이혼하지 않고 있는 사람들은 서로에 대해 색안경을 끼고 본다.

만약 나에게 이혼해야 할 상황이 생기고, 소아과 의사를 소환하는 문제가 발생한다면, 그야말로 나는 불리해질 수밖에 없다. 내 남편은 의사이기 때문에, 우리 아이를 담당하고 있는 소아과 의사를 얼마든지 자기 마음대로 조종할 수 있을 것이다. 그래서 가끔씩 나는 남편에게 이렇게 투덜거리곤 했다. "잘 들어요! 언젠가 우리 사이에 문제가 생기게 되면, 아이가 아플 때 당신이 나를 시켜 의사에게 전화하라고 했던 것을 후회하게 될지도 몰라요!" 하고 말이다.

나는 가끔씩, 나의 가족들과 비슷하게 살아가는 다른 가족들이 흩어지는 것을 볼 때마다 이상하게도 슬프고 끔찍한 느낌이 들 때가 있다. 그러나 그 모든 슬픔에도 흥분, 변화, 그리고 새로운 가능성이라는 작은 요소들이 포함되어 있다. 다시 말해, 우리 가족이 평탄한 고원에 도착했다고 해서 영원히 이곳에서 쉬게 되리라는 보장은 없는 것이다. 극적인 사건과 비극을 맞이할 수도 있고, 가족의 형태가 변형될 가능성은 항상 있게 마련이다. 즉 우리 가족에게도 언제나 새로운 구조와 새로운 가정이 생길 가능성이 있는 것이다. 부부가 되어 영원히 함께 살아가겠다는 약속들이 반드시 지켜지는 것이 아님을 알게 되는 것은 슬프고 놀라운 일이다.

그렇지만 앞으로 다가올 나 자신의 삶의 형태를 절대적으로 확신할 수 있을지의 여부를 생전 처음으로 궁금해하는 것은 약간은 도취감을 줄 수도 있다. 만약, 만약 내가 남편과의 약속을 어긴다면? 만약 남편이 나와의 약속을 저버린다면? 일상 생활의 작은 짜증들과 분노들이 배가되어 결국 우리의 결혼생활을 끝내야 할 상황이 벌어진다면?

나는 이혼하는 부부들에 대해 혀를 차고, 그들의 아이들에게 미칠 영향을 생각하며 고개를 가로젓고, 다른 부부들의 이혼과 관련된 가십거리들을 이혼하지 않은 가정의 부인들과 함께 신나게 떠벌렸다. 그러면서도 한편으로는 이혼한 부부들이야말로 위험한 길에 대담하게 발을 들여놓는 사람들이며, 결혼생활의 모순을 일찌감치 파악한 용감한 선구자들이 아닐까 하는 의문을 던지며 그들을 매혹과 경외로 바라보던 순간들도 있었다.

이혼의 과정

실제로 이혼사건들은 예상치 않았던 곳에서 갑자기 생겨나기도 했다. 나에게는 섹스에 대해 매우 적극적인 독신 친구들이 있었는데, 이들은 탁아소에서 벌어지는 스캔들을 매우 재미있어했다. 나는 탁아소에서 만나는 다른 부모들의 개인적인 변화의 조짐을 철저히 파악했다. 머리 모양을 바꾸었거나, 옷 스타일이 갑자기 달라졌거나 하는 데서 뭔가를 캐내려고 애쓰면서…… 나는 아이를 데리러 간 시간에 주차장에서 어슬렁대면서, 내 아이에게는 되도록 친구와 천천히 인사하도록 해놓고는 나의 관심거리에 해당하는 다른 아이들의 부모들을 관찰하곤 했다. 즉 사이가 안 좋은 부부 중 누가 아이를 데리러 왔는지 살펴보고, 그들의 차 안에 낯선 사람이 앉아 기다리고 있는 것은 아닌지 등을 점검하는 것이다. 그러고는 집으로 달려와 뉴스거리를 말한다. "카렌이 머리를 짧게 잘라 퍼머를 했고, 하교시간에는 어떤 남자가 그녀를 기다리고 있더라구. 그것도 은색 메르세데스 벤츠를 타고 말야!" 등으로.

이혼한 부부는 탁아소로 아이들을 데리러 올 때, 부모로서의 자신들의 역할을 과장되게 표현하는 경향이 있었다. 복도에서는 자신들이 아직도 행복한 결혼생활을 하고 있으며 그것에 대해 자부심을 느낀다는 분위기를 풍기고, 그러면서 아이를 안으려다가 비틀거리며 차에 부딪치곤 했다. '우리가 서로를 얼마나 사랑하는지, 우리 가족이 얼마나 굳건하고 확고한지 보십시오' 하는 듯한 태도였다.

최근에 이혼한 사실이 알려져서 다른 사람들의 호기심 어린 눈초리가 자기를 향하고 있음을 깨달은 사람은, 새로 산 짧은 셔츠를 입거나 아직 익숙해지지 않은 콘택트렌즈를 끼고 짐짓 거만한 표정으로 지나간다. 이런 사람은 '나는 이혼함으로써 오히려 10년은 젊어진 것 같고, 내 모습은 과거의 어느 때보다 보기 좋으며, 잠시 후 내 아이가 어떻게 달려와서 나를 끌어안고 나에게 입맞춤을 해줄지를 나는 알고 있다' 는 식의 태도를 보여주는 것이다.

많은 부모들은 이혼한 다른 사람들의 자녀 양육방식을 지켜보면서, 그것을 단순하게 받아들이는 대신 보다 범위가 크고 포괄적으로 생각하게 된다. 예를 들면 '나는 나의 약속을 지킨다. 나는 아내 또는 남편, 그리고 나의 아이를 사랑한다. 나는 변함없이 가족을 사랑하는, 훌륭하고 명예로운 사람이다. 그러나 이러한 안정이 영원히 지속되지 않을 수도 있다. 훌륭하고 명예로운 사람이라도 앞으로 무슨 일이 일어날지를 항상 아는 것은 아니다. 인생은 생각보다 훨씬 복잡한 것이다.' 등등. 나는 이혼한 부모들을 보면서 그들은 다른 사람들이 지금도 피하기 위해 애쓰고 있는 힘겨운 상황—인생의 슬픔과 불확실성, 그리고 안정감이 가지는 한계 등—들을 통해서 교훈을 습득한, 보다 지혜로운 사람들이라는 생각을 분명하게 했다.

나의 친구 중 한 명은 아주 험난하고 어려운 이혼과정을 겪고 있다. 나는 그 친구를 돕고 위로하기 위해 우스갯소리를 들려주곤 하면서, 같이 법원에서 하루를 보냈다. 그날 보았던 일들 중에서 나의 뇌리에 가장 인상 깊게 남아 있는 것은, 차례를 기다리면서 앉아 있는 동안 다른 부부들이 서로 자기 입장만을 주장하는 장면들이었다. 법원이 정한 후견인들, 서로 알고 있는 변호사들, 이들로 시끌벅적한 법원 로비에서 상대방이 와 있음을 눈치챈 남편과 아내의 적의에 찬 시선들. 이들은 시선이 마주치는 순간 서로의 눈을 피하려고 고개를 돌리곤 했다. 그것은 이들에게 손가락질하면서 뒤에서 숙덕거리던 사람들이 미처 생각지 못하는 모습이었다. 이처럼 인생은 우리가 생각하는 것보다 훨씬 더 복잡하다.

그런 다음 나는 집으로 돌아왔고, 혹시 우리 부부는 남들에게 우리가 확고한 부부임을 과장되게 과시하고 있는 것은 아닐까 하는 극단적인 생각이 들었다. 법원에서 보았던 일들이 우리 부부에게는 절대로 일어나지 않는다는 보장이 있을까? 우리가 절대로 그런 풍경에 참여하지 않으리라는 보장이 있을까? 물론 나는 나 자신을 믿고 싶다. 나와 남편은 그들과 다르다고, 우리는 서로에게 한 약속을 끝까지 지킬 거라고. 그러다가 마침내 남편과 나는 재미없는 농담을 하게 된다. 우리는 결혼하지 않았으므로, 이혼할 수도 없다고 말이다.

이혼의 사례

내 아이의 탁아소에서는 어느 날 모든 부모들의 마음을 뒤흔든 이혼사건이 생겼다. 그것은 사이가 좋지 않던 부부의 이혼도 아니고, 어떤 여자의 남편에게 다른 여자가 생긴 사건도 아니고, 여자가 다른 주에 더 좋은 일자리를 구했는데 남편이 그리로 가지 않겠다고 해서 생긴 이혼도 아니었다. 바로 4살짜리 아이들의 반에서 맺어진 부모들간의 사랑 때문이었다. 한 아이의 엄마와 다른 아이의 아버지가, 바로 그 탁아소를 오가는 동안 '금지된 사랑'에 빠진 것이다! 그것은 일종의 간통사건이었다! 끝없는 소문들이 꼬리를 물고 퍼져나왔다. 그들이 언제부터 그런 사이가 되었으며, 그들이 어디 어디에서 만나는 것을 직접 목격한 사람이 있으며, 그땐 몰랐는데 분명하게 그들의 관계를 눈치챈 사람이 누구이며, 이상한 소문이 퍼져 있었는데 그 주인공이 바로 그들이었다는 등…….

이것은 그 탁아소와 관련되어 있는 모든 어른들에게 대단한 이야깃거리였다. 소문은 눈덩이처럼 불어나 극단으로 치달았다. 그러면서도 이 이야기는 여러 가지의 대리 전율을 불러일으켰다. 저항하기에는 너무도 강렬한 매력, 모든 것을 내던지는 열정, 사랑을 위해 모든 것을 버리는 용기 등은 어린아이가 있는 가정이라 할지라도 언제나 생길 수 있는 일이었다. 물론 이들에 대해 강한 비난이 일었고, 한편으로는 버림받은 양쪽 배우자에 대한 동정론도 있었다. 아내에게 버림받은 남편이 같은 탁아소의 다른 네 살짜리 아이의 엄마와 함께 이사했을 때는 문제가 더욱 복잡해졌지만, 그것은 다른 얘기이다.

사람들은 이 엄청난 드라마가 어떻게 전개될지에 대해 강한 관심을 보였지만, 한편으로는 분노가 복합된 부러움의 감정도 어느 정도 있었다. 이것은 부부 사이에 약간의 문제가 발견되고 있는 사람들, 그리고 이미 부부간의 문제가 심각해져서 앞으로 이런 이야깃거리의 주인공이 될지도 모르는 사람들이 가지는 부러움이었다. 탁아소에서 아이를 데려갈 때, 겨울용 부츠에 대해 논쟁할 때, 그리고 그동안 있었던 다른 부부들의 이혼사례들을 기억할 때, 언젠가는 자신의 문제 역시 다른 사람들에겐 스캔들이 될지도 모른다는 생각을 하지 않을 수 없는 것이다.

내 둘째아이가 바로 그 네 살짜리 반에서 진급하기 전에, 그 탁아소에 같이 아이를 맡기고 있는 다른 부부와 우리 식구들이 함께 해변에서 보낸 어느 여름날이 기억난다. 아이들은 모래에 서로를 파묻고 물총싸움을 하는 등 신나게 놀고 있었고, 부모들은 토론을 하고 있었다. "올해는 어떤 가정이 어떻게 이혼할 것인가?" 등의 관심사를 놓고 얘기가 오간 것이다. 물론 그 자리에 참가한 사람들은 고려 대상에서 제외되었다.

우리는 잘 알고 있는 어떤 부부가 곧 심각한 갈등관계에 놓이게 될 것이라고 판단했는데, 실제로 그들은 헤어지지 않았다. 우리는 가슴이 풍만하고 목소리가 큰 잭의 엄마와 키가 아주 작고 말을 거의 하지 않는 레아 아빠의 경우처럼, 부모들 사이에 있어서는 안될 간통문제를 생각하면서 노골적인 히스테리에 빠졌다. 우리는 특히 우리가 싫어하는 독선적인 부모들에 대해 부정적인 증언을 하는 자신들을 상상했다. 우리가 그 문제 많은 시기(둘째아이가 현재 미취학 연령인)에 해당하든 해당하지 않든 간에, 우리는 모두 평탄한 부부관계를 유지하고 있다는 점에서 다른 부부들의 약점을 내려다보고 있었다.

내 아들은 이제 5학년이고, 마침내 이혼이라는 것이 그의 의식에 침투하게 되었다. 그 아이가 더 어렸을 때는 친한 친구의 아버지가 다른 친구의 엄마와 함께 살고 있다는 사실을, 그저 흥미롭게 여겼었다. 그러나 어쩌면 네 살 먹은 아이의 눈에는 모든 어른들이 어느 정도는 다 비슷하게 보였는지도 모른다. 생각이 보다 깊어지게 되면, 나는 그 아이가 나를 그런 어른들의 대열에서 제외시켜 줄 수 있을지 궁금해지곤 했다.

그러나 이제 그 아이는 자랐고, 자기 친구들 중에는 집안이 복잡한 아이도 있다는 사실을 알고 있다. 대니는 주말이 되면 먼 곳에 살고 있는 자기 아버지와 계모에게 가야 하기 때문에 만날 수 없다는 것, 그레그는 한 달에 두 번씩 주말마다 아버지를 만나러 가기 때문에 그 아이와 어울리려면 거기까지 가야 한다는 것 등을 알고 있다. 대니의 엄마가 대니를 태우고 아버지의 집 앞에 내려주었으며, 엄마와 아버지는 직접적인 의사소통을 하지 않고 계모를 통해 연락을 주고받는다는 것도 내 아들은 알고 있다. 방학 때가 되어도 대니네 집에 놀러가는 일이 복잡하게 느껴지기만 했던 내 아들은, 어느 날 우리 부부가 일상적인 일로 말다툼을 하고 있을 때 평소와는 다르게 화를 냈다.

그 아이는 그때 "아빠, 엄마가 이혼하지 않았으면 좋겠어요"라고 말했다. 그것은 그 아이가 부부간의 갈등에 대해 진지하게 사색

한 결과를 이야기한 것이라기보다는, 대니와 그 부모, 그리고 어른들이 왜 그렇게 자신들의 삶을 뒤죽박죽으로 만드는지에 대해 단순히 화를 내고 있다는 느낌을 주었다.

"아빠, 엄마는 이혼하지 않을 거야" 하고 나는 말했다. 나는 아이를 안심시켜 주었다. "우리는 이혼할 수 없단다, 결혼을 하지 않았으니까. 넌 엄마를 알잖니? 엄마는 항상 여기저기서 소리를 지르긴 하지만, 그건 아무 의미도 없는 거야. 봐, 아빠와 엄마는 서로 사랑하잖니. 그리고 우린 널 사랑해. 우린 가끔 싸우긴 하지만, 헤어지진 않을 거야"라고 말하면서.

아이들을 기를 때는, 말로 하든 하지 않든 수많은 재미있는 약속들을 하게 된다. 어떤 것들은 도저히 지켜질 수 없는 약속들도 있다. 예를 들어 "네가 완전히 어른이 될 때까지 나는 죽지 않아. 밤에는 아무런 나쁜 일도 일어나지 않을 거야. 내가 너를 영원히 지켜줄게" 등의 약속이다. 어떤 것들은 합리적이고 그럴 듯하게 보이며, 어떤 것은 꼭 지켜질 수 있을 것 같은 약속이다. "절대로 너를 아프게 하지 않을게", "너를 키워 줄게", "우리 가족은 영원히 함께 있을 거야" 등의 약속이다. 이러한 것들은 현실적인 약속들이라기보다는 단지 희망이자 결심이며, 불확실한 토대 위에 심어진 작고 나약한 식물과도 같다. 그것을 알기 때문에, 나는 이런 약속을 하는 일을 멈추지 않는다.

나는 웨일스의 왕자와 공주 이야기에서부터 내 아이가 다니는 초등학교의 학부모들 이야기에 이르기까지, 다른 부부의 결혼생활에서 일어나는 사건들을 거의 이야깃거리로 즐기는 편이다. 매년 가을이 되어 아이들의 학교에서 부모의 이름과 주소록을 발표할 때마다, 누가 자기 남편의 이름을 빼버렸는지, 누가 재혼을 하여 이제는 계부 또는 계모로 등록되었는지 등을 살펴본다. 그러나 이제는 내가 행복한 부부관계를 유지하고 있다는 오만한 자세로 이들을 내려다보는 것이 아니라, 그들과 나를 수평적인 관점에서 보게 된다.

삶을 살아가면서 아이들의 체육복에 이름을 붙이고 교사회의 참가자 명부에 서명할 때, 우리가 다른 부모들에게서 배우는 교훈은 여러 가지가 있다. 삶은 부분적으로 복잡하고 취약한 부분들이 많다는 점, 선의를 갖고 시도했던 일들이 실패할 수도 있다는 점, 영원해야 할 일들이 무상하게 끝나 버릴 수도 있다는 점 등이다. 한편으로 이러한 점들은 사람들에게 변화와 변모의 가능성을 인정하도록 만들기도 한다. 성인이라는 것, 그리고 부모가 되었다는 것은 누구에게나 편하고 안전하기만 한 것이 아니다. 이것이 경고이든 기분 좋은 자극이든, 냉담한 결론이든, 우리는 그 사실을 인정해야 한다. 인생은 생각보다 훨씬 복잡한 것이기 때문이다.

10

멋진 이혼

앤 후드

앤 후드는(Ann Hood)는 『물의 속성』(*The Properties of Water*), 『밤을 지새울 장소』(*Places to Stay the Night*), 『메인 해변 어딘가에』(*Somewhere Off the Coast of Maine*)를 포함한 6권의 소설을 발표한 바 있다. 수필, 평론, 단편 등은 『뉴욕 타임스』, 『워싱턴 포스트』, 『글래머』 등과 같은 잡지와 신문에 발표되었다. 『페어렌팅』지의 편집자이며, 현재 로드 아일랜드의 프로비던스에 살고 있다.

잃어버린 보석상자

이혼한 지 얼마 안되어, 나는 어떤 점술가를 찾아갔다. 그는 테이블 위에 카드를 펼쳐놓고 한참 동안 들여다보다가 얼굴을 찡그렸다.

"최근에 보석을 잃어버린 적이 있군" 하고 그는 말했다.

나는 고개를 저었다. 나는 보석 같은 것을 별로 좋아하는 사람이 아니다. 사실 나는 3년 동안 매일 같은 귀고리를 하고 있었는데, 어느 날 별로 비싸지도 않은 그 한짝이 귀에서 떨어져 나간 적이 있었다.

그 점술가는 내 점괘를 계속 읽었다. 나는 예술분야에 종사하며, 재정은 파탄상태이고, 곧 이사를 하게 될 것이라고 했다.

"당신이 잃어버린 그 보석 말이야" 하고 그는 다시 말했다. "재미있는 일은, 그걸 잃어버린 것을 당신은 기뻐한다는 거야."

나는 내 장롱에 있는 보석상자에 대해 생각했다. 그것은 전남편이 준 선물이었다. 해마다 결혼기념일이 되면, 그는 나에게 상자류를 선물했다. 뮤직 박스, 유리로 만든 상자, 그림이 그려진 도기상자, 목제 보석상자(여기엔 어머니가 나의 결혼식날에 준 진주와 할머니가 나의 16번째 생일날 주었던 작은 다이아몬드 장식, 그리고 내 여권과 잡동사니들이 들어 있다) 등이었다.

"제가 예술계통에 종사하고 있고, 이사할 필요가 있고, 무일푼이라는 것을 알고 계시는군요. 하지만 최근에 보석을 잃어버린 적은 없는데요" 하고 나는 말했다.

그는 의아해하면서 테이블에 더 많은 카드를 던져 놓고 그것들을 유심히 보다가, 놀랍다는 듯이 나를 바라보았다.

"분명히 있어. 결혼반지를 잃어버렸지. 상징적으로 그렇지 않은가? 당신은 얼마 전에 이혼했어."

"맞아요" 하고 말하면서 나는 반지가 끼워져 있지 않은 왼손을 힐끗 보았다.

"재미있는 일은, 그러면서도 전혀 마음의 동요가 없다는 거야. 당신은 오히려 기뻐하고 있어" 하고 그는 말했다.

이혼과 관련해서 '기뻐한다'는 표현은 좀 어울리지 않는 표현일 수도 있다. 그러나 그 점술가의 표현은 옳았다. 사실 난 기뻐하고 있었던 것이다.

사전에는 '기뻐하다'의 뜻이 '즐겁고, 쾌활하고, 마음편하다'로 나와 있다. 당시 나의 기분은 이 모든 형용사에 해당되었다. 이혼하기 전 2년 동안, 나는 육체적으로 너무 여위었고 감정적으로는 순간순간들이 너무 힘겨웠다. 나는 뱃전에서 거꾸로 뒤집어지며 바다로 뛰어드는 스쿠버 다이버처럼, 언제나 무거운 짐을 진 기분이었다. 때로는 마치 심장이 나에게 무슨 메시지를 보내려고 애쓰는 것처럼 가슴이 아프고 조여 왔다. 나는 불면증에 걸렸고, 그나마 잠이 들면 내가 죽어 있는 꿈을 꾸었다. 그 당시 사진들을 보면, 나는 뼈만 앙상하고 머리는 항상 더부룩하고, 입은 꽉 다문 채 우울한 표정을 짓고 있다.

페이스 설리번이 『케이프 앤』(*The Cape Ann*)에서 썼던 것처럼, 결혼생활을 유지한다는 것은 "마치 하마가 내 얼굴을 깔고 앉아 있는 것"과 같았다. 또 결혼생활을 이렇게 표현한다.

"아무리 죽을 힘을 다해 밀어도, 돌아누우려 해도, 나는 일어날 수가 없었다. 숨을 쉴 수조차 없었다. 하마들이 원래 나쁜 것은 아니다. 하마란 원래 그렇다. 그러나 나는 하마가 내 얼굴을 깔고 앉도록 할 생각은 아니었다."

불행한 결혼생활을 하다 보면, 특히 그것이 단 한 번의 결혼일 때에는 결혼생활이 하마와 같다는 생각을 하게 된다.

내가 맨해튼의 휴스턴가에 있는 그 점술가의 아파트에 갔던 1월의 그날 오후는, 내가 남편과 이혼에 합의한 지 일주일밖에 되지 않던 날이었다. 그 주에 나는 유쾌하고 마음이 편해졌다. 어느 날 나는 내 아파트 밖으로 나와 허드슨가를 걸으며, 뭔가 어색하지만 이상하게도 가볍고 즐거운 기분을 느끼는 나 자신을 발견했다. 나는 오랜만에 처음으로 잠을 잘 잤으므로, 그것은 그전처럼 기진맥진한 느낌이 아니었다. 또 배고픔도 아니었다. 내가 좋아하는 음식들을 전부 먹고 있었기 때문이다. 내 일은 잘 진행되고 있었고, 나는 새로운 소설을 막 끝낸 상태였다. 겨울 날씨 때문에 지친 상태도 아니었고 피로가 쌓인 것도 아니었다. 나는 이집트로 3주일간 여행을 떠날 준비가 되어 있었다. 그렇다면 나의 가슴속을 누르면서 뭔가 주목받기를 요구하는 그 감정은 무엇이었던가? 허드슨가를 걸어가면서, 그 감정은 점점 더 커져서 나를 완전히 사로잡았다. 한 여자가 내 곁을 지나가면서 미소를 지었다. 갑자기 나는 마치 다른 사람의 모습을 보는 것처럼 나에게서 그 느낌의 정체를 알아차렸다. 나는 행복했던 것이다.

멕시코 요리와 중국 요리

지난 달, 전남편이 전화를 해서 자기의 새로운 인생문제에 대해 나에게 조언을 구했다.

"어떻게 하면 좋겠소? 당신은 내가 무슨 생각을 하는지 알잖아" 하고 그는 물었다.

정말 그럴까? 물론 나는 그가 커피를 어떻게 마시는지, 어떤 속옷을 좋아하는지 알고 있다. 그의 생일이 언제인지도 알고, 그의 가족이 들려준 그의 재미있는 어린 시절 이야기들도 안다. 그러나 5년간을 함께 살았지만, 많은 점에서 그는 언제나 수수께끼 같은 인물이다. 나는 우리가 왜 부담없는 친구 사이였다가 데이트를 하게 되고, 그러다가 결혼까지 했는지 잘 모르겠다. 그는 왜 나에게 청혼을 했을까? 그리고 나는 왜 그것을 받아들였을까?

지금 생각해 보면, 상대방에게서 매력을 느꼈다고 해서 반드시 결혼해야 하는 것은 아니다. 그와 내가 서로 비슷했던 점은 우리가 가진 직업, 그리고 우리가 함께 나눈 사랑뿐이었다. 그외의 것들은 모두 달랐다. 타고난 기질이 달랐고, 삶을 살아가는 방식이 아주 달랐다. 그는 유대인이고, 맨해튼을 싫어했으며, 일할 때는 절대적으로 조용한 분위기를 필요로 했다. 나는 기독교인이고, 도시를 좋아했고, 소음에도 익숙했다. 여름만 되면 나는 로드아일랜드의 집으로 가서 비치하우스를 세내어 살았다. 그는 해변을 싫어했고, 이탈리아에 있는 내 친척들이 집안에서 북적대는 소리를 싫어했다.

흔히 이혼한 사람들은 상대방에 대해 되새겨볼 때, 그가 가진 좋은 점들은 간과하고 이혼을 유발시킨 부분들에만 초점을 맞추기가 쉽다. 나의 전남편은 친절하고 재미있는 사람이었으며, 영리하면서도 대담했다. 사실 객관적으로 보면 그는 항상 옳았다. 대학교 시절, 나의 룸메이트와 나는 2단 침대에 누워 우리의 이상형 남자가 갖추어야 할 점들을 꼽아보곤 했다. 그러나 그 시절에는 상대방이 대학에 다니는지 안 다니는지, 또는 키가 몇 센티미터인지 하는 문제들 이외에 우리가 미처 파악할 수 없는 부분들이 있다는 사실을 알지 못했다.

오랫동안 나는 태평스러운 분위기에서 살아왔다. 나에게는 웬만해선 감동받을 줄을 모르는 캘리포니아 출신의 남자 친구가 있었다. 그래서 나는 대낮에 혼자 극장에 가서 어두운 극장 안의 고독을 즐기곤 했다. 나는 요리하기를 좋아했는데, 최대의 과제는 바로 새로운 조리법을 찾아내는 것이었다.

그 무렵 나는 현재 나의 전남편이 된 그를 만나게 되었다. 그는 어느 새 내 삶 속으로 들어왔고, 나는 세상을 바라보는 새로운 방식을 배우게 되었다. 그는 멕시코 요리를 먹을까 중국 요리를 먹을까, 어떤 비디오를 빌려 볼까, 토요일 오후에 어떤 박물관에 갈 것인가 하는 문제에 대해서 나와 옥신각신하며 다투는 것을 즐거워했다. 그때 나는 그것이 다툼이라고 생각되지 않았고, 오히려 새로운 자극과 삶을 풍요롭게 충전하는 것으로만 여겼다.

나는 평화와 조화를 좋아한다. 언젠가 여러 명의 친구들이 모인 자리에서 한 친구는, 내가 있으면 모든 상황이 잘 흘러갈 것이라는 믿음을 갖게 된다고 말한 적이 있다. "너는 분위기를 부드럽게 만드는 재주가 있어"라고 그녀는 말했다. 나는 내 결혼생활이 평탄하기를 원했다. 그래서 나의 전남편은 크고 작은 문제들을 놓고 나와 사소하게 다투는 것을 오히려 즐기는 것처럼 보였다.

튀긴 고기만두 대신 빵을 먹는 것이 정말로 중요할까? 나는 그렇게 자문하면서, 내가 좋아하는 음식들을 먹고 싶은 욕구를 억누르곤 했다. 그리고 조용하고 평화로운 저녁식사 시간에 내가 정말로 좋아하지 않거나 먹고 싶지 않은 음식을 먹어야 한다는 사실 때문에 나는 낯을 찌푸리곤 했다. 우리의 평화를 위해서였다. 그러나 결혼은 내가 늘 양보하는 것만으로 평탄하게 흘러가는 것은 아니었다. 항상 새로운 논쟁거리와 새로운 타협거리가 있었다.

그렇게 너무도 많은 타협을 한 후에는, 내가 어디서 저녁을 먹고 어떤 영화를 보며 어떤 박물관에 갈 것인가 하는 것이 중요한 문제가 되기 시작했다. 그와 마찬가지로, 내 삶의 많은 부분을 협상하고 언쟁을 하면서 보내는 일이 대단히 중요해졌다. 그러던 어느날, 나는 멕시코 음식을 먹을 수 있는 저녁을 포기한다는 것 때문에 그와 싸우게 되었다. 그렇게 싸운 날 밤 침대에 누우면, 도대체 나라는 인간이 언제부터 먹는 음식의 종류 때문에 싸움을 하는 사람이 되었는지를 자문하곤 했다. 그러다가 잠이 들면, 나는 또다시 내가 죽어 있는 꿈을 꾸었다.

나는 사랑의 힘을 믿는다. 사랑에 빠져 무릎이 후들거리고, 손바닥은 땀투성이가 되고, 심장이 쿵쿵 뛰는 경험을 해본 사람들은 분명 사랑이 무엇인지 알 것이다. 나는 첫눈에 반하는 사랑을 믿는다. 나는 그것을 두 번 경험했고, 그들은 나에게 가장 진실한 사랑이었다.

나는 사랑에 빠지는 일과 사랑받는 일이 1860년에 엘리자베스 캐디 스탠턴이 말한 것처럼 '모든 영혼을 향해 열리는 참깨'라는 것도 믿는다. 그리고 나는 결혼하는 남녀들이 서로를 얼마나 사랑하고 있는지에 대해서도 전혀 의심하지 않는다.

내 부모님은 결혼한 지 43년이 되었다. 그들은 아직도 서로의 손을 꼭 잡고 산책을 하며, 잠들기 전에는 잘 자라는 인사와 함께 서로에게 키스를 한다. 그들의 역사는, 어느 날 밤 아버지가 어머니에게 청혼을 했을 때부터 시작되었다. 어머니는 사흘 후에 그 청혼을 받아들였다. 나는 그런 사랑의 힘을 믿으면서 자랐고, 그것을 원하면서 자랐다. 그리고 아직도 그렇다.

'사랑한다는 것'은 '진정한 친구가 되는 것'이라는 페르시아 속담이 있다. 이 속담에 의하면, '당신을 사랑한다'라는 것은 '나는 당신을 나의 진실한 친구라고 믿는다'라는 의미이다. 이처럼 나의 전남편과 나는 친구 사이로 시작했다. 우리는 함께 술을 마시고, 장난도 쳤다. 나는 그를 정말로 좋아했다. 그러나 그가 내 앞으로 걸어 들어올 때 무릎이 후들거리거나 손바닥에 땀이 날 정도로 열정적인 사랑을 느끼지는 않았다. 나는 그때, 스스로에게 이렇게 말했다. 지나치게 열정적인 사랑은 마음의 상처만 줄 뿐이며, 그와 나의 관계처럼 서로 편안한 친구 사이로 시작하는 것이야말로 성숙한 사랑일 것이라고. 나의 그 생각은 어느 정도의 분별력이 있는 것이라고 여겨졌다. 우리는 모든 것을 50 대 50으로 나누었다. 우유값, 자동차 휘발유값, 가사노동까지 모두……

결혼식날 밤, TV를 보고 난 후 나는 우리가 이사 나갈 아파트의

바닥을 닦고 그는 욕실을 청소했다. 포장할 상자를 더 사기 위해 그와 함께 밖으로 나왔을 때, 우리는 로맨틱하고 고풍스럽다고 생각했던 긴 아이보리색 리본이 달린 화환이 길가 쓰레기통에 버려져 있는 것을 발견했다. 비록 나의 마음속에서는 그날 밤 뭔가 소녀 같은 낭만적인 분위기가 연출되기를 열망했지만, 다른 부분에서는 스스로 성숙하고 현실적인 사람이 되었다고 느껴졌다.

우리의 세인트마틴으로 신혼여행을 떠났다. 그곳에서 우리는 스쿠버 강습을 받았는데, 그로 인해 나는 밀실공포증에 걸렸다. 호텔 수영장에서 무거운 장비와 마스크를 착용하고 깊은 물속으로 들어갔을 때, 나는 숨이 막힐 것만 같았다. 그때부터 나에겐 물이 두려운 것이 되어서, 물속에 들어갈 때마다 호흡이 가빠졌다. 그래서 나는 그후로 풀장 가에 앉아 있거나 얕은 물을 건너가기는 했지만, 수영을 하지는 않았다.

신혼여행 기간 동안 나는 지프를 한 대 빌려 섬을 탐사하는 것이 재미있겠다고 말했고, 그 일로 우리는 언쟁을 했다. 그는 "지프말고는 어떤 것이라도 빌리겠어"라고 주장했다. 또 나는 풀장 가의 바에서 음료수를 마시자고 했고, 그는 두 블록 반을 걸어가서 거기에 있는 실내 바에서 음료수를 마시겠다고 주장하는 바람에 우리는 말다툼을 했다. 결국 나는 풀장 가에 혼자 앉아 차가운 럼을 마셨고, 그는 실내 바에 들어가서 음료수를 마셨다.

나는 실크로 된 신혼여행용 슈미즈를 딱 한 번밖에 입지 못했다. "그걸 입으면 당신 다리가 이상하게 보여"라고 그가 말했기 때문이다.

세인트마틴에서 친정집에 전화를 걸 때, 나는 어머니에게 결혼을 잘못한 것 같다고 말하고 싶었다. 나는 아무래도 결혼을 잘못한

것 같으며, 나와 그는 벌써부터 사소한 일로 싸우고 있다는 사실을
어머니에게 알리고 싶었다. 그러나 어머니에게 도저히 그런 말을
할 수 없었다. 그때 나는 결혼한 지 사흘밖에 되지 않았기 때문이
다. 나는 어머니에게 하고 싶은 말을 숨긴 채, 날씨가 좋다는 것과
호텔 수영장에서 스쿠버 강습을 받았는데 결국은 실패했다는 얘기
등을 했다.

완전한 고요

  고등학교에 다닐 때 한 여성지에서, 새로운 남자친구를 만날 때
는 그의 특징보다는 그의 결점들을 신중히 살펴보라고 충고하는
기사를 읽은 적이 있다. 그 잡지의 내용에 따르면, 언젠가는 그 결
점들이 서로의 관계에 큰 영향을 미치게 될 것이라고 했다. 그래서
친구들이 나에게 전남편과 헤어진 이유를 물을 때마다 나는 그저
어깨를 으쓱할 뿐이다. 그가 지닌 결점들은 사실 우리가 처음 만났
던 날 밤에도 드러나고 있었다. 언쟁하기를 좋아하는 습성, 판에
박힌 일과를 꼭 실행해야 하는 집착증 같은 것 말이다. 언젠가 어
떤 친구는 나에게 이렇게 물었다.
  "그때 그것들을 눈치챘다면, 왜 그 사람과 결혼했니?"
  한때 나의 룸메이트 중 지독한 우울증에 빠져 있었던 친구가 생
각난다. 그녀는 잘 씻지도 않고, 과식을 했으며, 옷가지도 제대로
걸치지 않은 채 온종일 앉아서 텔레비전만 보곤 했다. 나는 점점
그녀를 싫어하게 되었고, 문을 열고 들어갈 때마다 어떤 끔찍한 일
이 벌어져 있는 것은 아닐까 하고 걱정하곤 했다. 그후 각자 다른
길을 가게 되었을 때, 우리는 다시 좋은 친구가 되었다. 이처럼 친

구들간에는 상대의 단점을 인내하기가 쉽다.

전남편과 내가 아직 친구 사이였을 때, 그가 언쟁할 태세를 보이면 내쪽에서 먼저 전화를 끊는 일이 종종 있었다. 나는 내가 하고 싶지 않은 일이 포함되어 있는 저녁이면 그냥 빠져나왔다. 나는 그가 심술궂은 구두쇠라는 말을 천연덕스럽게 할 수도 있었고, 심지어는 그의 괴벽에 감탄하기까지 했다. 그러나 결혼 후에까지 그의 이런 괴벽들이 온종일 내 주변을 따라다니게 되자, 나는 점점 참을 수 없게 되었다.

우리는 둘다 작가였으므로 집에서 작업을 했지만, 나의 전남편은 냄비를 내려놓는 소리, 내가 전화하면서 웃는 소리, TV 소리 등 소음이 있는 곳에서는 일을 못하는 체질이었다. 반대로 나는 음악을 틀어놓고 일하기를 좋아하고, 글이 제대로 써지지 않을 때는 요리를 하거나 멀리 사는 친구와 전화로 수다떨기를 즐기는 편이었다. 이처럼 서로 성격이 다른 우리들이 한 집에서 같이 생활하면서 함께 일을 한다는 것은 서로에게 무척 짜증나는 일이었다.

그와 내가 친구 사이였을 때, 어쩌다 주말에 스키를 타러 가면 나는 문을 닫고 방에 앉아 헤드폰을 끼고 TV 프로를 보았고, 그는 완전한 고요 속에서 작업을 하곤 했다. 그때는 그런 것들이 우습고 재미있는 장면들이었다. 그러나 그것이 우리의 일상생활이 되자, 우리는 둘다 더 이상 재미가 없었다.

나의 가장 큰 기쁨 중 하나는, 일요일 아침에 사랑하는 사람과 늦게까지 침대에 누워 커피를 마시며 『뉴욕 타임스』를 읽는 것이다. 그러나 결혼 후에 나는 일요일마다 침대에 혼자 누워서 배 위에 고양이들을 앉혀 놓곤 했다. 남편은 "난 그런 거 싫어"라고 말하곤 했다. 그는 일요일 오전에 글을 쓰고 싶다는 생각이 들면 일체의 잡음을 내지 못하게 했다. 그러던 어느 여름날 아침, 나는 문을 닫고 헤드폰을 긴 채 다른 방에 홀로 있다가 문득 내 삶을 되돌리고 싶다는 생각이 들었다. 나는 헤드폰 없이 음악을 듣고 싶었다. 아무런 억눌림 없이 맘껏 웃고 싶었다. 또 문을 활짝 열어놓고 내 마음대로 이 방 저 방을 돌아다니고 싶었다.

언젠가 한 친구가 나에게, "그는 나를 사랑하지만, 나 자체를 사랑하고 있는 것은 아니야"라고 말한 적이 있다. "그건 같은 말 아니야?" 하고 나는 반문했다. 나보다 나이도 많았고, 대학에 다니고 있던 그 친구는 고개를 가로저었다. 그후 나는 남편에게 그 말을 써먹었다. "미안해요, 난 당신을 사랑해요. 하지만 당신 자체를 사랑하고 있는 것은 아니에요"라고. "같은 말이잖아!" 하고 그는 반문했다. 그러나 그것은 절대로 같은 말이 아니다. 나는 전남편을 사랑했고, 그를 매우 존경했다. 아니, 어쩌면 그를 숭배했는지도 모른다. 그는 나를 자주 웃게 만드는 재주가 있었다. 그러나 그날 혼자 앉아 있으면서, 나는 누군가를 사랑한다는 것이 어떤 느낌인지를 떠올렸다. 그리고 그때 내가 살고 있던 삶은 상대를 진정으로 사랑하고 있는 것이 아니라는 결론을 얻었다.

일단 그런 결론을 내리고 나자, 나는 그동안 날마다 꾸었던 꿈—내가 죽어 있는 꿈—을 더 이상 꾸지 않게 되었다. 그리고 이제는 전혀 반대되는 꿈을 꾸기 시작했다. 나는 침대에서 벗어나 점점 빠른 속도로 아파트 주변을 날기 시작하는 꿈을 꾸었던 것이다. 그 느낌은 정말로 놀라운 것이었다. 꿈속에서 나는 책상과 난로 위로 급상승하여, 거리를 향해 열려 있는 창 쪽으로 날아간다. 그 창에 다가가려고 노력하면서, 나는 벽돌로 된 거실 벽을 뚫고 지나갔다. 다음날 아침이면 나는 팔꿈치와 무릎에 멍이 든 상태로 깨어나, 이제는 내가 날아가야 한다고 확신했다. 나의 내부 어디에선가 '떠나자!' 하는 목소리가 들리고 있었다.

그러나 마음속으로는 현실적으로 지혜롭게 행동해야 한다는 압박감도 느끼고 있었다. 결국 나는 그때까지 살아오면서 아무것도 하지 못했다. 나는 비행기 승무원이 되기 위해 대학에 들어갔고, 우수한 성적으로 졸업하게 되었다. 그러나 나는 내가 알았던 모든 것과 모든 사람을 남겨두고, 홀로 작가가 되기 위해 뉴욕으로 갔다. 그곳에서 열정과 갈망으로 나를 전율하게 만든 남자들과 데이트를 했다. 그들은 멋진 기업체에 근무하는 사람들도 아니었고, 멋진 자동차를 운전하지도 않았다. 그러나 나는 그들과 사랑에 빠졌다. 그리고 왠지 마음의 상처만 입은 채 헤어지곤 했다.

그러다가 내가 원하는 조건(상대가 작가여야 한다는 점)에 맞고 내 가족이 요구하는 조건(그것도 유명한 작가여야 한다는 점)에 맞는 남자를 만난 것이다. 그는 그럴 필요가 없었음에도 불구하고, 오전 9시부터 오후 5시까지 일했다. 내가 보기에 참으로 이상적인 사람이었다. 나는 그와 결혼하면 어떨까를 생각해 보았다. 왜냐하면 나는 사랑의 열정보다는 인생을 함께 동반하는 관계로 결혼하려 했기 때문이다. 결혼 직후, 나는 모든 잘못된 이유 때문에 남자와 결혼했다가 열정적인 삶의 다른 이유들 때문에 그들을 떠난, 불행한 여성들에 관한 단편소설을 시리즈로 쓰기 시작했다. 초반부의 소설에서는 남편들이 승리했지만, 내가 문을 닫고 헤드폰을 낀 채 혼자 앉아 있는 날이 계속되면서 여주인공들은 대부분 결혼생활로부터의 탈출을 시도하게 되었다.

다가온 종말

이혼하기 전까지만 해도, 나는 이혼한 사람들에 대해서 1970년 대식의 선입견을 가지고 있었다. 북적거리는 독신자 전용 술집, 질이 나쁜 포도주, 금붙이를 주렁주렁 달고 있는 땀에 절은 남자들, 짝 달라붙는 옷을 입은 여자들……거기에는 뭔가 행실이 너저분하고 수치스러운 것이 있다고 생각했다.

그러나 이혼할 준비가 되었을 때는 그런 이미지가 사라졌다. 나는 단지 결혼하기 전의 삶으로 되돌아가고 싶었을 뿐이었다. 여러 가지 점에서 결혼 전의 내 삶이 어떠했는지에 대해 확실하게 말할 수는 없지만, 한 가지만 예로 든다면 잠을 얼마나 잘 잤었는가는 기억하고 있다. 적어도 자기에게 말을 걸지 못하도록 하거나 "저리 가 있어"라고 말하는 사람과 같이 살지는 않았기 때문에, 결혼 전의 나는 편했었다. 저메인 그리어는 『거세된 여성』(*The Female Eunuch*)에서, "어떠한 고독이라 할지라도 의사소통을 할 수 없게 된 사람과 함께 있기보다는 차라리 낫다"라고 썼다. 그러나 결혼 후의 나는 혼자 있는 것에서 고독을 느끼기 시작했다.

나는 자포자기한 사람들이 모이는 독신자 전용 술집이 아니라 행복하게 혼자만 있고, 내가 좋아하는 음악을 틀고, 전화벨이 울리고, 더 이상 먹기 힘들어질 때까지 내가 좋아하는 빵을 먹어대는 상상을 했다. 또 마음놓고 숨을 쉬고, 밤늦게까지 깨어 있고, 일요일 오전 내내 침대에서 여유 있게 뒹구는 상상을 했다. 혼자 살 때는, 이렇게 혼자만의 일들을 하는 것이 다른 의미를 갖고 있었다. 누구나 유능하고 독립적이고 만족한 상태이다. 그러나 남편이 다른 방에 있고 그 방의 문이 닫혀 있을 때는, 그런 일을 혼자 한다는 것이 나를 외롭게 만드는 것이다.

　어느 날 밤 한 친구가 찾아왔다. 그녀는 겉보기에도 제정신이 아니었고, 눈은 부어 있고, 입 가장자리가 축 처져 있었다. "그가 이혼하자고 해" 하고 그녀는 말했다. 그녀는 일이 어떻게 된 것인지, 왜 남편이 헤어지자고 하는지 등을 애기해 주었다. 이혼은 그녀를 불행하게 만들 것이 뻔했다. 그녀는 남편을 사랑하고 있었기 때문이다.

　그러나 눈물과 고통의 시간이 지난 뒤, 그녀는 작은 목소리로 말했다. "나는 이혼하고 싶지 않아. 이혼녀라는 소리는 듣고 싶지 않아"라고. 비록 나도 이혼을 해서 이혼녀라는 소리를 듣고 있지만, 그녀의 말에 나도 동의하지 않을 수 없었다. "그래, 그건 무서운 느낌이야"라고 나는 말했다.

　그녀는 고개를 끄덕이며 말했다.

　"하지만 수많은 사람들이 이혼을 하잖아. 그런데도 그들은 멀쩡해. 그리고 왜 어떤 사람들은 여러 번씩 이혼하기도 하는 거지?"

　"나도 그들 중 한 명이야. 나도 이혼했어"라고 나는 말했다.

　언젠가 내 할머니가 혐오스럽다는 듯 "그 여자는 이혼했대"라고 속삭이던 기억이 난다. 원래 우리 집은 가톨릭 집안이고, 이탈리아인이었다. 우리 집안 사람들은 이혼한 적이 없다. 내 부모도 이혼하지 않았다. 내 친구들의 부모님들도 마찬가지였다. 내 이모와 삼촌들도 그러했다. 내가 상상했던 것, 내가 진실이라고 믿었던 것은 나도 결혼하여 한 남자와 평생을 함께 살겠다는 것이었다.

　결혼하기 몇 달 전, 나는 위장장애에 걸렸다. 그때 내 약혼자는 한 달간 떠나게 되었고, 나는 혼자 있는 것이 행복했다. 바로 그때, 내 위장은 말끔히 나았다. 한 친구는 그것이 '혼전 신경과민'이라고 말해 주었다. 그랬을까? 혹시 내 몸이 내 마음에 뭔가를 얘기하려고 했던 것은 아닐까? 그 무렵 나는 과거에 열정적으로 사랑했던 한 남자친구와 저녁을 먹었다. 그가 레스토랑으로 걸어 들어올 때, 내 무릎이 떨렸다. 나는 스스로에게 내기를 걸었다. 만일 영화「졸업」에서 벤저민이 일레인의 결혼식장에 나타났던 것처럼 이 남자친구가 내 결혼식에 온다면, 그것은 열정이 논리를 누르고 승리를 거두었다는 증거라고. 만일 그가 나타난다면, 나는 사이먼과 가펑클이 배경음악에서 노래했던 것처럼 그와 함께 달아나리라고 생각했다.

내가 결혼식을 하던 날은 축복받은 날이었다. 날씨도 화창하고, 그다지 덥지도 않았다. 내가 항상 꿈꾸던 결혼이었다. 야외에 커다란 텐트를 치고, 레이스가 달린 옷을 입은 신부 들러리들도 있는 결혼이었다. 나의 옛 남자친구는 오지 않았다. 그러나 사실, 내가 일레인 역할을 하고 그가 벤저민 역할을 하리라는 나의 어리석은 환상은 그날 생각나지도 않았다. 지금 와서 그때 사진을 들여다보면 문득 내가 그런 생각을 했었나 하는 단서들을 찾아본다. 나의 미소짓는 얼굴, 춤추는 모습, 머리를 뒤로 젖히고 웃는 모습 등에서. 그날 나는 정말로 행복했던가? 나는 '죽음이 우리를 갈라놓을 때까지'라는 말을 믿고 있었던가?

결혼할 때 나는 오래된 떡갈나무 테이블과 네 개의 고풍스런 의자를 가지고 갔다. 나는 거의 10년 동안 그 의자들을 가지고 있었다. 그것들은 아홉 번의 이사, 수많은 파티, 수많은 사람들의 엄청난 무게에서도 살아남았다. 그러나 내가 결혼할 무렵, 그것들은 산산조각이 났다. 다리는 덜그럭거리고 부분적으로 금이 갔으며, 상판은 약해졌다. 결국 그것들은 하나하나 모두 부서졌다. 그후 우리는 더 큰 아파트로 이사했는데, 그때는 거실용 테이블에 어울리는 새 의자를 살 시기가 된 것 같았다.

물론 우리는 어떤 의자를 살 것인가에 대해서도 금방 합의할 수 없었다. 몇 달이 그렇게 흘러갔고, 이웃사람들이 저녁식사를 하러 올 때 자기들이 앉을 의자를 가져오도록 부탁해야 했다.

우리가 여는 파티는 대부분 뷔페식으로 했다. 그리고 의자와 관련된 문제는, 수많은 언쟁 끝에 마침내 의자 모양에 대한 합의가 이루어졌다. 그때까지 1년 이상을 우리는 의자 없이 살았다. 앞에서도 말했듯이, 우리는 모든 것을 50 대 50으로 나누었다. 남편은 의자 한 개에 30달러 이상을 낼 수 없다고 멋대로 결정했다. 과거에 그가 그런 결정을 하면, 나는 그냥 밖으로 나가서 우리가 필요로 하는 술잔이니 리넨 냅킨이니 촛대 같은 것을 그냥 샀다. 그러나 이제는 우리의 결혼이 종말에 다가온 때였다. 결혼상담을 받는 것도 필요하지 않았다. 우리 둘다 함께 해야 할 결혼생활이 끝났다는 것을 잘 알고 있었다. 그래서 나는 의자를 사지 않았다. 나는 이미 혼자서 너무 많은 돈을 투자했던 것이다.

멋진 이혼

나는 이혼의 고통을 목격한 적이 있다. 양육권 싸움, 거북한 재정문제, 중간에 끼여서 이리저리 내돌려지다가 결국은 부모 중 한쪽에 대해 반감을 가지게 되는 아이들.

다른 사람들이 어떤지는 말할 수 없지만, 어쨌든 이혼은 좋은 것이라고 말할 수 없다. 또 이혼이 옳은 것이라고 말할 수도 없다. 다만 나는, 이혼이 나를 구해 주었다는 사실에 대해서는 말할 수 있다. 이혼 후에 나는 살이 좀 쪘지만, 마음은 그보다 몇 배나 가벼워진 느낌이다.

나에게는 이혼하는 일이 그리 어렵지 않았다. 나는 결혼에 종지부를 찍은 이후 오랫동안 고독 속에 살고 있으므로, 혼자 있다는 것에서 자유로움을 느낀다. 아직도 나는 결혼하고 싶은 생각이 있지만, 이혼은 다시 하고 싶지 않다. 나는 이번에는 사랑과 열정이 있고, 무릎이 후들거리는, 제대로 된 사랑을 하고 싶다. 그리고 결혼하여 그 결혼을 오래도록 지속하고 싶다.

지난 주에 전남편이 자기가 새로 마련하려는 아파트에 대해 나의 조언을 구하려고 전화를 했다.

"거리가 시끄럽고, 대형 트럭들이 많이 지나다녀"라고 그는 말했다. 나는 "그럼 관둬요"라고 말했다.

그는 말했다. "시끄러우면 일할 때 난 미쳐 버릴 거야. 그렇지?" "당신은 웃음소리도 못 참았잖아요" 하고 나는 그에게 상기시켰다.

최근에 나는 우리가 같이 살던 기간 동안 내 웃음이 점점 줄어들었다는 사실을 기억해 냈다. 처음에는 웃음이 줄어들었겠지만, 마침내 나는 전혀 웃지 않게 되었다. 그리고 나의 불행, 나의 기분나쁨, 나의 절망감 때문에 나 역시 그의 행복을 빼앗았다.

요즈음 나는 많이 웃는다. 나와 전남편이 서로 조언을 구하는 것을 보면 정말 이상하다고 한 친구가 말했지만, 나는 전남편이 말을 얼마나 재치 있게 하는지 그리고 트럭 소리가 들린다는 이유로 이사를 하기도 했던 일을 생각하면 혼자 웃게 된다. 어쩌면 그의 재치 때문에 나는 절대적 고요에 대한 그의 요구를 어느 정도 참아낼 수 있었는지도 모른다. 그리고 우리가 남편과 아내가 되기 전에는 그것이 매력적이라고 생각했었다. 지금 생각해 보아도 그의 그러한 부분은 아직도 매력이 있다.

친구가 물었다. "너와 그 사람은 이혼까지 했는데, 어떻게 서로 좋은 친구가 될 수 있니?" 하고. 그러나 실제로 지금 우리는 좋은 친구관계를 유지하고 있다. 이혼한 후에도 그는 내 가족과 함께 주말을 보내고, 나의 새 아기와 놀아주고, 내 남자친구와 술을 마시기도 했다. 그는 이제 우리가 결혼했을 때 그렇게도 살기 싫어하던 맨해튼으로 이사했다. 그는 이제 친구들과 비치하우스를 빌려서 휴가를 가곤 한다.

나는 이제 그와의 지난 결혼생활에 대해 괴로워하지 않는다. 나는 그가 예전과는 조금 다른 방식으로 살아가고 있다고 생각하며, 그것을 지켜보면서 나의 옛날 생활과 옛날 자아를 되찾았다. 우리는 떨어져 있어야 서로 행복하다. 그리고 우리는 떨어져 있을 때 페르시아인들이 '나는 당신을 친구라고 믿는다' 라고 했을 때의 의미로 "당신을 사랑한다"라고 말할 수 있다. 이것이야말로 멋진 이혼이 아닌가!

11

자기만의 방

수잔 스패노

 수잔 스패노(Susan Spa
no)는 마운트 홀요크 대학을
졸업했고, 『레드북』의 소설 편집자를
역임하기도 했다. 그녀의 글은 『뉴욕
타임스 북 리뷰』, 『뉴욕 뉴스데이』,
『뉴 우먼』 등에 실렸다. 『뉴욕 타임스』
여행란 '간소한 여행'(The Frugal
Traveler) 칼럼을 쓰고 있으며, 여행을
자주 다닌다. 맨해튼의 웨스트 빌리지
에 살고 있다.

오만과 편견

나는 아주 운이 좋은 여자이다. 나는 유혈혁명을 겪은 적도, 굶
주린 적도, 심각한 병에 걸린 적도, 내가 사랑하는 사람이 죽는 것
을 본 적도 없다. 일반적으로 인간이 겪을 수 있는 최악의 불행은
자기 아이를 잃는 것이다. 부분적으로는 이러한 이유 때문에 나는
아이를 갖지 않았으며, 그래서 아직까지는 홀가분하게 살고 있다.
나는 무언가를 잃어버리는 것을 두려워하며, 빼앗길 수 있는 소유
물을 갖는 것을 피함으로써 스스로 가난한 상태를 유지하고 있다.

나의 삶에서 일어났던 최악의 일은 이혼이었다. 그것은 나에게
서 결혼생활을, 그리고 내가 훨씬 사랑했던 남편을 빼앗아갔다.

에밀리 디킨슨은 꽃과 요리법과 사랑하는 사람들로부터 온 편지
들에 둘러싸여 조금도 구김살없는 삶을 살았음에도 불구하고, "나
의 삶은 이미 두 번 끝이 났다"라고 표현했다. 누구도 그 두 번의

사건이 어떤 것인지 정확히는 모른다. 설사 그것이 그녀가 고양이를 잃어버린 일로 아버지에게 야단을 맞은 사소한 사건이라 하더라도, 그 속마음은 아무도 모르는 것이다. 그녀는 잃어버린다는 것이 무엇인지를 알고 있었다. 그녀는 그것을 완벽하게 묘사했기 때문이다.

나는 어머니가 아버지와 결혼했을 때 입었던 진주빛 웨딩 드레스를 물려받아 입고, 케이프코드에 있는 한 작은 교회에서 어느 흐린 봄날 오전에 결혼서약을 했다. 나는 그날 내가 결혼했다는 것을 아직도 후회하지 않는다. 또 결혼서약의 상대인 남자를 사랑했던 것도 후회하지 않는다.

우리는 6년간 결혼생활을 했으며, 이혼한 지는 4년 되었다. 이혼 후 네 번의 봄이 그와 나의 결혼식을 빛냈던 라일락빛 추억과 함께 왔다가 사라졌고, 부활절 다음의 첫 일요일은 모든 것이 산산조각났던 절망적인 시간을 상기시킨다. 내가 지금 후회하는 것은, 내가 그를 사랑했던 방식에 대해서이다. 그를 사랑한다고 여기는 동안 나는 올바른 판단과 이성을 가질 수 없었으며, 언제나 환상의 베일을 쓰고 있었다.

나를 오해하지 않기 바란다. 내가 사랑에 빠졌을 때, 나는 변덕스러운 마음과 이성을 열망하고 있는 육체, 명석한 두뇌를 가진 한 남자의 완벽한 배필이 되기 위한 욕망을 가진 소녀는 아니었다. 내가 태어난 시대는 영리한 사람들 사이에 페미니스트 혁명이 일어난 후였다. 내 어머니는 결혼 후에도 계속 직업을 가졌고, 세 아이를 가진 여성으로서는 최고의 성공을 이루어냈던 사람이다. 어머니와 아버지는 내가 출세하고 성공하기를 바랐다. 그리고 나는 성실한 딸이었기 때문에 그렇게 되기 위해 열심히 노력했다.

사춘기용 브래지어, 마스카라, 굽이 높은 검정색 에나멜 가죽구두를 좋아하게 될 즈음에 내가 브론테, 오스틴, 톨스토이 등의 작품을 읽는 것을 방해한 사람은 아무도 없었다. 그 시기에 나는『오만과 편견』같은 소설들을 몇 번이나 다시 읽으면서 비관적이고 희망 없는 사랑도 아름다운 부분이 있다는 것을 알게 되었다. 또 부모님의 침실에 있는 안락의자에 앉아 옆에 크래커를 잔뜩 쌓아 놓고 먹으면서, 엠마 보바리의 사랑과 역사적인 로맨스의 여주인공들이 경험한 사랑 이야기들을 장르의 구분 없이 탐독했다. 뿌리 깊은 불화와 인생을 변모시키는 사랑의 이야기들을 말이다.

대학에 가서는 위대한 여주인공을 싸구려 책들에 나오는 여주인공과 구분하는 법을 배웠지만, 그때는 너무 늦었다. 나는 사랑이라는 감정이 사실은 복잡하면서도 자기중심적인 감정이라는 것을 이미 알고 있었다.

나에게는 그 시절에 내가 읽었던 것과 같은 책들을 읽고 나를 염려하게 만드는, 연약하면서도 예민한 나이의 딸을 가진 친한 친구가 있다. 물론 나는 청춘 시절에 경험하게 되는 낭만주의적인 공상을 비난하지 않으며, 남자가 떠나가고 젊은 여자들만 남겨진 가정에서 잘못 해석되기 쉬운 위대한 책들을 읽는 것을 금지하지 않는다. 나의 독서 경험에 의하면, 사실 위대한 작품들에 등장하는 에로티시즘은 소년 소녀들의 정서를 풍요롭게 만들어 준다. '위대한 작품' 들에서 엿볼 수 있는 에로티시즘은 청년기의 고독 속에 자리 잡고 있는 이상야릇하면서도 열정적인 섹스의 왕국에 대해 나직하게 알려주는 역할을 하는 것이다.

내 결혼식에 참석한 후 자기 부모에게 신부 인형을 사달라고 했던 내 친구의 딸은 이제 사진상으로는 완벽해 보였던 나의 결혼에 뭔가 크게 잘못된 점이 있다는 것을 알 만큼 나이가 들었다. 그 아이의 나이쯤 되면 당연히 이혼한 부모를 가진 친구들이 있게 마련이고, 사랑의 한계에 대해서도 어슴푸레하게 알고 있다. 따라서 아마도 그 아이는 이미 『보바리 부인』이 주는 전혀 로맨틱하지 않은 교훈을 이해하고 있을 것이다. 어쩌면 그 아이는 단단하고 실용적인, 냉소주의라는 작은 낱알을 마음속 깊은 곳에 품고 있을지도 모른다. 아마 이혼이라는 것을 자기 생활에서 직접적으로 느꼈거나 관찰한 적이 있는 아이들은 나보다도 사랑에 대해 더욱 분별력을 갖고 자라날 것이다.

부모의 이혼이란 분명히 아이들에게 나쁜 영향을 미친다. 나는 결혼한 지 50년이 지난 후에도 여전히 정답게 살고 있는 부모님을 지켜볼 수 있다는 것은 행운이라고 생각한다.

그러나 '로맨스' 란 것이 혹시 거짓말이라는 이불을 수놓고 있는 무늬가 아닐까 하고 내가 의심한 적이 있었다면, 로체스터 씨의 키스가 그렇게도 지축을 흔들 만큼 강렬하게 와 닿았을까? 그리고 대학교 2학년 이후에 내 남편이 된 남자를 처음 보았을 때, 그에게 첫눈에 반하지 않고 그의 훌륭한 점 이외에 뭔가 다른 것이 있음을 느끼지는 않았을까?

이제 독자들은 적어도 나에 대해 어느 정도 알게 되었을 것이다. 어쩌면 독자들은 내가 남편의 아내로서 나무가 줄지어 심어져 있는 브루클린 거리의 집에 살고 있을 때 스스로에 대해 알고 있던 것보다 더 잘 나를 알고 있을지도 모른다. 주변에는 우리가 가끔 카페오레를 마시던, 파나마인들이 운영하는 레스토랑, 홍합이 가끔 상해 있곤 했던 생선가게, 그리고 남편 차례였음에도 불구하고 내가 옷을 세탁하던 빨래방 등이 있었다. 그러나 가사노동을 내가 더 많이 했다는 사실은 나에게 문제가 되지 않았다. 남편보다는 내가 좀더 깔끔한 성격이었고, 남편은 꽤 성공한 배우로서 아주 바빴기 때문이다.

또한 나는 극단에서 그가 이룬 위치를 자랑스러워했고, 나도 글쓰기와 편집 일을 가지고 있었으며, 성격상 고독을 즐기는 사람이었다. 나는 남편이 첫 공연을 하는 날이면 항상 환상적인 새 옷을 입고 그를 찾아가곤 했다. 그래서인지 우리가 오랫동안 헤어져 있을 때가 많다는 사실에 대해서 나는 그다지 신경쓰지 않았다. 공연이 끝나고 그가 집으로 돌아오면, 우리는 약간 서먹서먹한 기분으로 함께 요리하는 방법, 함께 얘기하는 방법, 그리고 함께 사는 방법까지 다시 배우곤 했다. 우리 사이의 성적인 욕구는 이미 식어서 —당시 나는 열정적인 성욕이 신혼여행 때나 있는 것이라고 생각했다—강한 육체적 감미로움으로 바뀌어 있었으며, 그는 늘 나를 사랑한다고 말하곤 했다.

적어도 나는 그렇게 기억하고 있다. 그는 주로 로맨틱한 주연 남자의 배역을 받았고, 그런 역할에 능숙했다. 그러나 실제 생활에서 그는 키 큰 금발의 내 주인공 남자였다. 나는 그것을 한 번도 의심해 본 적이 없었다. 요즈음 나는 내가 얼마나 희생을 자처하는 여자였던가를 깨닫고 충격을 받고 있으며(아마도 이것은 여성의 자기 희생이 어느 정도는 로맨틱한 사랑을 위해 필수적인 부분으로 보였기 때문일 것이다), 우리의 성생활은 빈약한 것이었음을 알게 되었다. 그러나 나는 늦은 저녁에 그와 함께 침대에 누워 그의 이마를 만지면서, 그의 이마로부터 반사되는 빛이 마치 희귀한 동전에서 반사되는 빛인 것처럼 상상하던 때도 있다. 아마도 나는 부모님의 안락의자에 앉아 사랑 이야기를 읽던 그 꿈꾸는 소녀의 모습을 벗어버리는 것을 아직까지 원하지 않는 것인지도 모른다.

마지막 커튼 콜

비가 내리던 3월의 어느 날, 공연에서 돌아온 남편은 침실에서 아령 체조를 하면서 어려운 오디션 준비를 하고 있었다. 나는 주방에서 점심식사를 준비하고 있었다. 그는 내게로 와서 그 오디션을 받지 않겠다고 했다. 나는 당황했지만, 이유를 묻지 않고 그에게 침실로 돌아가서 생각해 보라고 했다. 캔에 담긴 토마토 수프가 스토브에서 끓고 있는 동안, 나는 남편에게 뭔가 심상치 않은 일이 생겼다는 사실을 깨달았지만 정확히 무엇인지는 알 수 없었다. 나는 마치 나를 부르는 목소리를 따라가듯 걸어가, 어깨를 늘어뜨리고 고개를 숙인 채 침대에 앉아 있는 그의 곁에 다가가서 농담하듯 가볍게 물었다.

"무슨 일이 있는 거예요?"

하지만 그는 아무 말도 하지 않았다. 나는 더 묻지 않았다.

그는 한 시간 동안이나 침실에 그대로 있었다. 그러면서 그 사이에 그는 누군가와 전화통화를 하는 것 같았다. 마침내 그는 거실로 나와서 내게 말했다.

"나, 그동안 다른 여자를 만나고 있었어."

이것이 내 인생이 처음으로 막다른 골목에 도달한 순간이었다. 그러나 고통은 오히려 서서히 다가왔다. 나는 막 닫히고 있는 문을 향해 달려갔고, 그는 더 이상 어떤 말도 하지 않았다. 그가 그때 무슨 생각을 하고 있었는지 모르지만, 그것을 알아내기 위해 나는 지나치게 많은 에너지를 소모했다. 이제 나는 이 이야기를 나의 것이라고 생각한다. 내가 그 이야기의 주인공이다. 지금 나는 그가 아니라 나 자신과 살고 있다. 이제 나는 나의 세탁물에서부터 나의 영혼에 이르기까지 스스로를 돌보고 있다.

그러나 그 당시에는 나 자신을 돌볼 정신이 없었다. 나는 우리 삶의 고요한 표면 아래쪽에 흐르고 있던 추악함을 어느 날 갑자기 정면으로 직시하게 되었던 것이다. 너무도 무지하게 살아왔던 나의 생활을 올바로 해석하기 위해, 나는 있는 그대로의 사실을 얘기해 줄 것을 냉정하게 요구했다. 그는 마치 훔친 구슬을 주머니에서 꺼내 보여주는 부끄러운 소년처럼 그것들을 알려주었다.

그는 직설적으로 고백하지는 않았지만, 나는 일련의 고통스러운 질문들을 통해서 그가 자신의 연극에 출연한 많은 여배우들과 사랑을 나누었다는 것을 알게 되었다. 그리고 4년 전부터는 그 여자들 중 한 사람만을 사랑하게 되었고, 그녀도 그에 대해 같은 감정이라고는 사실도……. 남편은 내가 그의 공연장에 찾아가면 그들을 나에게 소개해 주었고, 심지어는 그들의 연기력에 대해 내 의견을 묻기까지 했기 때문에 나는 그들 모두를 알고 있었다. 그는 매일 저녁마다 나에게 전화를 하곤 했기 때문에 나는 그에게 따로 전화를 하지 않았으며, 그가 바쁠 거라고만 생각하여 어디서 무엇을 하는지 일일이 묻지 않았었다.

모든 사실을 알고 난 후의 그 무서운 시간 동안, 나는 매일 새벽 3시에 잠이 깨어 베개를 벤 채로 그에게 질문하듯 나 혼자 또 다른 질문을 계속하곤 했다. 악몽 같은 시간들이었다. 아직도 그때 생각을 하면 몸서리가 쳐진다.

그와 같은 배신은 나에게는 전혀 새로운 것이었다. 배신이 끔찍하게 무서운 이유는, 내가 가장 사랑했던 사람이 가장 잔인한 방법으로 나를 괴롭혔다는 사실 때문이다. 한번은 그가 나에게, "적어도 당신에게 말은 했어"라고 한 적이 있다. 그는 우리가 헤어져 있는 동안 임시로 친구 집에 머물고 있었고, 우리는 얘기를 하기 위해 한 레스토랑에서 만났다. 나는 '그래요. 당신은 아내를 때린 후에 응급실로 보내는 일을 즐기는 학대자 같군요'라고 생각했다. 나는 그가 어떤 방식으로 나를 모욕했는지를 알게 되었다. 그후 나는 '알코올 중독자들의 배우자를 위한 모임'에 나갔다. 왜냐하면, 사기꾼들의 배우자를 위한 모임이 없었기 때문이었다.

일반적으로 배신당한 아내들이 대부분 그렇듯이, 나는 그가 나간 뒤에 그의 책상 서랍들을 뒤져서 뭔가 단서가 될 만한 것들이 있는지 찾고 그의 낡은 수첩을 뒤져서 전화번호들을 찾아내곤 했다. 또 우리가 이혼법정에 가게 되는 경우의 가상 드라마를 만들기도 했으며, 그의 연인들에게 전화를 걸어 깜짝 놀라게 해주는 공상도 했다. "안녕, 그냥 내가 아는 사람이어서 전화를 걸고 싶었어. '여자들끼리의 의리'에 대해 들어 봤니, 이 나쁜년아!" 등의 말을 혼자 중얼거리기까지 했다. 심지어 나는 그를 화나게 만들어서 차라리 그가 나에게 폭력을 행사하겠다고 협박하도록 부추기기까지 했다.

우리는 함께 부부치료를 받기도 했는데, 치료를 받는 동안 그는 자신의 혼란을 명료하게 표현하기 위해 노력중이라고 말했다. 그는 아내를 사랑—그가 말하는 사랑이 어떤 것인지 모르겠지만—하고 있으면서도 자신이 왜 여러 여자들과 사랑놀음에 빠지곤 했는지, 우리 부부가 왜 헤어져야 하는지 모르겠다고 했다. 나는 우리의 결혼생활을 정리할 준비를 거의 다 했고, 이미 변호사를 만나기까지 한 상태였다. 그러나 나는 이혼을 결정하기 전에 좀더 분명한 그의 태도를 원했고, 마지막 커튼이 내려지는 순간까지 그와의 결혼생활을 무대로 한 연극에서 완벽한 역할을 하고 싶었다.

어느 날 그와 함께 아파트 계단을 올라가면서, 나는 그가 사귄 무수한 여자들 중에서 그를 정말로 사랑하고 있다는 여자에 대해 그가 나에게 거짓말한 것을 비난하고 있었다. 그러자 그는 자신도 그 여자를 사랑하고 있으며, 이제는 내가 아니라 그녀와 함께 있고 싶다고 말했다. 왜 그는 처음부터 그렇게 사실대로 말하지 못했던 것일까? 진실을 말하려고 마음먹었다면, 조금 잔인하지만 차라리 처음부터 사실대로 말하는 용기가 필요한 게 아닐까? 나는 그의 그 말을 듣는 순간 비틀거렸다. 그는 나를 부축했지만, 나는 그를 밀쳤다. 그는 묵묵히 나를 따라 들어와서는 거실에서 선서라도 하듯 한 손을 들어올렸다.

"더 이상 거짓말을 하지 않겠어. 난 그녀를 사랑하지 않아" 하고 그는 말했다. 나는 화가 나서 "끝까지 나를 농락해 봐요!"라고 소리쳤다. 그러자 그는 울기 시작했다.

나는 최근까지도 이 일을 까마득히 잊고 있었다. 아직도 나는 그때 보여준 그의 눈물이 무엇을 뜻하는지 알 수가 없다. 그가 자기 방식대로 나를 사랑했던 것인지, 아니면 나를 전혀 사랑하지 않았던 것인지…….

우리 둘다 과거에는 몰랐던 추한 면들을 내보이면서, 나는 대부분의 시간을 나 자신을 혐오하는 데 소모했다. 내 친구들은 나에게 조심스럽게 물었다.

"그동안 조금도 의심하지 않았니? 그 사람도 결국은 배우인데, 그걸 몰랐단 말이야? 남편과 너의 성생활은 어땠니?" 하고 말이다. 그때나 지금이나 내가 할 수 있는 말은, 나는 그가 다른 여자들과 사귀고 있었다는 것을 전혀 몰랐다는 것, 그리고 그와의 성생활에 어느 정도 만족하고 있었다는 점이다. 그랬기 때문에 그에 대한 배신감이 더 컸고, 그만큼 내가 느끼는 수치심도 컸다. 나는 분노에는 익숙하지 않았기 때문에, 분노해야 할 시기에 오히려 나 자신을 혐오했다.

바로 그 무렵에 부활절이 다가왔다. 사람들은 멋진 모자를 쓰고 축제 분위기에 젖어 네온 십자가가 걸린 브루클린 상점가의 교회들 밖으로 쏟아져 나왔다. 식물원의 벚꽃들은 봉오리가 맺혀 있었고, 나는 말로 표현할 수 없을 만큼 멋진 계절에 아름답기도 하고 고통스럽기도 한 그 거리에서 나의 아픔을 잊기 위해 몇 시간 동안 한참을 달렸다. 그러는 동안 나는 일종의 즐거움과 흥분으로 가득 찬 전율을 느낄 수도 있었다. 나는 생각했다. '위대한 사람들은 자신의 의지에 따라서 삶을 바꿀 수 있다. 나는 위대하지는 않지만 내 삶을 변화시킬 수 있고, 이것을 포용하기 위해 노력할 수도 있다. 나에게는 앞으로 무슨 일이 일어날 것인가? 나는 무엇이 될 것인가?'

나의 가족과 친구들, 그리고 봄의 신록은 나를 동정했지만, 나에게 뜻밖의 전환점을 가져다 준 사람은 바로 세 아이를 데리고 브루클린의 거리를 지나던 한 낯선 여인이었다. 내가 울면서 달리다가 그녀의 곁을 지나려 할 때, 그녀는 내 고통을 모두 다 이해한다는 듯이 나를 향해 소리쳤다.

"남자문제로 상처를 받았군요. 남자 때문에 우는 거죠?"

나는 그녀가 가방에서 성경을 꺼낼 때까지 천천히 걷다가 다시 달렸다.

　나는 충실하게 노력하긴 했지만, 치료요법에서는 내가 필요로 하는 것을 찾을 수가 없었다. 물론 나는 적어도 그 순간만큼은 진실한 것들을 분명하게 말하면서 오랫동안 이야기할 수 있었다. 그러나 남편은 전혀 이야기할 수가 없었다. 그래서 우리 사이에는 진정한 의사소통이 이루어지지 않았다. 부부치료는 다만 우리가 문제를 해결하기 위해 노력하고 있다는 것을 서로에게 믿게 하기 위한 수단일 뿐이었다. 아마도 그는 나를 전문적인 치료사의 손에 맡김으로써, 자신은 이미 해결방법을 알고 있는 듯이 동정심을 발휘하면서 나로부터 벗어나려 했던 것인지도 모른다. 그는 전에도 수없이 나를 사랑한다고 말함으로써 그렇게 하지 않았던가. 암흑은 그렇게 갑작스럽게 찾아왔다. 나는 아직도 눈을 감으면 그때의 고통스러운 순간들을 상상할 수 있다.

　우리는 크리넥스 상자를 의도적으로 가져다 놓은 매우 밝은 분위기의 사무실에서 부부치료의 과정에 발을 들여놓은 적도 있었다. 그때만 해도 나에겐, 만일 우리가 뒤엉킨 감정의 덤불을 베어버린다면 보다 나은 새로운 결혼생활이 우리를 기다리고 있을 것이라는 약간의 희망이 있었다. 그는 자신이 나에게 상처받게 했던 일과 그 이유를 이해해야 했으며, 그런 다음에는 진심으로 용서를 구했어야 했다. 마찬가지로 나는 그를 용서할 수 있다는 것을 보여주어야 했다.

　나는 도움이 되는 책들을 읽으면서 처음으로 심리라는 것에 대해 생각하기 시작했다. 그 결과 나는, 결혼이란 계속 치료사의 도움을 받음으로써 제 기능을 발휘하도록 만들어야 하는 아름답고도 난해한 기계 같은 것이라는 새로운 시각을 갖게 되었다. 나는 오랜 시간 동안 우리의 결혼에 제삼자(부부문제 치료사)가 개입하도록 하면서 돈까지 지불하는 것을 좋아하지 않았지만, 그와 나 사이의 거리감을 좁히게 될 경우를 상상하면서 다시 그려 본 결혼생활의 매력은 너무나 강했다. 그것은 로맨틱한 사랑을 충분히 대체할 수 있는 것으로 보이기까지 했다. 어떤 대가를 치르더라도 나는 우리의 부부관계를 다시 회복시키는 노력을 하고 싶었다.

물론 그 치료의 '과정' 중에는 우리의 결혼이 왜 잘못된 길로 가게 되었는지, 더 정확히 말하자면 우리 중 누가 무엇을 잘못했기에 남편이 다른 여자들을 사귀게 되었는지를 묻는 대목이 있었다. 나는 매우 진지하게 그 질문에 접근했다. 왜냐하면 나는 항상 문제의 원인을 나 자신에게로 돌리는 경향이 있었기 때문이다. 내가 무엇을 잘못했던가? 내가 그로 하여금 다른 여자들과 사랑놀음을 하도록 부추긴 것일까? 내 친구들은 이러한 경향을 눈치채고, 이것은 건강하지 못한 자기비하라고 지적했다. 그들이 보기에는 내가 아니라 남편이 나쁜 사람이었다. 항상 온화하고 점잖던 나의 아버지조차도 나에게 그 치료를 그만 받으라고 충고할 정도였다. 아버지는 나에게 이렇게 말했다.

"이건 말도 안된다. 당장 네 남편과 이혼하도록 해라."

그러나 나는 아버지와 친구들이 모르고 있는 몇 가지 사실을 알고 있었다. 그리고 나중에 가서 깨닫게 된 몇 가지 이유들이 있다. 남편은 나를 사랑했고, 그것이 아니라면 한때 나를 사랑한 적이 있는 사람이다. 그렇지 않다면 그가 왜 그렇게 고뇌했겠는가? 우리는 둘다 결혼생활에 있어서의 섹스의 중요성을 과소평가했다. 우리는 섹스를 결혼생활의 중요한 부분으로 유지하기 위해 노력했어야 했던 것이다. 그리고 그는 그 문제를 자기 식으로 해결하지 않았어야 했다. 더구나 혼자 있기를 좋아하는 나의 취향—지금의 나에게는 그것이 귀중한 재산이지만—이 남편으로 하여금 다른 모임을 찾도록 만든 것이다. 그리고 무엇보다도 중요한 것은, 내가 남편과 결혼했을 때 나는 그가 소설 속에 등장하는 로맨틱한 주인 공 남자의 역할을 맡아줄 것으로 굳게 믿었다는 것이다. 그가 나를 자신의 황금빛 찬란한 후광 속으로 데리고 가는 로맨틱한 주인공 이기를 바람으로써, 나는 그의 진정한 모습과 그의 약점들을 올바로 보지 못했던 것이다. 솔직하게 말하면, 나는 나 자신에게 아무런 이익도 되지 않는 로맨틱한 꿈 이외에는 아무것도 보지 못했다.

이 모두가 진작에 알았어야 할 것들이지만, 나는 치료사의 도움 없이 스스로 이것을 깨달았다. 치료를 받는 동안, 치료사는 계속해서 한 가지 질문만 했다.

"남편은 왜 당신에게 바람피운 애기를 바로 하지 않았죠?"

나는 그녀가 무엇을 추궁하고 있는 건지 알고 있었다. 그러나 나는 그 이유를 정리할 수 있을 만큼의 정확한 결론에 도달할 수 없었다. 그 문제를 곰곰이 생각하다 보면, 화가 날 뿐이었다. 그는 나에게 진실을 이야기했고 다시는 거짓말을 하지 않겠다고 맹세했다. 이것은 분명히 훌륭한 일이다. 그는 부부치료에 성실히 참여했고, 이것 또한 아주 자랑스러운 일이었다. 그러나 그가 이혼하고 싶다는 생각을 이미 마음속에 품고 있었거나 부부치료를 통해 그 사실을 깨닫게 되었다면, 솔직히 그렇다고 말했어야 한다. 나는 그에게서 그런 진실을 듣고 싶었다.

영혼의 수액

여자들은 남자들보다 더 감정적이다. 나는 일반화하는 것을 싫어하지만, 경험에 의하면 여자들의 감정이 더 풍부한 것이 일반적이기 때문에 나는 이것을 자명한 이치로 받아들이고 있다. 게다가 '감정적'이라는 것은 많은 여자들의 특별한 요구를 채워준다. 반면에 남자들은 대부분 다른 방식으로 이것을 채운다. 남자들은 스포츠를 하거나, 얘기하는 것보다 영화보기를 더 좋아하거나, 모험과도 같은 어떤 일에 도전하는 모습을 상상하는 것으로 이것을 채운다. 그러나 여자들은 이야기를 하거나, 곰곰이 생각하거나, 느끼는 것 등으로 감정을 경험한다.

나로서는 느낌 그 자체가 모험이며, 두렵고 혼란스러운 곳으로의 여행이며, 기나긴 방랑이며, 도피이다. 나의 느낌들 속에는 계곡으로 내려가는 샛길을 택할 것인지 그냥 앞으로 나아갈 것인지를 결정해야 하는 좁고 위험한 통로들이 있다. 위기감이 있는 곳으로 더 멀리 들어가 보겠다는 결정은 용기뿐만 아니라 더러는 우둔함까지 필요로 한다.

이제 나는 긍지와 기쁨을 가지고 지나간 나의 결혼생활을 되돌아볼 수 있을 만큼 충분히 행복하고 건강하다. 한때 나는 그 느낌을 따라 얼마나 멀리까지 갔는지 모른다. 그러나 이제 다시는 그 특별한 감정적 모험을 하고 싶지 않다.

다시 나의 결혼생활이 어떻게 마감되었는지를 돌아보면, 한달간 집중적인 치료를 받고 난 후 남편은 그전까지 하고 있던 연극에 다시 합류했다. 공연은 멀리 떨어진 캘리포니아의 한 극장에서 하기로 되어 있었다. 나는 그에게 가지 말라고 요구할 수도 있었지만, 그렇게 하지 않았다. 남편 역시 그 연극을 포기할 수도 있었지만, 그렇게 하지는 않았다. 그때 나는 왜 그를 붙들지 않았던 걸까? 물론 지금 생각해 보면 이유는 너무나 명백하다.

　나로서는 그와 멀리 떨어져서 지내 보는 것이 도움이 될 수도 있다고 생각했지만, 그가 당시 사귀고 있던 여자가 같은 연극에 출연하고 있었다는 사실은 전혀 개의치 않았다. 그는 그 여자와의 관계를 끝내겠다고 맹세했으며, 다시는 바람을 피울 생각이 없다고 말했기 때문이었다.

　하지만 남편을 사랑한 그 여자의 생각은 달랐고, 모든 사실이 밝혀진 이상 이제는 그와 만나는 것이 도덕적으로 허용된다는 생각으로 그를 계속 따라다녔다. 남편은 나에게 한 맹세를 지키기 위해, 그녀가 자신에게 건네주는 쪽지들을 나에게 읽어주기까지 하면서 굳건히 버텨 나갔다. 이때부터는 우리 사이의 모든 일이 개방되고 정직해져서, 우리는 우리의 관계에 이제 무엇이 남아 있는지를 조금씩 깨달을 수 있었다. 우리는 눈물과 비난, 수다와 긴 침묵, 친절하고 무뚝뚝한 말들로 가득한 전화 통화들을 주고받았다. 그가 이전에 사귀던 여자들이 때로는 그를 유혹했고 그가 그것을 받아들였지만, 대개는 그에게 있어 짜증스러운 것들이었다.

　그는 한 번도 경험한 적이 없는 새로운 과정을 겪고 있었다. 사실 그는 그의 '과정'을 겪고 있었고 나는 나의 과정을 겪고 있었으며, 이러한 우리의 과정은 단 한 번만 더 교차하게 되어 있었다.

　한편 브루클린에 남아 있던 나도 소생하고 있었다. T.S. 엘리엇식으로 말하면, 오랜 세월 동안 억압되어 있던 '영혼의 수액'이 흔들렸던 것이다. 엘리엇은 자신의 말이 언젠가는 섹시한 란제리, 광적인 운동, 독신자 클럽으로의 진출, 그리고 내 이야기를 기꺼이 들어줄 사람을 끊임없이 찾아 헤매는 일 등에 대한 새로운 관심 등으로 해석되리라는 사실을 전혀 예상하지 못했을 것이다.

　나는 내가 아는 거의 모든 사람에게 명예롭지 못한 우리의 일을 고백했으며, 심지어는 새로 사귄 친구들에게까지도 이야기를 했다. 부분적으로 그것은 복수심 때문이기도 했다. 왜냐하면 남편의 죄를 여기저기 떠벌리는 것은 비록 부적당할지 몰라도 과하지는 않은 보복방법으로 여겨졌기 때문이다.

그러나 한편으로 나는 다른 사람들을 나의 삶으로 끌어들이는 일(전에는 남편만이 할 수 있던 일이지만)에, 그리고 그들의 대응에 대해 만족감을 느끼기도 했다. 결국 나는 그들에게 나의 삶이 완벽함과는 얼마나 거리가 멀었던가를 보여주는 정도까지 되었다. 이러한 친구들은 대부분 여자였다. 왜냐하면 여자들은 그런 문제들을 서로 공유하면서 좋은 친구들을 만들기 때문이다. 이들은 지금 나와 함께 있으며, 그때와 마찬가지로 내가 그들을 필요로 할 때마다 통화 상대가 되어 준다.

남편이 브루클린을 떠난 지 몇 주일이 지난 어느 날까지도, 나는 구석에 크로스 컨트리용 스키가 세워져 있고, 벽난로 바닥에는 강아지가 엎드려 있고, 어린이용 식탁 의자에 아기가 앉아 있는 버몬트의 목조주택에서 그와 함께 살아가는 공상을 하고 있었다. 그는 여전히 혼란에 빠져 있었지만, 그럼에도 불구하고 그런 공상은 나에게 압도적인 영향을 미쳤다. 나는 버몬트를 택할 수도 있고 떠날 수도 있었지만, 아기 문제가 이 혼란의 종지부를 찍었다.

물론 나는 주인공 남녀가 그후 영원히 행복하게 살았다는 식의, 역사에 남을 로맨스의 끝장면처럼 우리들의 결혼이야기를 단순하게 마무리짓는 데 실패했다. 그 순간은 우리가 다시 결합하기에 적합한 때로 보였고, 그래서 나는 캘리포니아로 가는 비행기 티켓을 사기로 했다.

훗날 나는 비행기 티켓이 나의 결혼생활을 마무리짓는 데 중요한 역할을 했다는 결론을 내렸다. 만일 그때 내가 곧바로 떠나기 위해 900달러나 하는 비싼 티켓을 샀더라면, 아마도 나는 남편의 감정의 파도에 걸려들었을 것이다. 그러나 값이 싼 비행기를 타기 위해 두 주일을 기다리는 동안 그 파도는 부서졌다.

물론 두 주일 후 캘리포니아에 도착했을 때까지도 나는 상쾌한 날씨와 야자나무에 매료되어 그것을 몰랐다. 다만 나는 우리의 재결합이 내 인생에서 가장 행복한 순간들 중 하나가 될 수 없다는 사실을 느끼고 있었다. 공항에서 만난 우리는, 숲속에서 서로에게 엎어지는 통나무처럼 포옹을 했다. 그는 약간 낯설게 보였고, 머리를 이상하게 빗은 것이 전혀 매력적으로 보이지도 않았다. 그러나 그의 금발머리는 점점 예전과 같이 어수선한 상태로 되돌아갔고, 나는 그의 모습을 되찾기 시작했다. 그는 머리를 가슴까지 기르기 전부터 10년이 넘게 내가 사랑하던 사람이었다.

그러나 그가 머물고 있던 아파트에 도착하자 우리는 또다시 말다툼을 하기 시작했다. 무엇 때문이었는지는 기억나지 않으며, 그것이 중요한 것도 아니다. 중요한 사실은, 그 말다툼을 통해 우리가 다시 서로를 불신하는 상태로 되돌아갔다는 것이다. 그는 여전히 여성편력이 심한 남편이었고, 나는 그동안 그에게 '부정한 아내'가 되어 있었다. 당시 나는 모든 면에서 너무나 상처받기 쉬운 상태였다.

말다툼을 수습하면서, 남편은 나에게 근처에 있는 중고품 상점에서 산 책에 대해 이야기했다.

"나는 이 책을 통해서 나 자신을 인식하게 됐어. 이건 인간이 완전히 성적인 존재가 되는 방법을 다룬 이야기야."

뭔가 우스꽝스러운 내용을 담은 책인 듯했다. 그는 졸린 듯한 미소를 지었다.

"제목은 『연인의 길』인데, 조금만 읽어 줄게."

우리는 소파 반대편에 앉아 있었다. 나는 시차로 인한 피로감과 아드레날린이 분출하는 것을 동시에 느꼈다. 그는 두려움이나 죄의식이 전혀 없이 함께 살고 있는, 서로 어울리지 않는 어떤 커플에 관한 구절을 읽기 시작했다. 내 눈에서는 눈물이 방울방울 흐르기 시작했지만, 그는 아마도 내가 우는 것을 그전부터 많이 보아왔던 탓인지 내 눈물을 못본 척했다. 나는 문득 내 눈물에 대한 그의 무반응을 알아차리고 눈물을 닦아 버렸다. 그것은 나에게는 아주 새로운 진보였다.

나는 이틀 동안 머물면서 그가 더 이상 나를 사랑하는 것처럼 행동하지 않고 있다는 사실을 깨달았다. 그곳에 있는 동안 나는 영화 「델마와 루이스」를 보고 기운을 차렸으며, 공원에서 자전거를 타고 지나가다가 나에게 데이트 신청을 했던 남자를 생각했다. 그리고 남편의 연극을 보면서 그의 연인이었던 여배우가 나와 비교해서 어떤 점이 더 나은지를 계산해 보았고, 북쪽 근방에 있는 누드 비치에서는 가슴에 다가오는 따가운 햇살을 느꼈다.

우리의 종말은 아무런 팡파레도 없이 어느 멕시코 식당에서 찾아왔다. 그는 며칠간 휴가였고, 산속에 있는 친구의 콘도미니엄을 빌렸다. 그러나 그가 나를 왜 그곳에 데려가려고 했는지 알 수 없었다. 나는 그가 나에 대해 아무런 감정도 없다는 것을 이미 깨닫고 있었다. 그는 하다못해 연극하듯이 나에게 거짓말을 하는 것조차 그만둔 것이었다.

결국 나는 내 몸 밖의 어떤 목소리에 의해 지시를 받은 듯이, 그에게 조용히 말했다.

"이건 말도 안된다고 생각하지 않아요? 이제 난 집으로 돌아가서 이혼서류를 준비해야 할 것 같군요."

그는 울었고, 나에게 어쩌면 그렇게도 사람이 냉정할 수 있느냐고 물었다. 내가 그의 약점을 이제 완전히 알아차리기 시작했는데도, 그는 내가 그동안 얼마나 강해졌는지를 모르고 있었다. 나는 그의 희생양이었지만, 결국은 우리 문제에 대한 심판관이 되어 있었다. 나는 내 입으로 '이혼' 얘기를 꺼내도록 만든 것이 바로 그가 나에게 저지른 가장 사악하고 부도덕한 짓이라고 생각했다. 그러나 그 말을 하도록 만든 것은 그가 아니었다. 가슴은 미어지지만, 나 스스로가 그런 결론에 도달한 것이었다.

그러나 이러한 결론에는 어느 정도 도덕적인 면이 있다. '도덕'이라는 얘기가 나올 때 현명하고도 사랑스러운 내 친구들의 눈이 얼마나 빛나는가를 생각하면, 사실은 이 단어를 언급하는 것조차 망설여진다. 간통얘기가 나와도 마찬가지이다. 그러나 한 남자를 뒤따라다니는 일을 끝내고, 마침내 옳고 그름의 문제를 판단하게 된 나의 도덕성을 인정해 주기 바란다. 나는 나에게 도움을 주었던 심리학을 통해서 이 문제를 해결하려고 노력했기 때문이다.

한동안 나는 결혼서약을 깨뜨리는 것이 잘못된 짓이라고 단순하게 생각했지만, 결혼생활에 문제가 생기면 부부치료를 통해서 해결할 수도 있고 이것을 계기로 부부 사이가 더 좋아질 수도 있다는 것을 인식하게 되었다. 뿐만 아니라, 나는 예전에 남자친구를 사귀면서 바람을 피운 적도 있었기 때문에 배신에 대해서도 알고 있었다. 따라서 나 자신도 백합처럼 순수한 것만은 아니었다.

그러나 10대의 딸을 가진 내 친구는 후에 나에게 새로운 충격을 안겨주었다. 그녀는 내 남편을 사랑했다. 그 이유는, 내가 그와 결혼한 뒤에 그녀는 자기가 내 남편에게 더 잘 어울리는 사람이라고 말했기 때문이었다. 그래서인지 남편이 나를 배신했을 때 그녀 역시 배신감을 느끼는 것 같았다. 그녀는 그때 나의 남편에게 이런 편지를 썼다.

"수잔이 삶의 본질과 방향에 대해 분명하고 합리적인 선택을 하는 데 필요한 정보를 고의적으로 알리지 않는 것은, 매우 중대하고도 절대적인 폭력입니다. 나는 당신을 생각하면 너무나 당혹스러워서, 가끔은 수잔처럼 어떻게 해야 할지 모르겠어요. 당신은 어떻게 갑자기 딴 사람이 되었나요? 지금껏 내가 알고 있다고 생각했고 내가 존중하던 사람이 아닌, 전혀 다른 사람으로 말예요."

한동안 나는 그곳에 있으면서, 거짓말하는 것은 비도덕적인 짓이라고 생각하고 있었고, 그래서 남편을 저주했다. 그러나 나는 진보하게 되었고, 앞으로도 계속 진보할 것이다. 이제 나는 남편이 너무나 나약한 사람이어서 마음속에 감추지도 못했던 거짓말 속에 내가 어떻게 빠져들었던 것인지 이해할 수 있다. 그러나 그가 나를 괴롭히고 있다는 사실을 몰랐다는 생각은 들지 않는다. 때로는 그가 그 부분에 대해 태평스러웠다는 생각까지 든다. 이제는 그 점이 문제의 진정한 핵심으로 여겨진다. 이제 나는 비도덕적인 일은 잔인하다는 것을 믿는다. 사람이 얼마나 나약하든 상관없이, 고의적인 잔인성은 비도덕적인 것이다. 그것은 용서할 여지가 없으며, 모든 사람은 그것을 용서하지 않을 정도로 강해져야 한다.

자기만의 방

그 일이 있은 후, 나는 남편을 두 번 만났다. 한 번은 우리 아파트의 가구들을 나누어 갖기 위해서였고, 한 번은 우연이었다. 나는 브루클린으로 돌아갔고, 이혼서류를 준비했다. 그리고 한 친구가 코네티컷 북서부에 있는 한 농가를 빌려주어서 그곳에서 1년 동안 지냈다. 나에겐 큰 행운이었다.

여름에 뉴잉글랜드에 가본 적이 없는 사람은 그곳이 얼마나 멋진 곳인지 모를 것이다. 늙은 개를 데리고 휴사토닉 강변을 오랫동안 산책하는 일, 그리고 전화기와 시집, 울타리 부근의 작약, 정원에서 뽑은 사탕무, 바위 위에 놓인 스카치 위스키 등이야말로 진정한 치료가 된다. 스카치 위스키는 뉴잉글랜드 산이지만, 그럼에도 불구하고 그것은 내가 정말로 필요로 하는 약이었다.

나는 서서히 회복되었고, 시간이 가면서 남편에게 전화하고 싶은 충동을 참을 수 있게 되었다. 대개는 스카치 위스키를 건강 유지에 도움이 되는 정도보다 한 모금쯤 더 마셨을 때 그런 충동이 생기곤 했다. 우리가 이혼하기 전에, 그는 자신이 이혼 결정을 내릴 수 없었던 이유를 이렇게 밝혔었다. 그중 하나는 나를 다시는 보지 못하게 될 것이라는 점이었고, 내가 나의 삶으로부터 그를 완전히 지워버릴 것이라는 두려움 때문이었다는 것이다. 결국 나는 나의 삶에서 그를 완전히 지워 버리게 될 것이라고 그에게 말했다. 한편으로는 그를 벌주기 위해서, 그리고 한편으로는 우리 사이의 우정이 불가능하다는 것을 알고 있었기 때문이었다.

나는 그를 친구로서 좋아한 것이 아니라 정말로 사랑한 것이었지만, 이제는 그에 대한 사랑을 멈추어야 했다. 그를 만나면 더욱 고통스러워질 뿐이었다.

　나는 실제로 친구가 헤어질 때와 같은 방식으로 이혼했거나, 헤어진 후에 친구가 된 사람들을 많이 알고 있다. 그들이 그렇게 할 수 있다는 사실은 나를 놀라게 했으며, 그것은 지혜와 성숙의 표시인 것처럼 보였다. 아마도 언젠가는 나도 그렇게 현명하고 성숙한 사람이 될 수 있을 것이다. 그러나 내가 전남편으로부터 그렇게 고통스럽게 물러난 이유는 다른 사람들의 경우와 다른 부분이 있었기 때문에, 그것이 가능할지 의심스러웠다. 그렇기 때문에 나는 그와의 이혼을 나의 시금석으로 삼아 거기에 의미를 부여했다.

　그해 여름이 끝나갈 무렵, 나는 하루 동안 맨해튼에 머물러 있었다. 이혼신청을 한 후 나는 머리를 염색했고, 전에 부부치료를 받은 적이 있는 사무실 근처에 뷰티 컨설턴트가 있다는 것을 생각해 냈다. 나는 그곳으로 가기 위해 지하철에 앉아 책을 읽었다. 1번 기차가 세븐티 세컨드 가에 정차했고, 문이 열렸다가 닫혔다. 몇 분 동안 차가 움직이지 않아서 나는 뭔가 잘못되었는지를 보려고 고개를 들었다.

　그 순간, 그가 정면에 앉아 나를 바라보고 있었다. 나는 얼굴이 붉어지는 것을 느꼈다. 문이 다시 열렸다가 닫히려 할 때 나는 곧바로 일어섰다. 그는 어찌해야 할지 몰랐는지, 나를 보고 신경질적으로 낄낄대며 웃었던 것 같다. 그 순간 나는 기차 안에서 그에게 욕을 하며 그의 운명을 저주할 수도 있었을 것이다. 그때처럼 그가 미웠던 적이 없었기 때문이다. 문이 다시 한 번 열렸다가 닫히기 전에 나는 내렸고, 기차는 마침내 덜컹거리며 떠나갔다.

　내 친구들은 이혼한 후의 내 삶을 염려하면서 나에게 신중해져야 한다고 충고한다. 왜냐하면 앞으로 제대로 된 남자가 과연 나타날지, 그리고 언제 나타날지 모르지만, 이혼을 겪고 나면 남자에게 마음을 열기가 힘들어질 것이라는 이유 때문이었다. 어쩌면 그들의 말이 옳을지도 모른다. 내가 정신적으로 입은 상처를 치료하려면 아직 더 많은 시간이 필요할지도 모른다. 나는 아직도 가끔씩 거리에서 키 큰 금발머리 남자를 보면, 혹시 내 전남편이 아닌가 하고 돌아본다. 때로는 그에 대해 욕을 하기도 한다. 그리고 아직도 봄이 되면 견디기가 힘들다.

그러나 이제는 내가 이혼을 향해 올바른 길을 걸었다는 점, 그리고 내가 전남편에게 느꼈던 사랑을 거의 떠나보냈다는 사실을 전보다도 더 확실하게 느낀다. 나는 이제 다시는 그를 만나고 싶지 않다. 이것은 내가 이혼을 하면서 나의 마음속에 깊숙이 찍었던 도장이다. 또다시 그에게 반할지도 모른다는 두려움은 더 이상 없다. 그는 나약하며, 한때 나에게 잔인했고, 그것이 잘못된 일이었음을 분명하게 보여주기 위해서 나는 그의 삶으로부터 사라지고 있다.

시간이 흐른 후 나는 또다시 로맨틱한 사랑에 빠지겠지만, 그러한 사랑은 반드시 아픈 결과를 낳게 된다는 사실을 나는 이미 배웠다. 부분적인 섹스, 부분 화장과 조명, 부분적인 필요……이것들은 언제나 조심하고 극복해야 할 일들이다. 언젠가 때가 되면 나는 친구의 딸에게 버지니아 울프의 책을 줄 것이며, 『자기만의 방』(*A Room of One's Own*)이 후기 페미니스트 사회에서도 계속 의미가 있는 것이기를 바라고 있다. 당연히 그래야 하는 것이지만, 여성의 의식이 변화되지 않는 한 성차별주의적인 사회는 여전히 존재할 것이기 때문이다. 이것이 바로 내가 이혼이라는 통과의례를 겪으면서 얻은 교훈이다.

이혼한 후에도 한동안 나는 내가 정말로 가장 진실한 생각을 가지고 결혼했던 것인지 의심스러웠고, 이제는 올바른 결혼에 더욱 적합한 사람이 되어 있다. 이러한 나의 경험은 다른 부부들이 결혼을 통해서 배우고 성장하는 데 도움이 될 것이다. "결혼한 사람들이 저지르게 되는 오류는, 시간이 갈수록 상대방이 더 나은 사람이 되고 더 높은 기준을 충족시키고, 그러한 기준에 맞춰 나를 사랑하도록 강요하는 것이다"라고 로버트 루이스 스티븐슨은 말했다.

비록 아픈 과거였지만, 나는 이혼을 통해서 이런 것들을 배우고 성장했다.

12

실패한 이혼

앨릭스 케이츠 슐먼

앨릭스 케이츠 슐먼(Alix Kates Shulman)은 정치 활동가이자 페미니스트, 교사이다. 또 『무도회 여왕의 추억』(Memoirs of an Ex-Prom Queen), 『가장 중요한 문제들』(Burning Questions), 『모든 여성의 삶』(In Every Woman's Life) 등의 소설을 쓴 작가이기도 하다. 최근에 낸 책은 회고록인 『빗물을 마시며』(Drinking the Rain)이다. 하와이 대학, 예일, 뉴욕 대학 등에서 강의를 했고, 로마에 있는 아메리칸 아카데미의 초대 아티스트이기도 하다. NEA와 드윗 왈라스/리더스 다이제스트 연구비를 받기도 했다. 현재 뉴욕 시와 메인 주 해변에서 떨어진 한 섬을 오가며 활동하고 있다.

내가 보아온 것

사람들은 왜 이혼한 사람들을 보면서 '실패했다'고 말하는 걸까? 마치 참고 사는 것만이 미덕인 것처럼 말이다. 결혼이란 얼마나 오랫동안 지속되었든 관계없이, 의도했던 바를 달성하기만 하면 성공한 것으로 여겨지는 것이 당연한 것 같다. 그것이 섹스의 천국, 부모님의 간섭으로부터 벗어나기, 경제적 이익, 아이를 호적에 올리기, 동반자 관계, 시민권 취득 중 그 어떤 것이라 할지라도 말이다. 이러한 척도로 판단해 볼 때, 내가 알고 있는 가장 성공적인 결혼(나의 첫번째 결혼도 포함하여)들 중 많은 수가 오래 가지 못했다.

물론 결혼이 예기치 못한 비참한 성생활, 속박, 경제적 종속 또는 파산, 자녀의 불행 등과 같이 끔찍한 결과를 가져올 수도 있다. 나의 판단으로는, 그런 결과가 초래된다면 결혼생활이 죽을 때까지 유지된다 할지라도 그 결혼은 실패한 것이나 다름없다.

이혼의 경우에도 마찬가지이다. 이혼도 다양한 목적을 성취할 수 있으며, 결과적으로는 성공 또는 실패로 여겨지는 것이 당연한 것 같다. 따라서 다른 사람들이 보기에 흉하지 않은 결혼생활을 하다가 문제가 곪아 터지기 전에 적절한 조치를 취하는 방법으로 이혼을 선택했다면, 그것은 성공적인 이혼이라고 할 수 있을 것이다. 하지만 이혼서류에 도장을 찍기 전에 오랫동안 상대방을 고통스럽게 했던 결혼생활은 실패로 간주해야 할 것이다.

나에게는 두 번의 이혼 경험이 있는데, 한 번은 성공이었고 한 번은 실패였다. 성공적으로 느껴지는 이혼은 짧고 신속하게 진행되었으며, 그렇게 관계가 정리되는 것이 서로에게 올바른 것이었다. 그러나 실패했던 이혼은 기나긴 시간을 끌었으며, 고통스럽고 어수선했다.

내가 어린 시절을 보냈던 오하이오 주 클리블랜드 교외지역에서는, 짧게 지속된 결혼생활은 모두 실패로 간주되었다. 그래서 이혼한다는 것은 도저히 용납될 수 없는 일이었고, 그야말로 치욕이었다.

내 친구 리디아는 자신의 부모가 이혼했다는 사실을 인정하지 않은 채, 아버지가 사고로 돌아가셨다고 거짓말을 했다.

그러나 같은 반 친구였던 세실리의 아버지는 진짜로 돌아가셨는데(원인은 심장마비였다), 세실리는 슬퍼하면서도 그 사실을 인정했다.

이혼한 어머니를 따라 뉴욕에서 클리블랜드의 중학교로 이사온 해리엣의 경우는 달랐다. 백화점 모델을 할 정도로 세련되고 매력적이었던 그녀의 어머니는, 데이트하는 모습이 발견될 때마다 주위 사람들에게 천한 여자라고 손가락질당했다. 순진한 딸의 장래를 망친다는 비난까지 받았다. 내가 자라난 지역에서는, 이혼한 여자가 예쁘기까지 하면 거의 매춘부 같은 취급을 받았다.

의심할 것 없이 해리엣의 어머니는 다른 견해를 가지고 있었다. 요부가 되든가 희생양이 되는 것말고도 더 많은 가능성이 있었던 대도시에서, 문제가 되는 것은 이혼 그 자체가 아니라 누가 누구를 버렸으며, 자녀는 몇 명인가 하는 것 등이었다.

당시 헐리우드 영화를 보면, 이혼은 애처럽고 비참하고 패배적인 것이면서도, 화려하고 매혹적이며 독립적인 것이기도 했다. 리타 헤이워드, 엘리자베스 테일러, 아티 쇼 같은 여자들은 수없이 결혼하고 이혼한 것으로 유명했고, 그런 점에 자부심까지 가지고 있었다.

한편 책을 보면, 버림받은 여자들은 이따금 자살을 하기도 했다.

20세기로 접어들면서 점차 증가하던 미국의 이혼율은 제2차 세계대전이 끝난 후 증가속도가 급격히 빨라졌다. 제복을 입은 영웅과 짧은 사랑을 나누었지만 이들이 민간인의 신분으로 돌아왔을 때의 실망감으로 인해 결혼생활이 파국에 이르기도 했고, 전쟁터에 나간 배우자를 끝까지 기다리지 못하고 다른 이성을 만나게 된 경우, 그리고 군대에 파견되었다가 그곳에서 저지른 간통도 이혼의 원인이 되었다.

그러나 통계와 상관없이, 백인 중산층이 주로 살고 있던 클리블랜드 지역에서는 이혼이 여전히 불명예스러운 일이었다.

그렇지만 우리 가족들 사이에선 이러한 이혼보다 더 나쁘다고 생각했던 것이 한 가지 있었다. 나의 삼촌 해리의 처형이었던 에스더 아줌마처럼 아예 결혼을 하지 않는 것이었다. 에스더 아줌마는 비서였는데, 가족들이 모일 때면 애처로울 만큼 바짝 마른 몸매에 쪽진 머리를 하고 나타났다. 그녀는 꾸어다 놓은 보릿자루같이 가족들과 어울리는 것을 불편해하면서 조용히 앉아 있곤 했다. 그보다 더 심한 일도 있었다.

세월이 흘러 한 친구가 나에게 고백하기를, 자신은 애초에 있지도 않은 남편을 만들어내어 마치 그와 이혼한 경력이 있는 것처럼 남들에게 거짓말을 했다는 것이다. 이혼은 실패를 명백히 인정하는 것이었지만, 결혼하지 않는 것은 일반인들에게 더 큰 실패로 여겨졌기 때문이다.

나 역시 결혼과 이혼에 대해 그런 식으로 생각하고 있었지만, 어렴풋하게나마 다른 견해도 가지고 있었다. 당시에 WPA의 역사 프로젝트 설계자로 일했던 나의 어머니에게는 이혼한 친구가 여러 명 있었다.

나에게는 이들의 삶이 흥미로워 보였다. 나의 어머니는 도시 근교에 사는 일반적인 중산층에 속했지만, 예술가, 지식인, 음악가, 무용가 등과 같이 자유분방한 사람들과 함께 일하고 있었다. 이들은 자신의 삶을 전혀 감추려 하지 않는, 자의식이 강한 이혼녀들이었다.

어머니의 가장 친한 두 친구 중 한 명은 현대무용가였는데, 그녀는 예술가였던 남편이 요절한 뒤 결혼과 이혼, 재혼을 계속하여 당시 다섯번째 남편과 살고 있는 상태였다.

어머니의 상사였던 매리 워너는 깊고 굵은 목소리를 가진 여성으로서 힘찬 걸음걸이, 환한 미소, 짧게 자른 갈색 머리에 기름을 발라 뒤로 깔끔하게 넘긴 헤어스타일, 그리고 내가 당시에 만났던 사람들 중에서 가장 친절한 눈빛을 가지고 있었다. 그녀는 생동감 있는 긴 머리를 가진 연인 안드레아 개리슨과 한집에 살고 있었다. 이들은 동성연애자였다. 안드레아의 두 아이 대니와 엘렌은 잘생기고 손발이 가늘고 길며, 붉은색 머리를 가진 10대였다. 그러나 나로서는 안드레아와 매리가 둘다 여자임에도 불구하고 연인 사이라는 사실보다, 안드레아가 이혼하여 자기 자식들을 아버지 없는 아이들로 만들었다는 사실이 더 이상해 보였다.

동성연애자가 아닌 사람이라고는 나의 부모뿐이었던 그 집에서의 유쾌한 파티는 내 유년기의 정점이었고, 아직도 그때를 생각하면 즐거운 풍경들이 떠오른다. 하늘하늘한 시퐁 드레스를 입은 안드레아, 남성복 정장을 입은 매리, 그리고 활기찬 논쟁, 위트가 넘치는 수다, 집안을 경쾌하게 하는 음악, 금지된 조크, 술 등.

네 명의 숙모들을 제외하고, 매리 아줌마는 내가 아주 좋아하던 어른이었다. 아직까지도 나는 그녀가 나를 어른처럼 대우하면서 나의 기분을 맞추려고 배려하던 것과, 그녀가 바삭바삭하게 구운 맛있는 갈비를 내가 깨끗하게 먹어치울 때까지 참을성 있게 지켜봐 준 것들에 감사하고 있다.

그러나 안드레아 아줌마의 가족들은 타는 듯한 붉은 머리카락을 가졌음에도 불구하고, 오늘날까지도 나에게는 대단치 않은 존재로 남아 있다. 그들을 떠올릴 때면, 부모의 이혼으로 인해 밝은 웃음을 빼앗긴 대니와 엘렌의 아버지 없는 모습이 생각나서 당혹스럽다. 나의 어머니가 일을 그만두고 그들이 우리의 생활 영역에서 모습을 감춘 뒤까지도 그 모습은 나에게 인상 깊게 남아 있다.

다행히도 나의 부모님은 한 쌍의 원앙새처럼 끝까지 부부관계를 유지했다. 그들은 여든일곱과 아흔세 살인 지금도 여전히 결혼한 상태이다. 어머니의 일곱 남매 중에서 유일하게 그녀만 평생토록 산뜻한 핵가족을 유지했지만, 다른 형제들은 그렇지 못했다.

어머니는 남동생의 아내가 출산 도중 사망하자, 아버지와 의논하여 그 아이를 입양했다. 어머니는 그 직후에 임신하여 나를 가졌기 때문에, 내가 태어났을 때는 나보다 11개월 빠른 오빠가 있었다. 이모들 중 한 사람은 유부남과 살림을 차리기 위해 시카고로 도망을 갔고, 한 사람은 남편을 권총으로 쏘아 죽였다는 무고한 혐의를 받기도 했다. 그리고 또 한 명의 이모는 남편을 남겨두고 혼자 세계여행을 하기 위해 부정기 화물선을 타고 떠났고, 나머지 한 명의 이모는 지역 라디오 방송국의 합창단원으로, 역시 출산 도중 사망했기 때문에 이번에는 나에게 남동생이 생겼다.

그러나 그 남동생은 몇 년 후 그의 아버지가 재혼하면서 데리고 갔다. 나는 이모부가 그 아이를 데리고 가던 날을 아직도 기억한다. 늘 명랑하고 포동포동하던 여섯 살바기 아이는 통통한 팔을 버둥거리면서 내 어머니를 목놓아 부르고, 어머니는 검정색 쿠페형 자동차가 브래드포드 언덕을 넘어 사라지고 나서도 한참 뒤에까지 내 옆에서 흐느끼고 있었다. 그날부터 나는 부모가 없는 아이의 고통과 죽음에 의해서든 이혼에 의해서든 파괴된 가정의 황폐함 등을 알게 되었고, 그후에는 그런 일을 더 많이 보게 되었다. 그리고 외삼촌의 아들인, 나보다 11개월 빨리 태어난 오빠를 가엾게 생각하게 되었다.

내 어머니의 일곱 형제들 중에서 단 세 명만이 자식을 낳았고, 어머니는 어쩔 수 없이 그 아이들을 모두 기르게 되었다. 별다른 문제 없이 부모님의 사랑을 받고 자란 나는 그래서 핵가족의 불가

피성과 우월성, 그리고 필요성을 주장한다. 내 부모님은 이상하게도 계속 주변 친척들의 죽음과 가정의 파괴를 지켜보면서 이런저런 해결책을 마련해야 했다. 그러나 이혼이 생긴 적은 한 번도 없었는데, 나는 어떤 면에서 그것이 더 나쁘게 보였다.

나는 스무 살이 되던 해에 클리블랜드를 떠나 뉴욕으로 갔다. 내가 고향을 떠난 이유 중 하나는, 스물두 살쯤 되면 사람의 인생 여정이 판에 박힌 듯 고정되어 버리는 그곳 특유의 부부관계에 대한 통념에서 벗어나기 위해서였다. 대학교에서 내 아버지 또래의 결혼한 교수와 비밀스러운 연애를 즐기면서, 나는 이미 결혼에 대해 어느 정도 냉소적인 생각을 가지게 되었다.

그때는 1953년이었는데, 나는 어느 정도 나의 결혼관을 굳혀가고 있었다. 내가 원하는 조건에 따라 결혼하기로 결심한 것이다. 다시 말해서, 나의 고향인 클리블랜드 사람들이 아무리 인정하지 않는다 하더라도 이혼은 나의 비밀스러운 안전장치이며 비상탈출구가 되어야 한다는 생각을 가지고 있었던 것이다. 필요에 따라서는 낙태를 할 수 있는 것과 마찬가지로, 이혼도 남보기에 흉하지 않은 삶의 필수조건이 되어야 한다는 것이었다.

최근에 나는 부모님의 다락방에서, 40년 전 내가 대학교 1학년이었을 때 기록했던 작문철을 발견했다. 하나는 예루살렘의 마녀재판에 관한 것이고, 또 하나는 「위대한 착각」이라는 제목이 붙은 것으로, 다음과 같은 주제를 설명한 것이었다. "현대 미국의 생활방식에 맞추려면, 성공적인 결혼을 추구하는 경우 배우자 선택은 로맨틱한 사랑이 아니라 이성적인 분석에 의해 이루어져야 한다."

대학교 1학년생으로서 나는 이미 사랑하는 사람을 잃게 되는 결과에 대해 경계하고 있었으며, 결혼에 대해서도 아주 현실적인 생각을 하고 있었던 것이다.

내가 행동한 것

뉴욕에서 기숙사 생활의 한계와 모순(기숙사는 같은 성별끼리만 사용할 수 있는 점, 그리고 여자들의 경우 야간 통행금지가 엄격히 실시되고 있는 점)에 대해 분노하고 있던 나는, 1학년이 채 끝나기도 전에 같은 학교의 대학원생과 결혼했다. 한편으로는 부모나 부모를 대신하는 사람들로부터의 간섭과 통제로부터 자유로워지기 위해서, 한편으로는 재미로, 그리고 한편으로는 결혼생활이 무엇인지 궁금하여 결혼했다.

분명코 정착하기 위해서는 아니었다. 비록 성을 남편의 것으로 바꾸고 생활을 꾸려나가기 위한 직업을 얻긴 했지만, 그것은 결혼이라기보다는 정해진 한 남자와 교제 및 동거하기, 그리고 공인된 성생활을 할 수 있다는 것이었다.

5년 후 스물다섯 살이 되었을 때, 나는 5일간의 휴가를 얻어 멕시코의 후아레즈로 가서 우리집 가족사에서 최초의 이혼으로 기록될 이혼을 하기 위해 서류신청을 했다. 나에게는 이것이 그리 놀라운 일이 아니었다. 서류를 읽기 위해 공단 리본을 풀었을 때, 빳빳한 양피지에 화려한 글씨체로 씌어져 있는 나의 이혼사유는 바로 '성격차이'였다.

뉴욕에서 이혼의 주된 이유는 간통이었던 것을 생각해 볼 때, 성격차이라는 것은 나에게 좀 하찮아 보였다. 그러나 청렴한 변호사였던 나의 아버지가 볼 때는 내 이혼사유가 뉴욕 사람들의 경우처럼 간통이 아니었기 때문에 추문의 대상이 되지 않는다는 사실이 중요했으며, 나도 그럴 수 있어서 다행이었다. 나는 그전에는 멕시코에 가본 적이 한 번도 없었다.

나에게 있어 그 이혼은 결혼과 마찬가지로 서류 이상의 의미를 갖지 않았다. 즉 그 서류들은 실질적으로 필요하기는 했지만, 불합리한 부분도 있었다. 나는 그 한 장의 서류가 한 사람의 인생을 모두 결정할 수는 없다고 생각했지만, 어쨌든 형식적인 절차를 치르기 위해서는 서류가 필요하다는 것을 인정해야 했다.

이혼이 이루어진 후에 나는 한 번도 전남편을 본 적이 없으며, 그가 두번째 결혼을 하기 전날 밤 그의 새로운 아내가 될 사람의 가족들을 만족시키기 위해 정통 유대교 방식의 이혼의식을 치러줄 수 있는지를 전화로 물어오기 전에는 그와 얘기할 일이 전혀 없었다. 그가 나를 자유롭게만 해준다면 그 정도의 일은 나에게 아무런 문제가 아니었다.

내 아이들의 아버지가 된 남자와 나는 두번째 결혼을 했다. 그런데 이 결혼은 첫번째 결혼과 완전히 달랐다. 그것은 단순히 법적으로 인정된 이성과 사는 문제가 아니었다. 비록 이때도 나는 첫번째 결혼 때처럼 점심시간에 부랴부랴 시청으로 가서 볼일을 본 뒤 오후에 직장으로 돌아오듯 무책임한 마음으로 결혼했지만, 아이를 키우기 위해 직장을 그만두자 이 결혼도 다른 결혼과 다를 바가 없었다. 남편은 두 명의 아이를 낳고도 일정한 수입 없이 여자들의 뒤꽁무니나 따라다니고 있었다.

그를 바라보며 맨해튼의 아파트에서 대책 없이 살아가던 나는, 갑자기 내가 여느 시골 아낙네와 다름없이 상처받기 쉽고 의존적인 여자라는 사실을 알게 되었다.

이때부터 나는 더 이상 결혼을 장난이나 즐거움, 혹은 생활상의 편의를 위해서 하는 거라는 생각을 할 수 없게 되었다. 아이들이 있는 한, 결혼생활은 내 아이들의 삶의 토대이며 생명줄이었다. 어떤 사람에게는 결혼생활이 감옥과 같은 것이므로, 이혼만이 거기에서 벗어나는 길일 수 있다. 그러나 어떤 사람에게는 결혼생활이 오히려 보호책이며, 이혼(이혼을 한다 해도 남자 쪽에 아이들의 양육비를 요구하는 것이 사실상 불가능한 경우)은 더 큰 가난을 의미하는 것이 될 수도 있음을 나는 그때 깨달았다.

오늘날에는 결혼과 관련된 법에 여러 가지 혁신이 이루어져서 결혼한 사람에게 특권을 주도록 운용되고 있는 경우가 많다. 그러나 제도라는 것은 신분이나 직업, 그리고 상대적인 권력뿐만 아니라 개인적인 관계, 야망, 감정 등에 따라서 어떤 여성에게는 가혹하게 느껴지는 것이 다른 여성에게는 보장책으로 느껴지기도 하는 복잡한 역사를 가지고 있는 것이다.

내가 일단 아이를 갖게 되자, 그동안에는 언제나 나를 구출해줄 수 있는 탈출구처럼 생각되던 이혼이 이제는 더 이상 안전장치가 될 수 없었을 뿐만 아니라 오히려 위협으로 변하고 말았다. 결혼생활이 파국으로 끝난다면, 내 아이들은 아버지도 없고 돈 한푼 없는 아이들이 되어 내가 어린 시절에 주변에서 지켜보았던 것과 같은 최악의 상황들이 현실화될 수도 있었다.

그즈음, 나에겐 내 학교 친구 해리엣의 어머니가 갑자기 위험한 유성처럼 눈앞에 나타났다.

상황의 심각성을 인식하게 되면서, 나는 남편에 대한 의존성을 줄이고 내 입장을 강화하기 위해 서둘렀다. 나는 집에서도 할 수 있는 자유업을 찾았고, 따로 애인을 구했으며, 새롭게 재탄생한 페미니즘을 받아들였다. 공감을 주는 논리를 가지고 있으면서 옹호자들이 점점 늘어나는 페미니즘은 나로 하여금 나의 곤경을 이해하는 동시에 그것과 싸울 수 있도록 해주었다.

페미니즘이 결혼, 모성, 그리고 이혼에 대한 나의 사고에 얼마나 심오한 영향을 미쳤는지를 여기서 자세히 얘기할 수는 없다. 페미니즘은 나를 집에 틀어박혀 불안해하기만 하던 방관자적 입장에서 나 자신의 삶을 적극적으로 형성하는 사람으로 변모시켰다. 그러한 변화의 한 가지로, 두번째 결혼이 10년째 접어들던 해에 나는 남편과 함께 일종의 합의서를 작성했다. 자녀 양육과 가사노동을 절반씩 나누어 하자는 합의서를 작성한 것이다.

이때가 1969년이었는데, 바로 그즈음 '결혼에 있어서의 평등'이라는 개념을 놓고 『뉴욕』, 『미즈』, 『레드북』, 『라이프』 등을 포함한 많은 잡지에서 이 문제를 다루었다. 노먼 메일러, 러셀 베이커 등이 이 문제에 참여하여 열띤 논쟁을 벌이기도 했다. 그러나 거북이의 등에 받쳐져 있는 지구처럼, 우리 부부의 합의서는 시간이 지나면서 흐지부지되었다. 그리고 결국 우리는 헤어졌다.

남편이 두 주일간 휴가를 얻었다고 하면서 연락처도 남기지 않고 서부로 가버렸을 때, 아이들은 아홉 살과 열한 살이었다. 처음에 나는 끊임없는 긴장에서 해방된 기분이었고, 기대하지 않았던 고요함에 젖을 수 있어서 기뻤다. 그러나 장거리전화로 딱 한 번 전화만 왔을 뿐, 몇 주일이 지나고 몇 달이 흘러도 그는 돌아오지 않았다. 그로 인하여 내가 어린 시절에 상상하던 최악의 상황과 똑같이 내 아이들이 의기소침한 상태에서 자라나게 되었고, 나는 점점 불안해지기 시작했다.

나는 남편이 가까운 어딘가에 살면서 똑같이 자녀양육에 참여하거나, 적어도 격주마다 아이들을 보러 오는 등의 개화된 이혼을 상상했다. 그러나 그는 전혀 다른 생각을 하고 있었다. 남편은 캘리포니아에서 애인과 함께 사는 것과 뉴욕에 있는 가족에게로 돌아오는 것 사이에서 갈등하고 있었다. 그러면서 내가 자기를 받아주지 않는다면(또는 우리 식구 모두 캘리포니아로 이사하지 않는다면) 다시는 아이들 앞에 나타나지 않겠다고 못박았다.

나는 그런 남편으로부터 자유로워지고 싶었지만, 아버지로부터 배신감을 느끼면서 날마다 의기소침해지는 우리 아이들을 희생시키는 것이 두려웠다. 어느 쪽을 선택해도 끔찍하긴 마찬가지라는 생각으로 나는 고통스러웠다. 나는 아이들의 용기를 북돋워 주기 위해, 일요일이 되면 새장을 새로 단장한 브롱스 동물원으로 데려가겠다고 약속했다. 그러자 아이들은 눈에 띄게 표정이 달라지면서 즐거워했다. 주말 소풍 준비를 하는 것은 오래 전부터 남편의 몫이었지만, 그의 역할까지 모두 해내기로 결심한 나는 점심 도시락을 싸서 아이들과 함께 출발했다. 음울한 지하철에서 내려 눈부신 햇살이 쏟아져 들어오는 계단을 신나게 뛰어올라가는 아이들의 모습을 보자, 그때까지 억지로 짓고 있던 나의 미소는 자연스럽게 희망찬 미소로 바뀌었다.

그로부터 얼마 후, 왁자지껄하게 떠들며 입장을 기다리고 있는 수많은 사람들과 함께 새장 입구에서 이리 밀리고 저리 밀리면서 문득 내 아이들의 모습이 얼마나 가엾고 슬프게 보이는지를 깨달았을 때는 내 가슴이 미어지는 듯했다. 갑자기 나는 가정이 파괴된다는 것이 어떤 것인지 알게 되었다. 다른 아이들이 행복한 얼굴로 아버지의 어깨 위에 앉아 있거나 부모의 양손을 잡고 있는 것을 내 불행한 아이들이 바라보고 있는 모습을 보면서, 그리고 어린 시절

이종사촌 동생이 어머니의 품에서 떼어져 나갈 때 느꼈던 고통을 기억하면서, 나는 내 어린 시절의 공포가 어른이 된 나의 희망을 억누를 날이 멀지 않았다는 사실에 두려움을 느꼈다.

이혼한 가정의 아이들이 때로는 얼마나 빨리 원기를 회복하는지, 또는 내 다음 세대에 이혼하는 부부들이 이렇게 많아질 줄을 진작에 알았더라면, 나는 끝까지 버텼을지도 모른다. 그러나 나는 그 세대 사람이었고, 내 아이들이 고통을 겪고 있다는 사실이 고통스럽게 느껴졌다. 나는 그 아이들을 위해서 강해지기로 결심했지만, 몇 개월이 흘러가고 그 아이들이 점점 의기소침해지는 것을 바라보면서 나도 그들을 따라 의기소침해졌다. 마침내 더 이상 고통을 참을 수 없게 되었고, 1년도 채 못 되어 나는 패배를 인정할 수밖에 없었다. 결국 나는 아이들의 아버지에게 애원하듯 하여 그가 우리 곁으로 돌아오게 했다.

그가 돌아왔을 때, 처음에 우리는 거짓 기대와 즐거운 안도감에 휩싸였다. 우리의 섹스는 전혀 열정적인 것이 아니었다. 오래지 않아 기쁨은 체념으로 바뀌었고, 우리는 과거의 상태로 다시 돌아갔다. 대립과 위기감, 서로에 대한 불신감 등을 억지로 숨긴 채 살아가는 가족이 된 것이다. 아이들이 없었다면 나는 틀림없이 첫남편과 그랬던 것처럼, 그와 갈라서서 재산을 절반으로 나눈 후 헤어졌을 것이다.

그러나 우리는 아이들이 성장할 때까지는 가능하면 적은 시간만 함께 보내고, 어떤 의미에서는 사실상의 이혼이라고도 할 수 있을 명목상의 결혼생활을 유지하기로 합의했다.

내가 배운 것

그로부터 10년 후, 우리가 결혼한 지 25년이 지난 해에 마침내 우리는 헤어졌다. 그때까지 쌓인 고통은 이루 말할 수 없을 정도였다. 이렇듯 나의 두번째 이혼은 첫번째 이혼과는 아주 다르게 의례적이고 불쾌한 경험이 되었다. 나의 두번째 이혼은 몇 주일이 아니라 몇 년을 질질 끌었고, 타협이 아닌 비타협을 낳았다. 또 마음의 고통과 후회 대신 악의를 강요했으며, 멕시코로의 여행이라는 대가 대신 오히려 절반의 재산을 잃는 결과를 초래했다. 아이들은 대학에 입학하여 이미 우리의 품에서 떠나버렸지만, 그 아이들이 이제 모든 걸 알 만한 나이가 되었다고 해서 그들이 고통과 번민을 느끼지 않는 것은 아니었다.

이제 우리가 최종적으로 이혼서류에 서명을 한 후로 또 10년이 지났고, 그와 나는 각자 다른 배우자를 만났다. 그러나 아직도 나의 두번째 남편은 나에게 얘기할 때마다 목소리가 날카로워진다. 아마 그것은 우리의 이혼이 아직 끝나지 않았다는 의미일 것이다. 도대체 언제쯤이면 그와의 관계가 끝날까?

내가 아는 한 재치 있는 여자의 말에 의하면, 사랑하는 사람들이 파경에 이르러 둘 사이가 완전히 끝나려면 두 사람이 사랑하던 기간만큼의 시간이 걸린다고 한다. 그러나 아이들이 부모의 파경을 극복하기까지는 부모가 결혼 약속을 위반하기 시작했을 때의 자기들의 나이만큼이나 오래 걸리는 것이 아닐까 의심스럽다.

남편이 방황하기 시작했을 때 아이들의 나이는 네 살과 여섯 살이었고, 우리의 불화가 처음 시작되었을 때는 아홉 살과 열한 살이었으며, 우리가 이혼신청을 했을 때는 열아홉 살과 스물한 살이었다. 다시 말해서, 아직도 우리 사이에 남아 있는 냉랭함이 사라지고 우리의 관계가 완전히 끝나려면 아직도 더 많은 시간이 필요하다는 이야기가 된다.

그러나 지금 나는 이혼에 대해 매우 냉정하게 되새겨볼 수 있게 되었고, 이제 두번째 남편과의 관계도 거의 마무리될 때가 된 것 같기도 하다. 다시 돌아보면 우리는 더 빨리 이혼할 수도 있었으며, 실패한 결혼과 실패한 이혼 중에서 어떤 것이 더 나쁜지를 분명하게 가리기는 어렵다는 점도 알 수 있다.

스타와 이혼

프랜신 프로즈

프랜신 프로즈(Francine
Prose)는 『원시인』(Primi-
tive People), 『사냥꾼과 채집가』
(Hunters and Gatherers) 등을 포함
한 아홉 권의 소설과 『여자와 아이들
먼저』(Women and Children First),
『평화의 왕국』(The Peaceable
Kingdom) 등의 산문집을 갖고 있다.
단편과 수필이 『베스트 아메리칸 스토
리즈』, 『뉴요커』, 『애틀랜틱』, 『예일
리뷰』, 『뉴욕 타임스 북 리뷰』 등에 실
린 바 있다. 현재 뉴욕 주 북부에 살고
있다.

우디 앨런과 미아 패로

친한 친구 한 명이 디너 파티에 거의 한 시간이나 늦게 도착한 적이 있었다. 그녀의 설명에 의하면, 외출하기 위해 옷을 입는 동안 그냥 텔레비전을 켰다가 너무나 흥미로운 소식을 접하는 바람에 그것을 다 보고 오느라고 늦었다는 것이다. 그녀의 말에 의하면, 당시 화제를 뿌리고 있던 로잔 아놀드와 톰 아놀드의 파경과 관련된 최근 소식이 나오고 있었는데, 자기도 모르게 의자에 앉아 그날 아놀드 부부 사이에 벌어진 새로운 사건 얘기를 다 들을 때까지 움직일 수 없었다고 했다.

그녀는 신랄한 위트나 진부함, 그리고 적당히 얼버무려진 사고와 감상적인 생각 등을 못 견디는 것으로 알려진 문학비평가이자 시인이다. 그러나 그날 저녁 식사 테이블에 모인 사람 중에서, 이렇듯 대단한 문화계의 인사가 약속시간을 어기면서까지 아놀드 부부의 파경 소식에 눈과 귀를 집중시켰었다는 사실에 대해 놀라는 사람은 아무도 없었다. 도대체 얼마나 새롭고 재미있는 드라마가 펼쳐졌기에, 이 친구가 수프가 나올 시간에 늦고 메인 코스까지 놓칠 뻔했는지를 모두가 상상하느라 잠시 동안 침묵이 흘렀다. 그런 다음 부드러우면서도 거의 경건한 음성으로 누군가가 물었다.

"그 사람들, 어떻게 됐어요?"

이혼은 공적으로나 사적으로나 늘 열렬한 관심의 대상이었다. 이혼에 대한 호기심은 이혼이라는 것이 생긴 시간만큼이나 오래된 것이며, 우리도 알다시피『구약성서』와『코란』에서는 이혼을(특히 남자들에게 있어서) 더없이 행복할 정도로 쉬운 것으로 만들어 놓았다.

역사적으로 볼 때도 앙리 3세의 이혼에 대한 반응은 유럽 역사를 근본적으로 뒤바꿔 놓았다. 디킨스가 젊고 예쁜 여배우 때문에 자신의 어린아이들의 엄마를 버렸을 때는, 적어도 두 대륙의 독자들이 전율과 충격으로 동요했다. 콜레트와 아이작 디네센 부부의 이혼은 그보다는 덜한 격분을 불러일으키기는 했지만, 이들의 이야기는 아직도 파리와 식민지 케냐 사람들에게 이야깃거리가 되고 있다.

한때 빅토리아 왕조 사회가 대중문화와 도덕적 창의력을 억압하던 시대에는, 이혼은 대부분 귓속말로 속삭여지거나 비밀스러운 추문으로 떠돌았다. 그러나 이제는 상황이 달라졌다. 유명인들의 이혼사건은 신문의 제1면을 당당하게 장식하게 되었고, 상황이 어떻게 돌아가고 있는지를 분명히 알고 싶어하는 독자들의 열망은 절대로 탐욕스럽고 예민한 것으로 간주되지도 않는다. 게다가 프랑스에서는『이혼』이라는 잡지까지 생겼다고 한다. 이제 기자들과 카메라맨들이 파경에 이른 커플을 따라다니면서 질문하고, 그들의 이야기를 엿듣고, 침실과 법정에서 수집한 자세하고 풍성한 이야기들을 책으로 내놓는 시대가 된 것이다.

우디 앨런과 미아 패로의 파경이 중요한 정치 캠페인보다 더 큰 관심과 논쟁을 불러일으켰던 것을 생각해 보라. 그 사건을 바라보는 모든 사람이 저마다의 의견을 토로했고, 논쟁은 뜨겁게 달아올라서 인신공격으로까지 번졌다. 그리고 남성은 여성에게, 여성은 남성에게, 성(性)의 전쟁이 새로 불붙을 때마다 그렇듯이 서로의 나쁜 태도와 맹점들을 열렬히 비난하곤 했다.

명사들의 이혼사건이 점점 확대되어 이론이 분분해지는 정도가 되면, 그것은 수많은 관중을 동원하는 스포츠 경기 같은 것이 되어버린다. 로마인들이 콜로세움을 버린 지 수세기가 지난 지금, 우리는 마치 피에 굶주린 검투사들이 싸움터를 찾듯이 유명인사들의 이혼사건에 열광적인 흥미를 보이고 있다.

여기서 생각해 보아야 할 점은, 이 호기심은 과연 무엇을 의미하는가 하는 점이다. 유명인사들의 이혼에 대한 우리의 열광적인 관심은 사회적 존재로서의 우리에 대해, 그리고 우리의 개인적인 삶, 도덕적 판단, 결혼, 페미니즘에 대한 공감, 희망과 불안, 고결성, 자기 자신과 배우자와 친구들에 대한 성실성에 대해 무엇을 얘기해 주는가?

이혼 뉴스

우리 사회는 더 이상 개인의 프라이버시를 존중하거나 귀중하게 여기지 않는다. 개인의 모든 정보를 상업적으로 이용하며, 마음만

먹으면 아주 자세한 정보까지도 입수할 수 있는 것이다. 게다가 대중은 무엇이든 알 권리를 가지고 있다. 이런 사회에 살면서 자신의 계획을 보호하고 생활의 특정한 부분이 노출되지 않도록 하려면, 신경증 환자처럼 위축되어 있거나 모든 대중문화를 부정하는 사람처럼 보일 위험을 감수해야 한다. 지금 시대에는 프라이버시를 주장하는 대중적인 인물이 오히려 '은둔자' 처럼 묘사되는 경우가 더 많은 것이다.

한편 개인이 자기의 삶을 고백하는 것은 갈등을 극복하거나 상처를 회복하기 위한 필수단계로서 권장되고 있다. 또한 자신의 개인적인 위기를 용감하게 밝히는 유명인사들은 그 점에 대해 칭송받고 축하를 받을 뿐만 아니라, 비슷한 고통을 겪고 있는 주변 사람들이 그 문제에 직면하여 올바르게 해결할 수 있도록 용기를 준다고 생각되는 경향이 있다.

그러나 이혼에 대해 알고자 하는 우리들의 지나친 호기심은, 사실 신문에 나거나 TV에 방송되는 요약된 내용 이상의 것을 알고 싶어하는 욕구이다. 이러한 욕구는 반사작용이나 본능처럼 천부적인 것이며, 알고 보면 사랑과 섹스, 그리고 죽음에 대한 심원한 감정만큼이나 깊은 것이다.

이혼에 대한 대중들의 호기심에 관해 생각한다는 것은 호기심 그 자체의 성격을 탐구하는 것과 같다. 무언가를 몹시 알고 싶어한다는 사실, 그리고 특정한 권한이 주어진 정보가 매우 자극적이고 흥미 있게 여겨진다는 사실은, 그것이 우리의 내면에 숨어 있는 희망과 불안을 얼마나 깊이 건드리는가의 문제와 관련이 있다. 누구에게나 하찮은 것들은 절대로 금기사항이 되지 않는다. 그러나 커다란 미스테리로서, 특히 '섹스' 와 '죽음' 이라는 끝없이 흥미롭고 신비로운 소재는 대부분 우리의 내면에 숨어 있는 금기사항들과 관련되어 있기에 항상 흥미로운 것이 될 수밖에 없다.

이혼에 대해 부분적으로 우리의 호기심을 자극하는 것은 섹스와 죽음, 또는 적어도 사랑과 죽음에 관련된 비밀을 암시하는 것들이다. 이혼은 짝짓기 본능, 즉 우리가 절대로 호기심과 관심의 고삐를 늦추려 하지 않는 본능의 어두운 측면을 대표하는 것이다. 고도로 개화되고 우호적인 이별에서조차도, 우리는 이혼이라는 사실 하나만으로 뭔가 심각한 불화, 오해, 성적 권태나 피로 등을 직관적으로 떠올리게 된다. 부부들은 누가 세탁과 설거지를 담당하느냐 하는 문제 때문에 헤어질 수도 있지만, 도움을 주는 전문가들은 뭔가 더 중요한 문제로 인하여 부부 관계가 위기에 처해 있음을 우리에게 바로 상기시켜 준다.

우리가 이혼과 관련하여 가장 알고 싶어하는 것은, 누가 누구에게 어떻게 했으며(또는 누가 무엇을 하지 못하도록 했으며), 누가 다른 사람과 바람을 피웠으며, 누가 폭력을 휘둘러 학대를 했고, 무슨 이유로 함께 사는 것이 어려워졌으며, 언제부터 그 커플이 함께 산다는 것이 엄청난 실수인 것처럼 보이기 시작했는지 등이다.

오래 전에는 이혼사유(또는 진술된 사유)가 상대적으로 단순하고 간단했다. 즉 남편이 아내에게 싫증을 느껴서 새로운 여자를 사귀게 되었다든지, 그의 아내가 감히 새로운 남자를 만났다든지 하는 것 등이었다. 그러나 여성들이 이혼을 먼저 요구할 수 있는 법적 사회적 권한을 갖게 된 요즘에는 결혼에 종지부를 찍는 이유들이 점점 다양해지고 있다. 또한 누군가 이혼했다고 할 때, 우리의 추론적인 관심은 이혼이 가져올 수 있는 끝없이 다양한 상상의 시나리오들에 필적할 수 있을 만큼 되었다.

　이혼에 관한 사실들을 알고자 하는 우리의 욕망은 사랑, 그리고 상대방 이성에 대해 이해하고자 하는 본능과 연결되어 있다. 친구들이 우리가 알고 있는 사람들 또는 한 번도 만난 적이 없는 스타 부부들의 결별에 대해 이야기하는 것을 듣고 있을 때면, 소녀 시절에 남자들이 우리 여자들을 사랑하게 만드는 방법 등에 대한 단서를 찾으려고 얼마나 열심히 재잘거렸는지를 생각하게 된다.

　이혼에 대해 물어볼 때 우리가 가장 궁금해하는 것은, 무엇 때문에 상대방을 더 이상 사랑하지 않게 되었는가 하는 것이다. 소녀 시절에 우리가 궁금해했던 것이 '소년들은 무엇을 원하는가'였던 것처럼, 성인이 된 우리가 궁금해하는 것은 남자와 여자가 서로 무엇을 원하지 않게 되었는가—무엇이 그들 부부로 하여금 강경한 태도를 취하게 하고, 선을 그으며 이혼하게 만드는가—하는 것이다.

　일반인의 이혼이나 유명인사의 이혼에서 우리가 찾고자 하는 정보는 죽음에 대해 질문하는 것, 즉 사망기사를 읽는 방식과 거의 유사하다. '어떻게, 왜 그런 일이 일어났는가?' '어떤 모습이었는가?' '우연히 그렇게 되었는가, 아니면 불가피하게 그렇게 되었나?' '혹시 누가 잘못을 저질렀나?' 등등의 질문들인 것이다. 그리고 우리가 진정으로 묻고 있는 것은 사망했거나 이혼한 사람에 대한 것이라기보다는, 우리의 실제 과제와 관련되어 있는 문제들이며 결국 우리 자신의 문제라는 점을 인정해야 한다. 다시 말해 죽은 사람과 이혼한 사람은 우리와 다르므로, 그들에게 일어났던 비극적인 일이 우리에게는 일어나지 않을 거라는 사실을 재확인하려는 의도에서 이 모든 호기심이 생겨나는 것인지도 모른다.

　어쩌면 우리는 그들이 우리와 매우 유사하다는 사실, 그리고 그들에게 일어났던 일이 우리의 미래에(또는 과거에) 틀림없이(사망 같은 경우), 또는 어쩌면(이혼의 경우) 일어날지도 모른다는 사실을 인식할 수도 있다. 어떤 경우이든 우리가 묻고 싶은 것은 다음과 같다. '그것은 어떤 모습이었나?' '얼마나 오랫동안 지속되었고, 얼마나 고통스러웠나?' '그것은 나의 이혼 혹은 나에게 일어났던 일과 유사한가?' '그들은 그것을 어떻게 해결하고 극복했나, 아니면 전혀 해결하지 못했나?'

이러한 질문 방식은 우리 자신의 가정상황(우리가 결혼한 상태인지 이혼한 상태인지, 아니면 독신인지), 연인관계의 상태, 그리고 결혼제도에 대한 우리의 기본적인 사고방식 등과 많은 관계가 있다. 예를 들어, 나는 게이인 내 남자친구들이 대부분 이혼의 세부사항에 대해 나보다 훨씬 더 매혹되고, 실망하고, 두려워한다는 것을 알게 되었다. 아주 소수만이 이성간의 결혼에 대해 낭만주의적인 생각을 가지고 있는 것으로 보인다. 이것은 쓰라린 경험을 겪고 난 후 소박한 관념이 건전한 냉소로 바뀌어, 결혼이 지속되는 것에 대해 오히려 놀라움을 느끼게 되는 일반적인 남녀로서는 거의 받아들일 수 없는 생각이다.

이미 이혼 경험이 있는 사람들은 공개적이든 비밀스러운 것이든, 이혼에 관한 뉴스를 접할 때 결속과 동료의식 같은 위안을 주는 감정을 발견하기도 한다. 특히 이혼한 지 얼마 되지 않아 아직도 과거의 추억이 생생하고 마음의 상처가 남아 있는 사람들에게는, 새로 알려지는 타인들의 파국이 자기 자신의 경험을 비추는 거울이며, 이혼을 경험한 사람들의 무리에 참여하는 다른 사람을 볼 수 있는 유리의 구실을 한다. 여러 번 이혼한 사람이거나 독신주의자인 경우, 결혼이란 처음부터 희망이 없는 일상의 굴레라고 생각할 수 있다. 이들은 이것을 통계적으로 입증할 수 있으며, 그 사실을 확인하는 것이 바로 이혼라고 생각할 수도 있다. 이런 부류에 속하는 사람들은 냉소주의자들과 마찬가지로, 남성과 여성이 생리적 심리적으로 일부일처제의 조화 속에서 오랫동안 함께 살도록 창조되지 않았다고 말한다.

이혼과 스포츠

나에게는 한 남자와 살다가 어느 날부터 더 이상 같이 살고 싶지 않게 되었으면서도 게으름과 타성, 그리고 충분히 강한 동기가 없었기 때문에 그를 떠나지 못하던 시기가 있었다. 어떤 경우에는, 나 자신이 어떤 결정을 내려야 한다는 사실을 깨닫거나 스스로 그것을 인정하는 데 매우 오랜 시간이 걸렸다.

나는 친구들 또는 유명인사가 이혼한다는 소식을 들을 때마다 뭔지 모를 막연한 동경심과, 감방 동료 중 하나가 탈옥에 성공했다는 얘기를 듣고 다른 죄수들이 느끼는 질투심 같은 것을 느끼곤 했다. 나는 마치 이혼 지침을 이해하려고 노력하고 있기라도 하듯, 이혼과 관련된 소식들을 찾아다녔다. 그러면서 끊임없이 다음과 같은 의문들을 가져 보았다. '남자 쪽에서 먼저 헤어지자고 했을까, 아니면 여자 쪽에서 먼저 했을까? 구체적으로 그들은 결정적인 순간에 뭐라고 말했을까? 그 과정에서 얼마나 많은 소동이 일어났을까? 그들이 헤어진 후 각자 안정을 되찾기까지는 시간이 얼마나 걸렸을까?'

한편으로 나는 불행한 연애를 하다가 헤어진 직후, 생명을 위협하던 병과 오랜 시간 용감하게 싸우다 살아난 사람들의 희망적인 일화들에 전념하기도 했다. 또 어떤 때는 문학과 역사에 나오는 위대한 여주인공들(아이작 디네센과 콜레트 같은)이 나의 상처받은 마음속에서 험난한 결혼과 고통스러운 이혼을 견디고 살아남았을 뿐만 아니라, 성공하기까지 한 사례로 자리를 잡곤 했다.

이 글을 쓰는 시점에서, 나는 나의 상황을 다시 돌아보았다. 남편과 나는 거의 20년 동안 행복하게 살아 왔다. 그리고 비록 똑같이 고지식한 환상으로 한때 스스로를 위로하던 많은 남녀가 있었다는 사실은 알고 있지만, 마침내 우리를 갈라놓을 것은 이혼이 아니라 죽음임을 나는 확신한다.

이혼 소식을 들으면 나는 누군가의 갑작스런 병이나 사망 소식을 들었을 때처럼 마음이 푹 가라앉는 공포를 느낀다. 나는 남편과 내가 싸우는 커플이 아니라는, 즉 우리는 로잔과 톰 아놀드 같은 실수를 하지 않는다는 사실을 재확인하기 위해서 이혼을 바라보는 사람들 중 하나가 되었다.

얼마 전에 우리는 이혼소송중인 한 친구를 찾아갔는데, 겉보기에 그 친구는 일반적인 이혼의 현상처럼 증오심 같은 것이 없었다. 동정심 많고 상냥한 내 남편은, 다른 때와 달리 우리의 친구에게 잘못이 있다는 결론을 내리고 비난을 가하면서 아주 개인적이고 노골적인 질문들을 집중적으로 하기 시작했다. 그러자 마침내 그 친구는 웃으면서 이렇게 말했다.

"이봐, 안심해. 너희 부부에게는 이런 일이 일어나지 않을 테니까."

그때 나는 우리들과 가까운 어떤 부부가 결혼생활에 종지부를 찍기로 결심한 것에 대해 내 남편이 그토록 당황하고 있었다는 사실이 기분 좋게 느껴졌다. 이혼하는 사람이 가까운 친구일 경우,

이처럼 당황하면서 그 이유를 끝까지 캐내려는 노력은 바로 헤어짐에 대한 우리의 반응이 개인적인 기원의 영역을 넘어서서 도덕적이거나 준도덕적인 판단의 영역으로 확대되기 때문이다. 그런 경우, 우리는 잘못한 당사자가 누구이며 누가 부당한 누명을 썼는지를 재빠르게 판단한다. 그리고 우리는 스스로를 가정법원의 축소판처럼 재창조하여 재판관과 배심원 역할을 하는 것이다.

이 때문에 유명인사의 이혼이 운동경기나 풋볼 게임, 테니스 시합 또는 프로 권투 시합같이 흥미로운 관심거리가 되는 것이다. 우리는 우리가 좋아하는 선수를 택하고, 그들의 주장을 옹호하면서 때로는 아주 격렬하게 그들을 응원한다. 또 어떤 때는 개인적인 예측이 현실로 그대로 나타나면서 엄격한 법률에 따라 처리되기도 한다. 결과적으로 이것은 우리에게 충격을 주고, 이 사건에 대한 우리의 견해는 성별에 따라 좌우되거나 결정되는 경우가 많은 것 같다. 즉 페미니즘이라는 음울한 안개로 인해 본능적인 열정, 사랑, 그리고 섹스에 대한 분명한 이해가 흐려진 여성들은 우디 앨런의 관점을 제대로 보지 못한다고 생각하는 남자들이 분명히 있다.

그러나 사실 많은 여성들은, 남자들이 보다 젊은 여성과 잠을 자고 나면 다음날 아침부터 갑자기 마술과도 같이 더 이상 나이를 먹지 않게 될 것처럼 믿는다는 사실을 힘든 경험을 통해서(또는 적어도 친구의 경험을 통해서) 알고 있다.

어떤 커플이 헤어지면, 그들의 친구들 모임에 있는 남자들은 그 아내가 그렇게 멋지고 사려 깊은 남자를 어떻게 포기할 수 있었는지에 대해 상당한 충격을 표하는 반면, 여자들은 그 아내가 허풍만 떨고 지나치게 자기중심적인 남편을 어떻게 그렇게 오랫동안 참으며 살았는지에 대해 놀란다. 그리고 언론은 성별에 따라 양극단으로 갈라지는 이러한 경향을 잘 알고 있다. 언론 편집자들과 프로듀서들은, 우리의 일상생활의 평온한 표면 아래쪽에 부글부글 끓고 있는 성별 대립이 유명한 사람들의 이혼으로 인해 끓어 넘치게 된다는 사실을 알고 있는 것이다.

이처럼 성의 전쟁은 싸우기 좋아하는 커플이 자기들의 불만과 트집에 질려 버린 후에까지 오래도록 신문과 TV 화면에 남아 있도록 하는 열기와 지속적인 힘을 가지고 있다.

그러나 유명인사들의 이혼이 보여주는 끝없이 매혹적인 외관으로 인해 늘 고통받는 사람도 있다. 그리고 때로는 좋고 때로는 나쁜 여러 가지 이유들로 인해서, 우리는 투사들이 격렬하게 싸우는 모습을 관찰하는 것을 멈출 수가 없다. 그 모든 것이 인간의 본성과 관련된 것이므로, 우리는 웃기도 하고 찡그리기도 하며, 박수를 치거나 야유를 보내기도 하며, 엄지손가락을 위로 세우거나 아래로 내려뜨리기도 하면서 응원하는 콜로세움 안의 네로 황제 아니면 그의 황후이다.

곧 이혼녀가 될 사람의 고백

다프네 머킨

다프네 머킨(Daphne Merkin)은 소설 『매혹』(Enchantment)의 저자이다. 전국 비평가 협회상의 심사위원이며, 『파티잔 리뷰』의 편집위원이다. 『뉴요커』, 『뉴욕 타임스』, 『에스콰이어』, 『미라벨라』를 비롯한 여러 정기간행물에 수필을 기고하고 있다. 두번째 소설 『성의 발견』(The Discovery of Sex)과 수필집 『공포와 전율-삶의 이야기』(Fear and Trembling-Life Notes)가 사이먼 앤드 슈스터(Simon & Schuster)에서 발행되었다. 현재 딸과 뉴욕 시에서 살고 있다.

험난한 산맥

스스로 위험을 각오하고 '이혼'이라는 나라로 들어왔다가, 사람이 완전히 달라져서 이 나라를 떠나게 될 줄 누가 알았겠는가? 혹시 독자 여러분이 떠나려 한다면, 잠시 머물러서 깨끗한 속옷 여러 벌과 읽을거리를 준비하도록 하라. 그러나 무엇보다도 현금을 많이 준비해야 한다. 오늘날은 대부분의 사람들이 이혼을 생각하고, 적어도 두 커플 중 한 커플은 이를 실행에 옮기고 있다. 이렇게까지 이혼이 쉬운 것이라고, 혹은 전혀 힘든 것이 아니라고 여기게 될 줄 누가 알았겠는가?

미국에서의 이혼은 한때 같이 누워 잠을 자던 두 사람이 서로 협상함으로써 결정되는 경우보다는 전쟁의 형태에 더 가깝다. 이혼이라는 게임은 때로 상처투성이가 되는 험한 스포츠이다. 나는 모든 사람의 경험이 나름대로 독특하다는 것을 알고 있다. 그러나 지난 3년이라는 아주 긴 시간 동안 내가 발견하게 된 사실은, 첫해에는 무섭도록 진지하게 시작되다가, 두번째 해에는 내 전남편이 될 사람과 내가 초라한 법정에서 몇 시간 동안 앉아 있고, 우리가 고용한 변호사들은 떠들고 판사는 두 사람의 사례에 귀를 기울이는 초현실주의적인 분위기가 되었다.

미국 국기와 완강한 탄원의 분위기에 의해 지배되는 그 황량한 방에서 나는 무엇을 하고 있었던 것일까?(대부분의 이혼은 법정에까지 가지 않지만, 일단 법정으로 가게 되면 자신의 운명을 자신이 '정의' 라고 믿고 싶은 것의 손아귀에 맡기는 것이다) 그리고 나는 어떻게 밖으로 나갈 것인가?

우리의 관계는 시작부터 끝이 보이고 있었고, 어떤 경우에는 시작한 상태에서 그대로 정지되어 버리기도 했다. 나는 끝없는 의심과 엄청난 불안감 속에서 결혼을 했다. 결혼하는 것이 마음에 썩 내키지 않는 일부 신부들의 경우 결혼제도 자체가 안정감을 주는 힘을 가졌다고 생각하기는 하지만, 내 경우에는 처음부터 계속 꺼림칙한 상태였다.

나의 결혼은 여러 가지 문제점을 가지고 있었지만, 결혼생활이 지속되는 것의 여부는 결혼생활의 당사자들이 얼마나 그 결혼을 잘 참아내는가에 달려 있다고 생각하게 되었다. 다시 말해, 그럭저럭 견딜 만한 결혼에는 지속적으로 이루어지는 상호간의 심리적 물물교환이 있다는 점이다. 남편은 디너 파티에서는 따분한 사람이지만 옷값과 정신과 상담비를 낸다든가, 아내는 평소에는 심술궂은 여자이고 요리도 잘못하지만 남편의 팔에 안겨 있을 때는 멋져 보인다든가 하는 그런 점 말이다.

위대한 마르크시스트 이론가들의 생각은 다르지만, 대부분의 문화는 근본적으로 매우 보수적이다. 그리고 결혼은 시시각각 상황이 달라지더라도, 남자와 여자가 매일 아침마다 식탁에 앉아 같이 식사를 할 수 있도록 보장해 주는 수단이다.

아무튼 나는 이혼이라는 나라의 진흙투성이 늪에 빠지게 된 후부터 결혼을 이런 식으로 바라보게 되었다. 결혼은 섹스, 낭만, 경제 등 수많은 인간의 욕구를 복합적으로 또는 부분적으로 만족시키는 것이다. 이 제도는 부부마다 차이가 있으므로, 규범적인 기준이 전혀 없다. 어떤 배우자들은 폐쇄공포증 환자가 아닌가 싶을 정도로 집에 들어오기를 싫어하기도 하고, 어떤 배우자들은 서로 다른 장소에서 살기를 더 좋아하기도 한다.

그러나 남들이 어떻게 바라보든, 부부는 생활에 있어서 동등함을 느껴야 결혼생활을 유지할 수 있다. 결혼에는 작은 불화들이 있게 마련이라는 '고민 상담란'에 나오는 답안과는 달리, 나는 커다란 불화들—치약 마개를 덮는 문제 같은 것이 아니라, 친밀감을 표현하는 방식에 있어서의 충돌—이 두 사람을 정말로 늪에 빠뜨린다고 믿는다. 예를 들어, 나와 결혼한 남자는 집을 자주 비웠기 때문이 아니라 집에 있었기 때문에 나를 외롭게 만들었다.

나는 처음에는 남편 주변을 초조하게 맴돌았다. 그러다가 이 낯선 남자에게 했던 나의 결혼서약은 처음에는 방이 하나였던 아파트에, 그 다음에는 방이 세 개 있는 아파트에 팽개쳐졌고, 마침내 나는 두 개의 가방을 들고 용기를 내어 집을 나갔다.

나는 마치 영화 「사운드 오브 뮤직」의 마지막 장면에서 스위스 중립지역과 나치 치하의 오스트리아를 연결하는 산맥을 기어오르는, 폰 트랩의 가족들 중 한 사람이 된 것 같은 기분이었다. 내가 그 여행에서 살아남게 될 것인지는 알 수 없었지만, 남편 곁에 그대로 머물러 있다면 더 나쁜 운명을 맞이하게 되리라는 생각 때문이었다.

국경을 넘어

나는 새벽 2~3시경까지 잠들지 못한 채 침대에 누워 있다. 16개월 된 내 딸은 테두리가 파스텔 색조의 오리새끼로 장식된 아기 침대에 누워 자고 있다. 나는 TV를 보고 잡지들을 뒤적여 보지만, 가슴을 꽉 붙잡아 매는 듯한 불안감 때문에 아직도 잠들지 못하고 있다. 머릿속으로 나는 목록을 만들고, 그 범주들을 더 세분화시키기 시작했다. 이것은 오래 전부터 내 마음을 달래 주곤 하던 일종의 습관이다.

'내 주변에 이혼한 여자들은 얼마나 되나?' '아이를 가진 이혼녀는 몇 명인가?' '아이가 없는 이혼녀는?' '재혼한 여자가 있나?' '재혼에 실패한 경우는?' '내가 최대한 노력한 것처럼 보이고 완벽한 실패가 아닌 것처럼 보이려면 이혼하기 전에 대략 몇 년 정도 결혼생활을 해야 하나?' (약간 과장되긴 했지만, 내 남편이 집을 나가기를 거부하고 거실의 긴 의자에서 잔 몇 개월까지 포함시킨다면, 내 경우에는 3년이 걸렸다)

나는 천장을 바라보면서 하늘의 대심판을 받기 위해, 결혼한 여자로서 나의 장점을 열거하기 시작한다. 긴 다리, 아름다운 머릿결, 지성, 위트, 그리고 엉뚱한 호의 등등. 그는 나를 보고 머리를 젓는다. 그가 나를 아내로서 부적합한 사람이라고 생각한다는 것을 나는 안다. 그렇지 않다면 내가 왜 이혼을 하려 하겠는가?

첫 방문자를 위한 여행정보

이혼은 쉬운 길을 인정하지 않는 나라이다. 일단 이 나라로 들어오면, 체면이나 공명정대 같은 원칙들은 무시할 수 있어야 한다. 나는 두번째로 만난 변호사에게 나의 이혼소송을 맡기고 있었다. 변호사를 고용하려면, 그 사람을 여러 번 만나서 수임료가 너무 비싸지 않은지 확인해야 한다.

내가 그 다음으로 만나보았던 변호사는 그렇게 유명한 회사 소속은 아니었다. 그는 동정심이 많고 언제 보아도 정신이 산만한 사람이었지만, 그는 내가 나 자신을 옹호하는 것에 대해 죄의식을 덜 느끼게 해줄 것 같아서 그를 선택했다(나의 죄의식이란 이혼소송을 먼저 제기한 사람이 바로 나라는 사실 때문에 생긴 것이다. 나의 남편은 우리 딸아이에 대한 단독 후견인 신청을 함으로써 즉각 보복을 했는데, 이것이 바로 죄의식의 근원이 되었고 이상하게도 그것은 완화되지 않았다).

나는 이 변호사가 여자들에게 잘해 준다는 말을 들었다. 그리고 정말로 그는 남자와 여자를 구분하지 않는 것처럼 보였다. 그러나 그는 나를 위해서 최소한의 에너지만 소비하는 것으로 보였다. 몇 개월이 지난 후, 나는 변호사를 바꾸어야겠다고 생각했다.

그후 내가 지금까지 고용하고 있는 변호사는 독자적으로 개업하고 있는 영리하고 강경한 여성이다. 그녀와 나의 관계는 서로 신경전을 벌이면서 어쩔 수 없이 함께 가는 것과 같은 것이었다. 나의 자동응답기 메시지에 대한 그녀의 비평('너무 유별나다')에서부터 그녀가 나에게 뭔가를 지시하는 방식에 대한 나의 비평('권위적이다')에 이르기까지, 우리의 관계는 수많은 대립 끝에 정착된 것이다.

내 변호사는 여성과 관련된 법을 확립하는 일에 관여하고 있었는데, 나는 처음에 그것이 매력적으로 느껴졌다. 그러나 나는 위험에 빠지는 것을 원치 않았다. 그래서 나는 그녀가 여성운동 차원에서 나의 이혼사건을 담당하고 있거나 대외적인 관심을 끌어 사회적 위상을 확립하는 데 관심이 있는 것이 아니라는 사실을 확신하고 싶었다.

「남편만을 의지하세요」를 부른 여가수 태미 웨이넷 같은 여성을 마돈나 같은 여성으로 만드는 데는 이혼만큼 좋은 것이 없다. 다시 말해, 고분고분하고 덜 정치화된 여성을 똑바로 일어나 앉게 만드는 데는 이혼만큼 좋은 것이 없다는 뜻이다. 일반적인 사법체계는 집에만 틀어박혀 아이를 키우고 부엌일을 열심히 하는 여성들을 좋아하며, 이러한 것들은 직업과 아이와 이혼을 모두 원하는 여성들에게 죄의 혐의를 두는 경향이 있는 남성들에 의해서 주로 주도된다.

바로 이러한 사실을 주목하게 만드는 것도 이혼이다.

이러한 점에서 여성운동가들이 주장하고 있는 강하고 엄격한 캐치프레이즈들(꼭 어머니만이 자식을 키워야 하는 것은 아니라는 주장과, 가정에서 남편과 아내는 평등해야 한다는 주장 등과 같은)은, 열성적인 어머니이기도 한 이혼한 전문직 여성들에게 고의가 아닌 폐해를 끼쳤다.

이것은 이혼이라는 상황에 처해 보기 전까지는 이해하기 힘든 낯선 현상이다. 그렇지만 지난 30년간 남성들 편에서는 지키려고 싸웠고 여성들 편에서는 새로운 미래를 위해 큰 진보를 했던, 모든 전통적인 사고는 자녀 양육 문제에 이르러 일단 정지하는 것으로 보인다.

최근에는 아이를 양육하고자 하는 아버지들이 의심받는 경향이 있으며(아버지들 중 40퍼센트 정도가 양육 신청을 하며, 그중 대다수가 이긴다), 양육비 부담은 어머니 쪽으로 전이되었다. 특히 어머니들이 일을 하는 경우가 더욱 그러하다.

이혼이라는 나라의 언어 익히기

이혼과 관련된 언어는 왜 애처로울 만큼 덜 발달되었는가? 오래전, 이혼이 지금보다는 비교적 적게 발생했던 시절부터 이혼에 관한 어휘들이 얼마나 부족했는지 나는 이해할 수 있다. 그때는 이혼이라는 상황이 발생하면 그 과정이 신속하게 이루어지고, 아이들은 일반적으로 어머니와 남는 것으로 간주되었다.

그러나 지금은 이혼이 자녀양육소송처럼 되어 버리고, 마치 이혼당사자들 중 어느 한쪽이 장난 삼아 연쇄살인을 하기라도 한 것처럼 변호사가 세심하게 인터뷰를 하고 가정방문을 한다. 게다가 요즘엔 이혼소송을 담당하는 변호사에게 시간당 천문학적인 수임료가 발생되고, 가정부를 고용하는 기간보다 법률고문을 고용하는 기간이 더 길어져 버렸다.

나는 당황하여 어쩔 바를 모르는 사람이 되고 싶지는 않다. 남편과 더 이상 결혼한 상태가 아니고 아직 이혼한 상태도 아닌 지금, 내 딸의 아버지를 나는 누구라고 불러야 하는가? 나는 의미론에 대해 이야기하고 있는 것이다. 내 딸의 아버지는 언어학적으로 말해서 미래완료와 과거완료가 뒤죽박죽된 나의 장래 전남편인가, 아니면 고래에게 잡아먹혀 죽기라도 한 것처럼 더 어색하게 들리는 멀어진 남편인가?

위험한 약탈자

나에게 이제 섹스는 너무나 먼 이야기처럼 들린다. 혼자 살기 시작한 이후, 섹스라는 행위는 나에게서 점점 더 멀리 떠내려간 섬 같다. 이혼 초기에는 나의 존재가 잘못된 것인지 올바른 것인지에 대한 모순에만 빠져 있었으므로, 이를 별로 생각하지 않았다.

'아마 나는 성적인 매력이 별로 없는 여자일 거야. 게다가 나는 사랑하는 법을 몰랐지.'

이렇게 지속되는 수치심과, 모든 것이 내 잘못이라는 미련이 남는 느낌을 어떻게 설명할 것인가? 지난 3년 동안 내 주변의 수많은 친구들 중 단 한 사람도 나에게 남자와 살아본 여자가 혼자 살아가는 것이 어떤지에 대해 물어본 적이 없다. 그들에게는 나의 성욕에 대해 물어본다는 것이 금기사항이 되어 버린 것 같다.

나는 서점에 들어가면, 남들이 눈치채지 못하도록 하면서 이혼과 아이문제에 관한 제목이 붙은 항목을 몰래 들춰 보곤 한다. 그러다가 그 책들을 사고 나면, 그것들은 마치 내가 심야영화의 로맨틱한 세계로 도망가 버린 듯 읽지도 않은 채 테이블 위에 그냥 놓여 있다. 어쩌면 나는 공식적으로는 이혼한 사람들의 무리에 속하고 싶지 않은 것인지도 모른다.

굳이 이유를 들자면, 나는 이혼이 상대적으로 드문 정통 유대교 집안 출신이라는 점, 그리고 내 형제들 다섯 명이 모두 첫 배우자와 함께 큰 문제 없이 살고 있다는 사실이 나를 더욱 의기소침하게 만들기 때문이다. 그러나 나는 오래 전에 종교를 포기했고, 이제는 이혼이 흔하게 이루어지는 곳에서 살고 있다. 그렇다면 이 문제를 나는 어떻게 설명할 것인가?

잡지에 실리는 이혼통계치에 속하는 여성과 일상생활이라는 맥락에서 그러한 통계에 속하지 않는 여성들이 느끼는 진실 사이에는 어느 정도 거리감이 있다. 그러니까 이혼은 옛날처럼 크게 비난받는 것은 아니지만, 이혼하지 않은 사람들이 보기에는 아직도 불안의 원인이 되기도 한다.

불안해하고 있는 나의 결혼한 친구들 중 하나의 경우처럼, 결혼은 사회적으로 인정되는 일종의 피난처이다. 파티에 가서 "이 사람은 내 남편이에요" 하고 소개하면, 세상은 나를 제대로 된 파트너를 가진 사람으로 취급하며 웃어 준다.

그러나 이혼한 여자는 그 존재 자체만으로도 다른 사람의 삶에 위협이 된다. 그녀의 불안정성이 가진 잠재적 위험, 그것은 앞으로 내가 누구와 다시 결혼하게 될 것인가 하는 문제와 관련되어 있다. 그리고 이것은 그녀의 불안을 가중시킨다. 더 나쁜 것은, 이혼한 여자로 인하여 그녀 주변의 결혼들이 깨어질 가능성이 있음을 암시한다는 사실이다.

결혼한 여자로서 그들 주위에 나타난다면 마음놓고 '안전한 장난'에 빠질 수 있다. 그러나 이혼한 여자로서 나타난다면, 위험한 '약탈자'로 간주될 수 있을 것이다.

평화로운 풍경

지금은 바람이 불고 태양이 내리쬐지만, 아직 못 견딜 정도로 덥지는 않은 5월의 주말 오후이다. 나는 워크맨과 책을 가지고 맨해튼의 이스트 강이 보이는 벤치에 앉아 있다. 내 뒤쪽에 펼쳐져 있는 해변의 산책길에는 사람들이 산책을 하거나 조깅을 하고 있다. 또 일부는 자전거를 타거나 무슨 축하의식을 하는 듯 팔짱들을 끼고 아이들을 어깨에 올려놓거나 유모차에 태운 채 행진을 하고 있다. 부부와 아이들이 함께 해변가로 나온 이곳의 풍경은 평화로워 보인다. 그들은 오랫동안 결혼생활을 했거나, 젊게 보이는 커플조차도 자신들의 결혼생활에 만족하고 있는 듯한 분위기이다.

나는 네 살 반 된 아이의 엄마이고, 내 딸이 태어나기 열 달 전에 내가 6년 동안 사귀던 남자와 내 부모님의 거실에서 결혼했음에도 불구하고 지금 나는 혼자 앉아 있다. 나는 언제 끝날지도 모를 지루한 이혼소송을 아직도 계속하고 있는 중이고, 지금 내 딸은 나를 내 멋대로 하도록 내버려두고 자기 아버지와 함께 있다.

나는 내가 앉은 벤치의 아래쪽에 떨어져 있던 지역신문 한 페이지를 주으려고 몸을 숙인다. 굵은 활자체로 된 광고문구가 내 시선을 끈다.

"이혼이라는 문제를 겪고 있는 사람들의 불안, 어려운 점 등을 의논하기 위해 매주 모이는 사람들이 있습니다."

나는 아직까지도 이혼이라는 단어를 편하게 대할 수가 없다. 그렇기 때문에 주위에서 끝없이 늘어만 가는 후원집단의 품에 안기는 것 역시 아직은 고통스러운 형편이다. 또 나의 문제를 전혀 낯선 사람들과 의논하는 것을 상상하는 것조차도 나에겐 불가능한 일처럼 느껴졌다.

이혼 후에 다시 누군가를 사랑할 수 있을까? 두번째 남편을 가질 수 있을까? 나는 이제 더 이상 아내라는 이름의 엄숙한 존재도 아니며, 죽음이 우리를 갈라놓을 때까지 존중하겠다고 약속한 남편과 헤어진 상태에서 나는 나 자신을 어떻게 정의해야 할까? 물론 나는 작가, 친구, 어머니, 딸, 자매, 이모 등의 역할을 계속하겠지만, 그것들 모두가 이제 누군가의 아내가 아니라는 사실 앞에서는 퇴색해 버리는 듯이 보인다.

한때 나는 결혼을 했었지만, 이제는 그렇지 않은 이혼녀가 된 것이다.

새로운 미래를 꿈꾸며

얼마 전에 나는 「이혼은 가장 착한 사람들에게도 일어날 수 있다」는 제목의 비디오를 구입했다. 왜냐하면, 아직까지도 나는 딸에게 부모가 더 이상 함께 살지 않는 이유에 대해 얘기할 때마다 가슴이 아프기 때문이다. 물론 나는 가정을 유지하기 위한 보장성 약속들을 하면서, '아니야, 우리 가족은 다시 예전처럼 같이 살지 않을 거야' '그래, 아빠와 엄마는 비록 같이 살지는 않지만 옛날이나 지금이나 항상 너를 사랑한단다' 등과 같이 설명해 주었다.

그러나 내 마음속에서는 사랑과 지조, 비애 등과 같이 추상적인 개념과 씨름하고 있는 어린 소녀에게 아직 완결되지도 않은 성인의 행동을 정당화하시키려 하는 그런 행위들에 대한 반항심이 일어났다. 그래서 얼마 전 토요일 밤에 우리 두 모녀는 이 비디오를 보기 위해 침대에 꼭 붙어앉았다. 계속해서 우리의 시선을 고정시키는 데 실패했다는 점을 제외하고, 이 영화에 그렇게 잘못된 점은 없었다.

나에게 가장 흥미로웠던 것은, 대본을 쓴 사람이 바로 피터 메일이라는 점이었다. 그는 자기 가족과 프로방스로 이사하는 것에 대해 다룬 글들을 써서 경이적인 성공을 거둔 사람이었다. 영화가 반 정도쯤 진행될 무렵, 내 딸은 입을 약간 벌리고 팔을 구부린 채 잠들어 버렸다. 나는 몸을 구부려 딸에게 키스한 뒤, 피터 메일이 개인적인 경험을 토대로 해서 이혼에 대해 쓴 것인지 궁금해하다가 다시 나의 문제를 고민했다.

나는 이혼이 확정된 후 나 자신의 삶이 보다 나은 것으로 바뀔 수 있을지, 그리고 내가 사랑했던 사람과 새로운 가정을 만들고 계속 베스트셀러를 씀으로써 내 첫번째 결혼의 끔찍한 내용들—말다툼과 조롱, 인신공격 등—이 사라져 갈 수 있을지 등을 궁금해하며 어둠 속에 한참 동안 몸을 기대고 있었다.

외국에서 온 편지

나의 이혼에 대해 생각할 때면, 인간 행동의 삭막한 면들에 대해 무서우리만큼 예리하게 다룬 영국 소설 중 하나인 『중매쟁이』 (*The Go-Between*)를 쓴 L.P. 하틀리의 첫 문장이 생각난다.

"과거는 외국과도 같다. 외국에 가면 행동이 달라진다."

이 문장은 결혼이 파국에 다다른 현재에도 그대로 적용할 수 있다. 즉 이혼한 사람은 마치 낯선 외국에 온 것과도 같이 모든 것이 낯설고 새로우며, 이혼을 하면 행동이 달라지는 것이다.

내가 이혼이라는 이 낯선 나라에 체류하면서 얻은 것이 있다면, 나라는 사람은 전에 생각했던 것보다 더 튼튼한 재료로 만들어져 있다는 사실이다. 사람은 혼자 태어나서 혼자 죽으며, 혼자 이혼하는 것이다. 한때는 나의 마음이 이 냉혹한 사실에 얽매어 있었지만, 마침내 이 냉랭한 풍경에 적응된 지금의 나는 앞으로 보다 친절한 지방으로 가게 될 것을 기대하고 있다.

　이혼이라는 지평선 저 너머에는 '이혼 후의 삶'이라는 전망이 희미하게 빛나고 있다. 비록 그것이 캄캄한 동굴과 장애물들로 가득한 곳이라 할지라도 내가 지금 서 있는 여기에서는 그곳이 바로 천국처럼 보인다.

여성과 이혼에 대한 14가지 이야기

엮은이 · 페니 캐거노프, 수잔 스패노
옮긴이 · 윤영애
펴낸이 · 허만일
펴낸곳 · 화산문화

등록 · 1994년 12월 19일 제2-1880호
주소 · 서울 성동구 마장동 791-1
동화빌딩 901호
전화 · 299-2466~8 / 팩스 299-2469
인쇄 · 삼영칼라

제1판 제1쇄 1997년 12월 20일
© Harcourt Brace & Company, 화산문화, 1997

값 6,800원
ISBN 89-86277-21-2 23330